U0744353

本书是以下项目的阶段性成果：

广东省 2023 年度普通高校人文社科重点研究基地项目：中国南海岛屿历史文化研究基地（2023WZJD003）

广东海洋大学 2024 年文科学院平台提升项目：广东省雷州文化研究基地（校科技〔2024〕2 号）

广东海洋大学 2022 年度人文社科研究项目（文化建设重点专项）："粤西府县旧志整理与出版"专项（C22837）

编委会

主　　编　邓　建

执行主编　董国华

副　主　编　蔡　平　刘　刚

编　　委　安华林　毛家武　阎怀兰　张　伟
　　　　　　裴梦苏

天南学术

第六辑

广东海洋大学文学与新闻传播学院
广东省雷州文化研究基地
中国南海岛屿历史文化研究基地

邓 建 主 编

暨南大学出版社
JINAN UNIVERSITY PRESS

中国·广州

图书在版编目（CIP）数据

天南学术. 第六辑 / 邓建主编. -- 广州 ：暨南大学出版社，2024.12. -- ISBN 978-7-5668-3996-1

Ⅰ. C53

中国国家版本馆 CIP 数据核字第 2024Z2500J 号

天南学术（第六辑）

TIANNAN XUESHU（DI-LIU JI）

主　编：邓　建

出 版 人：阳　翼

策划编辑：杜小陆

责任编辑：潘江曼　梁安儿

责任校对：刘舜怡　陈皓琳　黄晓佳

责任印制：周一丹　郑玉婷

出版发行：暨南大学出版社（511434）

电　　话：总编室（8620）31105261

　　　　　营销部（8620）37331682　37331689

传　　真：（8620）31105289（办公室）　37331684（营销部）

网　　址：http：//www.jnupress.com

排　　版：广州良弓广告有限公司

印　　刷：广州市友盛彩印有限公司

开　　本：787mm×1092mm　1/16

印　　张：15

字　　数：254 千

版　　次：2024 年 12 月第 1 版

印　　次：2024 年 12 月第 1 次

定　　价：60.00 元

（暨大版图书如有印装质量问题，请与出版社总编室联系调换）

目　录

语法音韵研究

论表态框式 "好一个 ×" 的语义多向性

邵敬敏

有一首优美的江南小调《茉莉花》传唱甚广,歌词是这样的:

好一朵茉莉花,好一朵茉莉花,满园花开,比也比不过它,
我有心采一朵戴,又怕来年不发芽。

这首脍炙人口的民歌给我们印象最深刻的就是这句反复出现的经典歌词:"好一朵茉莉花!"其实这就是框式结构(以下简称"框式"):"好 + 一 + Y(名量词) + ×"。其中,形容词"好"与数词"一"是不变项,而 Y 与 ×却是可变项,整个框式具有很强的能产性。不过,名量词 Y 尽管有不少,但是高频使用并占压倒性多数的只有"个"。由"个"构成的该框式,查 CCL语料库约有 7 111 个,语义有褒也有贬,但以褒为主;排名第二的是"派",而且几乎都是褒义(598 例中仅有 5 例贬义)。其他的名量词能够组合成为该框式的相对比较少。根据 CCL 语料库的真实文本统计,出现的次数大致如表1 所示(从多到少排列,只有 1 次或者 0 次的忽略不计):

表1 可构成 "好一个 ×" 框式的名量词及其例句数

名量词	个	派	副	座	位	朵	对	条	群	块
例句数	7 111	598	144	50	44	28	26	18	17	15

作者简介:邵敬敏,暨南大学特聘一级教授。获国务院政府特殊津贴。现任广东省中国语言学会荣誉会长、全国高等院校现代汉语教学研究会名誉会长、《语言学报》《汉语学习》等 9 家杂志编委,华中师范大学等 10 所大学兼职教授。国家社会科学基金重大项目"境外汉语语法学史暨数据库建设"首席专家。主攻现代汉语语法、汉语语法学史、教材与词典编撰、国际中文教育等。

（续上表）

名量词	只	篇	张	套	双	头	组	根	队	辆
例句数	15	13	11	5	4	3	3	3	2	2

本文就以"个"作为该框式名量词的代表，并且把该框式简写为"好一个×"。

汉语里有许多这类表态性的框式，它们所显示的情态往往丰富多彩，除了该构式的特色之外，还包括可以替换的词语，有时还涉及更为宽泛的话语背景以及言者的主观情态，而这正是我们最感兴趣的、最需要探求的。

一、"好一个×"的褒贬双重倾向

某个框式的义项也许会有好几个，但是语义的褒贬倾向往往是一致的。"好一个×"却比较特殊，它具有褒贬双重倾向。它的基本倾向是高度褒扬，而且是一种发自内心的赞叹与欣赏。显然，褒义是该框式的基本义。大体上有以下几种情况：

一是中心词×本身就是褒义的。例如（本文例句均引自 CCL 语料库或 BCC 语料库）：

（1）真是英雄美人，好一双天配良缘！

（2）二十二岁，好一条汉子！

二是中心词×属于中性，但前面往往带有明显褒义的修饰语。例如：

（3）玛丽，好一个乖娃娃。你现在得睡午觉啦！

（4）好一个热闹的天地！

三是中心词×本身尽管属于中性，但是该框式赋予其褒扬的评价。例如：

（5）放眼望去，好一条车队长龙。

（6）好一间屋子！

四是中心词×有时候不是单个词，而是一句引语，这时就需要扩大验证的范围，看看上下文的语义倾向及其出处（凡是引语，通常加上引号）。例如：

（7）好一个"柳絮飞来片片红"！妙！妙极了！

（8）好一个"沙场秋点兵"！

例（7）由于后文的衬托，褒义是显而易见的；例（8）因为借用了辛弃疾的词《破阵子·为陈同甫赋壮词以寄之》上阕的最后一句，体现了主张出征抗金的豪迈气概，显然也是褒义的。

褒义无疑是该框式的核心语义，但也有表示贬义的，甚至带有明显的讥讽色彩，例如：

一是中心词×本身就表露出贬义色彩。例如：

（9）你们俩真没配错，好一对混蛋！

（10）好一条坐轿车的蛆！

二是中心词×的修饰语明显是贬义的。例如：

（11）好一个不识好歹的小丫头！

（12）好一个万恶的世界！

三是中心词×本身是褒义的，但是言者的态度是否定的、鄙视的。口头上言者的表情、语调、手势等可以清楚地显示自己的态度，书面上则往往采用打引号的方式，提醒读者注意它的意义可能是相反的，而贬义词则通常不再加引号。例如：

（13）好一个"清官"！

（14）好一个"深谋远虑"的打算！但我们要正告那些花旗将军们！

即使中心词×不是名词，而且单独看来也无所谓褒贬倾向，但是一旦进入这一框式，受到"数词＋名量词"的修饰，就在这一句法位置上代表某种"指称"，即属性、状态或动作、行为指称化，即显示言者对这一现象的看法往往是贬义的。特别有趣的是，作者在书面上往往故意为该词语加上引号，以示提醒或区别，当然这并非强制性的规定。例如：

（15）好一个"慢"，好一个"没准备好"！
（16）好一个"千真万确"！你们这伙可怜的撒谎虫。

四是根据上下文语境判断中心词×的褒贬义。

有些中心词×，包括中心语和修饰语本身都看不出明显的褒贬倾向，这就必须依赖于上下文的语境，尤其是下文，以鉴别出其语义倾向。例如：

（17）好一副丈夫架子！当着书记和用人，对我吆喝！
（18）好一个远大的未来！这个家伙的用意是十分阴险呀！

孤立地看"丈夫架子""远大的未来"，都很难分出褒贬，甚至还可能觉得是褒义的，这时就需要借助上下文才能清楚地理解其语义倾向。

该框式的褒贬双向性的关键就在于，实际上应该有两个"好"："好 A"是赞扬、夸奖、肯定；"好 B"是讽刺、嘲笑、否定。表面上看似乎是好，其实那是假的好、真的坏，俗称"反语"。典型例子是《红楼梦》里林黛玉的临终绝言："宝玉，宝玉，你好……"到底"好"什么？我们不得而知，但是这里的"好"显然并不是真的在夸奖和赞美。

二、嘲弄、讽刺，还是风趣、幽默

世界是复杂的，特别是人的精神世界。有时候尽管是褒奖的词语，很可能实际上却是讽刺；而表面上的贬斥，其实却可能是夸奖。这就是正话反说，或者反话正说。这就需要有其他的语义倾向作参照点。因此，"好一个×"框式，一类是真正的表彰，另一类则是批评、讽刺，乃至谴责。褒贬对立，应该说是比较清晰的，但是事实上还有一类情况更为特殊。

"好 C"是开玩笑、打趣类型，即"好"修饰的词语往往是贬义的或贬斥倾向的。换言之，表面上是讽刺的话，但实际上并非真的表示嘲弄、讽刺，而是开玩笑，显得风趣、幽默。例如：

（19）有一辆炮车一路倒滑，滚翻到草沟下面去了。"好一个临阵脱逃的铁将军！"那门炮的炮手打诨说。

（20）我搂着她的肩头到草地正中，一声不响把她按倒在地。"好一个不开口的人！"她笑，把高跟鞋往旁边一甩，双臂缠住我的脖颈。

这类"好 C"实际上是典型的正话反说，所以书面上往往采用加引号的方式来显示。可见，"好 A"与"好 B"的对立是由于"好"的语义本身有褒贬两个倾向，前者是真的好，后者是假的好，属于正话反说。"好 C"跟"好"的语义的褒贬倾向无关，其意义是由说话人的态度决定的，不是简单的褒贬之别。这样，我们就可以把所谓"好一个×"分为 A、B、C 三种类型，就形成了语义倾向从褒奖赞赏，到贬斥否定，再到逗趣诙谐的一个渐变的情态的连续统。

三、褒贬分辨的语境制约

世界上的事情，尤其是感情倾向，远远比我们想象的要复杂得多。框式结构的语义褒贬倾向，有时候不能仅仅依据字面上词语的褒贬来判断，还需要参照语境制约（含上下文），包括言者的身姿、语气、表情、语调等。

特别需要注意的是：还有一类中心词 × 属于褒义词或中性词，这种讥讽义就更需要通过语境来传递了，如果没有后续言语，或者书面上的解释语，听者或读者可能会产生误解。例如：

（21）"老天！好一个人物！"（连法律都踩在他脚下。）

（22）"好一个中世纪的骑士！"（觉慧看了信，讥笑似的赞了一句，忍不住心里暗笑。）

（23）"好一个未婚夫！"（克留科夫讥诮道。）

（24）"好一个'有血有肉有情有义'！"（这句刻薄话刺得我可痛了。）

除了后续言语的提示，有时上文也会提供有关语义情态度的背景信息。例如：

（25）（如此相信那一套！好像被鬼迷住了似的！）好一个不折不扣的福音传教士！

（26）（他竟把所有的钱都带了走，而且还把我的金戒指、我的几件略好的衣服都偷了走！）好一个"为民前锋"的政工人员！

（27）（你听得她家的丈夫出门去了，就以为她一定会把你搂在怀里，亏你想得出！）好一个人物，好一位正人君子！

（28）"（过去了！什么过去了！瞧，连你的小鼻子都瘦得变尖了，你却说：过去了。）好一个'过去了'！"

四、变式"好好一个 ×"的语义倾向

我们注意到，这一框式还有个变式"好好一个 ×"，相当于先做出一个让步表示惋惜，后句再进一步表明态度，多数是批评、斥责。往往是前句的框式结构作出让步铺垫，后句转折，或批评或惋惜或谴责，例如"好好一个姑娘，却做这样的事情（却落得如此下场)"。我们觉得"好好一个 ×"跟"好一个 ×"不仅在框式结构上，而且在框式意义上都有一定的关联。这一表达式最早见于明代，流行于清代。主要有两个类型：

一是前句的框式结构作出让步，后句则转折，表示惋惜遗憾。例如：

（29）本等好好一个妇人，却被尼姑诱坏了身体，又送了性命。（明·凌濛初《初刻拍案惊奇》）

（30）可怜好好一个少年男子，未享闺房之乐，先把性命送在城墙之中。（清·无垢道人《八仙得道传》）

（31）好好一个苍头，被东坡教坏了。（清·方濬师《蕉轩随录》）

（32）好好一个儿子，坏在外洋，但是事已如此，说也无益。（清·李伯元《文明小史》）

（33）好好一个小伙子，做出这种事情，可算同得了疯病一样。（清·坑余生《续济公传》）

二是前句的框式结构作出让步，后句则提出反问，表示无法理解。例如：

（34）好好一个人，怎么要同这些人来往？（清·李伯元《文明小史》）

（35）好好一个中国，为甚么要用夷变夏！（清·李伯元《官场现形记》）

（36）好好一个人，怎么把心剖去倒好呢？（清·无垢道人《八仙得道传》）

（37）我总怀疑好好一个人，为甚和这等孽畜有什么世谊哩。（清·无垢道人《八仙得道传》）

（38）好好一个肚子，尽把这等黄汤灌下去干什么？（清·无垢道人《八仙得道传》）

根据以上分析，我们可以得出"好一个×"框式的几个显著特点：

第一，这一框式往往单独成句，而且必定是感叹句。其语义倾向有三种可能性，其中最基本、最主要、最原始的应该是表彰性的×₁，其次是贬斥性的×₂，正话反说，最后是逗趣的×₃。这些主观色彩的区别，有些完全可以凭借词语字面意思作出准确判断，但是更多的往往需要借助语境来判断；至于言者的心态，不能仅仅根据该框式本身词语的褒贬义来进行判断。

第二，这一框式往往用于对上文（主要是对方的话语）进行评价、表态，或者引出下文的评价语或解释语。因此，上下文语境就显得特别重要。换言之，这一框式不仅是言者对外界事物情况的评价，还是对对方话语或行为的表态。

第三，表态的对象可能是一个人、一句话、一个行为、一件事情，几乎所有词都可以使用"好一个×"这个框式结构。由于多用于口语，因此对字数也有所约束，不能太长，×还往往是上文出现过的某个或某些词语。

现代汉语的框式结构不仅类型极为丰富，而且表达的意义和情态也极为有趣，为大家喜闻乐见，也是我们语法研究的重要课题之一。目前的研究还需要进一步开拓思路，尤其需要对框式表达的情态义做更为深入的比较和探讨，包括结合历史发展进程以及各种方言里的变体。

形容词"坦然"的话语分布和情态关联

赵春利　李倩倩

研究状位的某一个词语不仅要从微观角度入手，而且要从宏观角度定位，如此才能更加准确提取该词语的语义特征。"坦然"主要分布于句子状位，受一定的话语关联制约，只有完整提取其话语关联，并且从微观角度提取与同现动词的组配规律，才能精准提取并验证其语义内涵和语用情态。

一、前人有关"坦然"的研究

自中国科学院语言研究所词典编辑室[①]最早界定了"坦然"的语义内涵后，学者们从不同的目的出发，根据不同的理论方法对"坦然"的语义内涵、词类归属、句法分布和成词演变进行了较为全面的分析，但还没把"坦然"作为独立的研究对象进行分析。

（一）语义内涵

关于"坦然"的词汇意义，学术界有两种观点：一是"心静无虑"义，

基金项目：2022 年度国家社会科学基金一般项目"现代汉语方式副词的句法语义与分类排序研究"（22BYY135）；2017 年度国家社会科学基金一般项目"汉语情态副词的语义提取与分类验证研究"（17BYY026）；中央高校基本科研业务费专项资金项目（暨南领航计划 19JNLH04）；2019 年度广东省高等学校"珠江学者"岗位计划资助项目和 2016 年度国家社会科学基金重大项目"境外汉语语法学史及数据库建设"（16ZDA209）。

作者简介：赵春利，博士，暨南大学教授，主要研究方向为语法学、汉语教学、哲学。李倩倩，暨南大学文学院硕士研究生，主要研究方向为汉语语法。

① 中国科学院语言研究所词典编辑室．现代汉语词典［M］．试用本．北京：商务印书馆，1973：996.

《现代汉语词典》① 最早界定了"坦然"的语义内涵：形容心里平静，无顾虑②；后来袁毓林③突出了"坦然""心静无虑"义的外在表现。二是"坦荡"义，赵家新④提出"坦然"的意思是"心里坦荡的样子"，但用"坦荡"解释"坦然"犯了同语反复的逻辑错误。而"心静无虑"义虽突出了"坦然"的结果性心理状态，但没有将其蕴含的"何以无顾虑而平静"的外在原因解释出来，这就需要从宏观的话语关联中提取并验证。

（二）词类归属

对于"坦然"的词类归属，前人根据不同的标准持三种观点：形容词、副词和方式词。首先，大多数学者⑤都将"坦然"归入形容词，有的将之细分为述人非自主形容词⑥、变量形容词⑦、心理形容词⑧、状位形容词⑨、状态形容词⑩、情感形容词⑪等。其次，杨一飞⑫根据"主要在句中充当状语"这一句法功能将"坦然"这类词定义为情状类副词。最后，潘国英⑬则以"坦然"这类词主要"表示的是动作行为的方式或状态"为依据将其定性为方式词。要界定清楚"坦然"的词类性质，一是从历时层面看其句法功能的演变，二是从共时层面看其主要句法功能。通过语料调查，可以发现，"坦然"具有谓语、定语、补语、状语四大句法功能，而且作状语时，它仍然可以受程度

---

① 中国科学院语言研究所词典编辑室. 现代汉语词典［M］. 试用本. 北京：商务印书馆，1973：6.

② 郑怀德，孟庆海. 汉语形容词用法词典［M］. 长沙：湖南出版社，1991：351；陶然，萧良，岳中，等. 现代汉语形容词辞典［M］. 北京：中国国际广播出版社，1995：209；傅玉芳. 常用形容词分类词典［M］. 上海：上海大学出版社，2010：33.

③ 袁毓林. 汉语形容词造句词典［M］. 北京：商务印书馆，2018：889 – 890.

④ 赵家新. 现代汉语心理形容词语义网络研究［D］. 南京：南京师范大学，2006：177.

⑤ 祝敏青. 说形容词"×然"［J］. 福建师范大学学报（哲学社会科学版），1989（4）：93；李敏. 形容词与否定副词"不"组合的语义、句法制约［J］. 南京师大学报（社会科学版），1999（2）：138；中国社会科学院语言研究所词典编辑室. 现代汉语词典［M］. 7版. 北京：商务印书馆，2016：1270；李春雨，袁小军. 现代汉语"×然"类词语研究［J］. 安徽文学（下半月），2018（9）：80.

⑥ 金宝允. 现代汉语形容词研究［D］. 北京：首都师范大学，2002：26.

⑦ 武玉芳. 现代汉语形容词的无量表述［J］. 长治学院学报，2005（6）：35.

⑧ 赵家新. 现代汉语心理形容词语义网络研究［D］. 南京：南京师范大学，2006：177.

⑨ 李书业. 现代汉语状位形容词研究［D］. 北京：首都师范大学，2007：38.

⑩ 何云. "×然"类词的多角度研究［D］. 西宁：青海师范大学，2011：5.

⑪ 孔兰若. 现代汉语情感形容词带宾语现象考察［D］. 上海：华东师范大学，2014：27.

⑫ 杨一飞. 现代汉语实义副词研究［D］. 上海：上海师范大学，2007：26.

⑬ 潘国英. 现代汉语状语语序研究［D］. 上海：华东师范大学，2010：188，210.

副词"很""非常"等修饰。因此，"坦然"属于形容词。

（三）句法分布

前人主要从搭配谓语的距离和同现副词两个方面定位"坦然"这类词的句法分布。第一，从搭配谓语的距离看，刘月华①提出"坦然"类状语与谓语动词相隔较远；而杨一飞②、潘国英③却认为"坦然"紧靠谓语动词。第二，从同现副词看，学者们关注了"坦然"类副词能与哪类副词同现，"坦然"这类词不能位于否定副词"不"之后④，可受程度副词"更""很"修饰⑤；由于对副词的划分类型不同，学者对于"坦然"这类词与其他副词的排列顺序认识有所不同：一是位于状态类和方式类实义副词之前、其他副词之后⑥，二是位于所有其他副词之后⑦。虽然前人注意到"坦然"与搭配谓语的距离，但是没有对二者的组配规律进行研究和验证，对其在状位的句法排序也存在分歧。

（四）成词演变

学者们基本同意"坦然"由词根"坦"＋后缀"然"演变而成⑧，连佳⑨强调了词根为描述性功能，吴凯风⑩注意到词根的性质为形容词词性。这一历时认识为我们共时考察"坦然"的句法分布和语义情态提供了一个参照标准。

---

① 刘月华.状语的分类和多项状语的顺序［M］//吕叔湘，朱德熙，等.语法研究和探索（一）.北京：北京大学出版社，1983：37.
② 杨一飞.现代汉语实义副词研究［D］.上海：上海师范大学，2007：31.
③ 潘国英.现代汉语状语语序研究［D］.上海：华东师范大学，2010：210.
④ 李敏.形容词与否定副词"不"组合的语义、句法制约［J］.南京师大学报（社会科学版），1999（2）：138；武玉芳.现代汉语形容词的无量表述［J］.长治学院学报，2005（6）：35.
⑤ 何云．"×然"类的多角度研究［D］.西宁：青海师范大学，2011：9.
⑥ 杨一飞.现代汉语实义副词研究［D］.上海：上海师范大学，2007：30.
⑦ 何云．"×然"类的多角度研究［D］.西宁：青海师范大学，2011：9.
⑧ 祝敏青.说形容词"×然"［J］.福建师范大学学报（哲学社会科学版），1989（4）：93；邵炳军.现代汉语形容词的词缀与附加式构词法［J］.新疆大学学报（哲学社会科学版），2001（2）：122；杨一飞.现代汉语实义副词研究［D］.上海：上海师范大学，2007：29；何云．"×然"类词的多角度研究［D］.西宁：青海师范大学，2011：5；李春雨，袁小军.现代汉语"×然"类词语研究［J］.安徽文学（下半月），2018（9）：81.
⑨ 连佳.语法化影响下的词尾"然"的构词形式［J］.株洲工学院学报，2005（5）：48.
⑩ 吴凯风．"然"系词语的词汇化考察［D］.桂林：广西师范大学，2007.

总的来说，无论是语义内涵、词类归属，还是句法分布和成词演变，前人对"坦然"这类词进行了较为全面的考察，但也存在一定问题。本文试图以主要作状语的"坦然"为研究对象，以 CCL 语料库和 BBC 语料库为语料来源，解决前人研究存在的问题：没有据果溯因地构建话语关联、没有研究组配动词的语义类型、没有结合句法提取情态关联。

二、"坦然"的句法功能与使用比例

从 CCL 语料库可以发现，"坦然"主要的句法功能有状语［见例（1a）］、谓语［见例（1b）］、定语［见例（1c）］和补语［见例（1d）］：

(1) a. 赵敏见他猜中，也就<u>坦然</u>承认。
     b. 周仁却不慌不忙，神情<u>坦然</u>。
     c. 说谎的人决不敢正视他的眼睛，也决不会有这种<u>坦然</u>的表情。
     d. 他的语气是那么自信，笑得很<u>坦然</u>。

但是，值得注意的是，在现代汉语中，"坦然"的四种句法功能的使用频次存在巨大差异（见图 1）。根据 CCL 语料库的数据，"坦然"共出现 10 561 次，其中作状语 6 881 次、谓语 2 108 次、定语 960 次、补语 612 次。可以说，"坦然"主要作状语，而且作状语时仍然可以搭配程度副词，因此属于形容词。本文主要研究形容词"坦然"作状语时的话语关联、情态关联和动词组配规律。

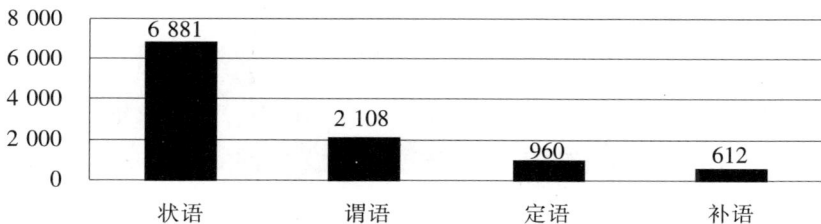

图 1 "坦然"的四种句法功能使用频次

三、"坦然"句的话语关联

前后一组句子之间存在的内在逻辑联系、语义联系和情态联系往往构成话语关联。探索状位形容词所在句与前后其他句子构成的话语关联，不仅能够从宏观角度勾勒出状位形容词的"本真状态"，而且有利于精准提取和验证其语义内涵①。前人未将状位形容词"坦然"作为独立的对象进行研究，更不要说提取其话语关联。那么，如何分析"坦然"句与前后句基于逻辑和语义所形成的话语关联呢？

（一）逻辑关联

句子与句子之间的逻辑关联主要依靠连词来体现，既要考察"坦然"句与前后句之间同现频率较高的连词，也要分析"坦然"主要分布在逻辑关联的位置，才可以精准提取"坦然"的话语关联。在调查语料的基础上，我们发现"坦然"句主要分布在由外层转折关系和内层因果关系构成的话语关联中。

一是在转折关系中，"坦然"主要位于转折句中，即"坦然"主要位于"但是""然而""可是""却"等转折连词的后面［见例（2a）］；"坦然"句的前分句有时会出现"虽然""尽管""即使"等待转连词，表示前分句为待转句，后分句"坦然"句为转折句［见例（2b）］：

（2）a. 我不知道这次调查。<u>但是</u>，我能<u>坦然</u>接受。

b. <u>尽管</u>他们已有一年多没联络，对于程琳另有所爱的消息，他<u>坦然</u>接受。

值得注意的是，"坦然"并不是都位于转折句中，也有少量位于待转句中，转折关系中的待转和转折可以互换②，如例（3）：

---

① 吴婷燕，赵春利. 情态副词"怪不得"的话语关联与语义情态［J］. 世界汉语教学，2018（3）：360.

② 赵春利. 溯因副词"毕竟"的话语关联与语义提取［J］. 中国语文，2022（3）：307.

(3) a. 尽管他们不愿意<u>坦然</u>承认，<u>但是</u>相信他们有很多是针对中国队来的。

b. <u>虽然</u>他<u>坦然</u>走出监狱，<u>但是</u>他的前途一片迷茫。

二是在因果关系①中，"坦然"通常位于结果句中，即处于"因此""便""于是""所以""就""之所以"等结果连词之后［见例（4a）］；另外，"因为""是因为""只要""既然"等原因连词主要处于"坦然"句的前分句，也可间接证明"坦然"句为结果句，而前句为原因句［见例（4b）］：

(4) a. 陈阿章是不会把我供出来的，<u>所以</u>我一直很<u>坦然</u>地处理我哥小孩的后事。

b. <u>因为</u>你将自己出钱，你大可<u>坦然</u>地拥有这个绣屏！

在调查语料时，我们发现，"坦然"有时会表面上位于原因句中，这是因为原因句中嵌套因果关系［见例（5a）］，只有"拥有战胜疾病的信心"才能够"坦然面对"疾病，二者存在因果关系；然而，有时嵌套的因果关系会省略原因句［见例（5b1）］，但可以在不改变命题关系的情况下通过插入原因句而激活隐含着的原因句［见例（5b2）］：

(5) a. <u>只要</u>拥有战胜疾病的信心，<u>坦然</u>面对它，阳光依旧会洒满您的生命旅途。

b1. <u>只要</u>真诚而<u>坦然</u>地去生活，该记住的自然会记住。

b2. <u>只要</u>【放平心态，就可以】真诚而<u>坦然</u>地去生活，该记住的自然会记住。

三是当因果关系和转折关系同现时，因果关系位于转折关系的转折句中，即因果关系嵌套于转折关系中，构成外层转折关系和内层因果关系的逻辑层次。其中，转折连词"但""但是""然而""可"等通常位于因果连词"便""因此""所以""因为"等之前，但是因果连词或转折连词经常会省略［见例（6）］：

---

① 邢福义. 汉语复句研究［M］. 北京：商务印书馆，2001：39.

（6）a. 他对这样的情感感到陌生，致使他认不清自己的心意，<u>但</u>当他清
　　　楚地明白这样的情感代表什么后，他便<u>坦然</u>地去面对。

b. 塞克被挂上"修正主义分子"的大牌子蹲"牛棚"，一开始他就
　认识到"文革"中不正常的东西，<u>因此</u>，他……对一切都<u>坦然</u>
　处之。

总的来说，经同现连词验证，"坦然"句在话语结构中的逻辑关系为外层
转折关系和内层因果关系。然而，并不是所有这种逻辑层次都可以在结果句
添加"坦然"，这只是构成"坦然"逻辑关系的必要而不充分条件［见例
（7）］，"坦然"句的逻辑关联还受到其认知上的语义关联的制约。

（7）＊郑国<u>虽然</u>跟晋国订了盟约，<u>但是因为</u>害怕楚国，暗地又跟楚国
　　【坦然】结了盟。

（二）语义关联

《现代汉语词典》① 已经注意到"坦然"的语义特征为［＋心里平静］，
但是未将"坦然"放入话语结构中研究其在何种背景下出于何种原因达到
"心里平静"的状态。从语义关联看，在"坦然"话语关联中的待转句表达
"致使主体内心处于不安或激动状态的难题"的"致激难题"义；为使主体
恢复至平静释然的状态，转折句中的原因句则表述"尽心促使主体内心平静"
的"尽心促静"义；主体最终以平静释然的心态行事，即"坦然"结果句所
表达的"静心知行"义。"坦然"句基于语义关联来命名的话语关联可以概
括为"虽难趋静"［见例（8）］：

（8）他承认有"恋母情结"，并且从此假期不敢回家见母亲。接受心理
　　治疗后已经有明显改变，……能<u>坦然</u>地回家见母亲了。

---

① 中国科学院语言研究所词典编辑室．现代汉语词典［M］．试用本．北京：商务印书馆，
1973：996.

例（8）中，"恋母情结"致使"他"内心处于不安状态，即待转句表达的"致激难题"义，"接受心理治疗"为"尽心促使主体内心平静"的方式，即原因句表达的"尽心促静"义，"能坦然地回家见母亲了"即结果句，"他"最终以平静释然的态度行事。

值得注意的是，"坦然"话语关联中的原因句有时会省略，这是因为有时主体或他人通过认知极力调整使主体抱有平静释然的态度，而认知具有内隐性，即处于主体内心之中不易被他人知晓，这种内隐性表现在句中便是省略［见例（9）］：

(9) a. 笔者试探说要投诉，值班经理坦然一笑，意谓"请便"。
　　b. 朴实的杨云和是个离异家庭的"弃儿"，他坦然接受了生活给予他的一切磨难。

总而言之，并非任何一个"外转内因"的话语结构都能够不受限制地插入"坦然"，必须受到"虽难趋静"话语关联的制约（见表1）。"坦然"结果句表达"静心知行"义，那么主体是用哪些方式"静心对待"的呢？这需要探索"坦然"与同现动词的组配规律才能准确概括。

表1 "坦然"句的话语关联

话语关联		"虽难趋静"		
逻辑	外层		转折句	
	内层	待转句	原因句	"坦然"结果句
语义关联		"致激难题"义	"尽心促静"义	"静心知行"义
例句		他对这样的情感感到陌生，致使他认不清自己的心意，	但当他清楚地明白这样的情感代表什么后，	他便坦然地去面对。
		（她）带着深深的负罪感，带着奴隶的屈辱和自卑，	她用做一年女佣的工钱，捐了门槛，	便坦然去拿祝福的酒杯和筷子了。
		不想在半路上给巡警撞见了，	安德莱乌拉这时候视死如归，	坦然向巡警说道："我也知道我逃是逃不了的。"

四、"坦然"句的情态关联

从逻辑层面看，"坦然"句与前后句子构成"外转折内因果"的逻辑关联；从语义层面看，"坦然"句则受到"虽难趋静"话语关联制约；而从情态层面看，"坦然"句的情态关联可以分为认知上的难解性、意志上的尽心性、态度上的释然性，即意识到困境难度之大，意志上通过一定方式尽心调整，最终保持以平静释然的态度进行认知行事，这一点可利用"坦然"的语义选择类型来验证。

（一）认知上的难解性

从认知角度看，在"虽难趋静"的话语关联中，待转句中的"致激难题"义是对主体所处困境的认知，主体被动遇到某一难题而进入慌乱不安的状态，主体对问题的认知主要包括客观的困顿处境、主观的困境反应两个方面（见表2）。

表 2 "坦然"句情态关联认知上的难解性

认知上的难解性		语义选择类型	举例
难题	客观难题	困境名词或动宾结构、"经受"义动词和介词	风浪、骨折、扔石头、面临国际官司；陷入、遭遇、被
	主观难题	不安情态形容词、不安情态动宾结构	失望、烦心；认为他这种做法大可不必、觉得面子上过不去

其一，客观的困顿处境。在"坦然"的话语结构中，一是待转句部分通常含有直接体现困境的名词，如"临危之际""风浪""骨折""死亡""总损失额""非典型肺炎""告状信""弃儿"等和表现难题的动宾结构，如"扔石头""拆除了由他妻子经营的米花糖厂""放弃夏绿蒂的念头""发现过异性写给丈夫的信""面临国际官司""有意见""揭起铡刀""枉加给他的罪行"等［见例（10）］；二是在待转句中，会出现"经受"义动词或介词如"陷入""遭遇""遭到""受到""遇见""被"等①，体现主体被动经历困境

---

① 赵春利，朱妙芬. 介词"通过"与"经过"的句法语义［J］. 学术交流，2016（6）：165.

而处于不安慌乱的状态［见例（11）］：

（10）a. 把邻居家的玻璃窗炸得粉碎……面对眼前风浪，任武贤坦然处之。

b. 他们有时朝这间房子扔石头……对这些，程心都坦然接受了。

（11）a. 面对去年10月中关村众多公司陷入困境的现状，北大方正集团却坦然处之。

b. 针对投连险种在中国曾经遭遇的挫折……瑞泰总裁坦然吐露自己的想法。

其二，主观的困境反应。主体自身经历难题就会产生被动性的认知反应。在待转句中会出现体现主体不安情感或态度等主观认知的动宾结构，如"预感到死神已经罩上了她的人生旅途""觉得面子上过不去""认为他这种做法大可不必"等和形容词"惶惶惑惑""失望""烦心"等，间接体现主体处于困难处境之中［见例（12）］：

（12）a. 她预感到死神已经罩上了她的人生旅途。她坦然而从容地爬上窗口，纵身跳了下去……

b. 新郎虽然失望，却坦然而友善地回答道，这事情听凭托勒罗处理好了。

无论是客观的困顿处境还是主观的困境反应，都会导致主体处于慌乱不安或激动的情感状态。面对难题，主体需要什么样的意志才能使内心从不安转为平静释然呢？

（二）意志上的尽心性

从意志角度看，主体由于遇到难题从而处于慌乱不安或激动的状态，并且难题难度越高，就越需要主体尽心尽力调整才能进入平静释然的心理状态（见表3）。

表 3 "坦然"句情态关联意志上的尽心性

意志上的尽心性	语义选择类型	举例
难度极高	高量级的形容词	残忍、巨大、严峻
	高数值的数量词	多次、一次次、数十万
行为表现	高程度的修饰语	尽力、足够、豁出去、钢铁般
	高值义的修饰语	所有、丰富、很多
认知表现	主体认知的动词	知道、领会、相信
	高程度的形容词	高度、坚强、清楚

第一，体现难题难度之高的词语。在转折句中，一是会出现表示困难高量级的形容词，如"残忍""严峻""巨大""空前""突如其来"等词语［见例（13a）］；二是会出现表示困难高数值的数量词"多次""一次次""数十万""很多""各种各样"［见例（13b）］：

（13）a. 在刽子手残忍地揭起铡刀时，他是那样坦然相对。

b. 多次受到不公正的待遇，但他每次都坦然处之。

第二，体现主体尽心意的词语。一是在原因句中会出现表达主体或他人为恢复平静释然状态而尽心尽力采取某种行为方式的词语，如"尽力""足够""真心""大度""坚定""有效"等形容词［见例（14a）］和"豁出去""钢铁般""抛之心外""无欲则刚"等体现积极精神的词语［见例（14b）］；二是原因句中会出现"所有""丰富""那么多""很多""这些年""大大"等表示主体想方设法的修饰语，从而体现主体的尽心意志［见例（14c）］：

（14）a. 希望有一天，大家都……尽力帮助他们，……让艾滋病感染者都能坦然地走出来。

b. 当压力大、无法承担不妨抱着"豁出去"的态度，将其作"自然灾害"，坦然予以承受。

c. 我觉得她做好了所有的准备，坦然面对一切即将到来的风雨。

第三，主体表现出临危不惧的认知。主体或他人除通过一定的行为尽心尽力摆脱慌乱的心境外，也通过尽力调整认知来摆脱不安慌乱的状态。原因句中有时会出现体现主体认知的动词"知道""领会""相信""认识""觉得""明白"等［见例（15a）］；有时则会出现"高度""坚强""清楚""必然"等表示自控性的高程度形容词［见例（15b）］：

（15）a. 剩下一个骑士孤单地站着，他<u>知道</u>自己难逃一死，<u>坦然</u>接受这命运。

b. 由于一种<u>高度</u>的自尊和自信，他们能够<u>坦然</u>地照着自己的样子接受自己。

（三）态度上的释然性

由于遇到的困境难度之深和次数之多，主体在行动上或认知上竭尽全力调整心态之后，会坦荡平静地面对困顿之境（见表4）。

表4 "坦然"句情态关联态度上的释然性

态度上的释然性	语义选择类型	举例
态度的释然	"平静"义的形容词	自信、平静、镇静
释然得彻底	程度高的程度副词	很、极、十分、如此
呼应的难题	"使人内心激动""不安"义的名词性成分	自己的成功、社会责任、这次失败

一方面，在结果句状语中，"坦然"前后会出现"自信""自豪""平静""镇静""从容""轻松""无愧""无畏""无惧"等表"平静"义的形容词［见例（16）］：

（16）a. 成功并未给他带来浮躁与满足，而是更加<u>自信</u>、<u>坦然</u>地面对生活与文学。

b. 面对死亡，米古林<u>镇静</u>而<u>坦然</u>地表示："……我的生命是一个十字架……"

状位形容词"坦然"受到程度高的程度副词"很""极""十分""非常""异常""这么""如此"等的修饰，表现出主体的释然程度［见例（17）］：

（17）a. 别人议论："董加耕官越做越小，车越坐越大。"他很坦然地说："做官非本意，进京不由己。"

b. 面对这微薄的报偿，张玉海教授十分坦然地说："我认为这就不错了，我们很知足。"

另一方面，"坦然"的组配动词后接的名词性成分大都具有"使人内心激动"义，如"这一历史时刻的到来""自己的成功""各项劳动保障待遇""这一英雄称号"等；或"不安"义，如"社会责任""自我批评""这次失败""那幽微的侮辱""死亡""外面的陌生人""命运安排的一切""一切磨难"等，与待转句的难题相呼应［见例（18）］：

（18）a. 6 月 1 日，三峡库区将正式下闸蓄水。库区移民大县的人们平静而坦然地等待着这一历史时刻的到来。

b. 按照组织生活会的惯例，李普老人坦然地作了自我批评。

总而言之，"坦然"的语义关联"虽难趋静"制约"坦然"的情态关联，即在认知上以主体明确问题繁难为前提，在意志上以全力保持内心平静为纽带，在态度上诱发主体临难却释然的轻松态度。

五、"坦然"的动词组配规律

受"致激难题"义和"尽心促静"义的制约，并非所有动词都可以不受限制地出现在"坦然"结果句中。因此，在充分调查语料的基础上，只有利用正反验证、同现验证、认知解释等方法，才能更加精准验证哪类动词可以与"坦然"组配，并且科学解释"坦然"与组配的动词之间的关系。

（一）"坦然"对动词的选择

在充分调查语料的基础上，通过形式验证和正反验证，我们总结出"坦然"的组配动词具有三种语义类型：静对动词、静言动词、静行动词；排斥三种语义类型的动词：激抗动词、激言动词、激行动词。

一是静对动词，是指主体出于某一原因以平静释然的心态来对待困境的动词，常见的动词有"面对""接受""忍受""承受""容忍""对待""看待""正视""迎接""接纳""承认""克服""处理""应对"等［见例（19a）］，由于这类动词常表示主体对于困境的态度，所以"坦然"句中"态度"一词可作主语［见例（19b）］；但不能与表达激烈对抗或退却的激抗动词如"逃避""躲避""回避""退缩""反对""反抗""蔑视""轻视""仇恨""撒谎""放任"等搭配［见例（19c）］：

（19）a. 朴实的杨云和是个离异家庭的"弃儿"，他<u>坦然接受</u>了生活给予他的一切磨难。

b. 面对非典型肺炎，他们的<u>态度是坦然应对</u>。

c. *大批杰出的学者仁人，由于【<u>坦然</u>】<u>逃避</u>现实等等原因，躲进了书斋。

二是静言动词，是指出于某一原因主体以平静的心态从事言语活动的动词，常见的动词包括"说（道）""答道""谈到""谈起""谈论""交谈""述说""吐露""表露""表态""说明""告诉""告知""表示""解释""陈述""拒绝"等，此类动词往往后跟言者说话的主要内容，表明言者的态度或想法［见例（20a）］；"坦然"不能与表达对抗性的激言动词如"审问""驳斥""辩论""劝解""抱怨""抱歉""催""恐吓""乞求""争吵"等组配，否则不合法［见例（20b）］：

（20）a. 清河人很<u>坦然地说</u>，"清河的发……关键在于一靠政策，二靠人才。"

b. 刘廷元不敢迟延，……当场【<u>坦然</u>】<u>审问</u>道："你是什么地方的人？叫什么名字？"

三是静行动词，是指主体出于某一原因以平静释然的态度进行某一肢体动作的动词，此类动词主要包括"坐""站""看""走""睡""躺""做"
"等（待）""掏出""收下"等［见例（21a）］，由于"动词＋一下"主要用
来陈述短时存在的动作过程①，所以此类动词可以进入这一构式中［见例
（21b）］；与此类动词语义相反的激行动词，如"踹""跑""闹""打""挠"
"追赶""飞奔""打架""甩开""擒获"等则不能与"坦然"组配［见例
（21c）］：

(21) a. 学校里都知道她和白鞋队长的关系，为此她更加<u>坦然</u>地<u>坐</u>他的
自行车搂他的腰。
b. 如果有时间的话建议每个区都步行<u>走一下</u>。
c. ＊他【<u>坦然</u>地】<u>踹</u>了儿子一脚。

可以说，根据"行、知、言"三域理论②，从正反角度验证"坦然"所
组配的动词类型为三类（见表5）。那么这三类动词与"坦然"组配时又有什
么样的语义特征呢？

表5 "坦然"组配和排斥的动词类型

组配的动词类型	例词	排斥的动词类型	例词
静对动词	接受、面对、忍受	激抗动词	逃避、仇恨、蔑视
静言动词	说（道）、答道、谈到	激言动词	审问、驳斥、辩论
静行动词	坐、站、看	激行动词	踹、跑、闹

（二）"坦然"组配动词的语义特征及其验证

在充分调查语料的基础上，我们根据"坦然"的同现成分与不同现成分，
从正反角度验证"坦然"组配动词的两方面语义特征：自主性和非抗性。
一是自主性。与"坦然"组配的动词通常是主体遇到难解之题时在尽力
恢复平静的情况下主动作出的反应，具有一定的自主性，因此与"坦然"组

---

① 蒋湘平．"VV"和"V一下"的语义及语法差异［J］．汉语学习，2015（4）：50.
② SWEETSER E E. From etymology to pragmatics：Metaphorical and cultural aspect of semantic structure. Cambridge：Cambridge University Press，1990.

配的动词一般为自主性动词，如"接受""对待""承认""处理""说道""回答""注视"等［见例（22a）］；而不能与"生病""遇见""出生""死亡""瘫痪""痊愈""入迷"等非自主性动词同现［见例（22b）］，也不能与"不禁""不由得""禁不住""止不住"等体现情感非可控、非自主的副词同现［见例（22c）］，这一点也可以证明"坦然"组配动词的自主性：

（22）a. 我知道胡考坎坷一生，而他却那么<u>坦然</u>地<u>对待</u>世事一切！

b. *她们在福鼎的公寓里住下没两天，孩子就【坦然】<u>生病</u>了。

c. *许培星<u>不由得</u>【坦然地】<u>说</u>："东亚运期间交通不成问题。"

二是非抗性。与"坦然"组配的动词都具有非抗性语义特征，如"对待""接受""说""告诉""走""睡"等。从语义角度看，"坦然"不能与所有态度类和言行类动词组配，如表示"激烈对抗"义的激抗、激言、激行三类动词。从形式角度看，在"坦然"句中常常会出现"只能""只好""只得""只有""不得不"等"无奈"义副词，凸显了被动妥协和接受而无可奈何的情态，主体自然也不会采取激烈抗争的态度或言行［见例（23）］：

（23）a. 有些人事，我们终究无可避免，<u>只得坦然面对</u>。

b. 有些事不可避免地发生，阴晴圆缺皆有规律，<u>只能坦然接受</u>。

"坦然"组配动词具有自主性和非抗性的语义特征。然而，这两类语义特征并不是彼此孤立，而是具有一定的联系性：主体面临难解之题而处于不安或激动状态，由于主体在内心竭尽全力自主进行调整，从而能够以平静释然而不是对抗性的态度认知或行事。可以说，只有通过各种形式验证"坦然"与同现动词的组配规律，才能更加准确地提取副词"坦然"的语义内涵。

总而言之，"坦然"的语义内涵为：主体虽因面临难题而内心激动或慌乱，但由于全力调整而使自己以平静释然的心态接受现实，这可以概括为"临难却静"。可以说，话语分布和句法分布是提取并验证语义内涵的语法形式，而语义内涵决定并解释词语话语分布和句法分布的语法意义。

论时庸劢《声谱》的汉字谐声与
古音学贡献

董国华

  时庸劢，字吉臣，单父（今山东菏泽单县）人，生卒年不详，据著作时间推断约为清同治至光绪时人。时庸劢是清著名金石学家吴式芬[①]的学生，其人生性狷介，不与时贵公卿合，著述不为"揓古人著作，标榜而成名"。时庸劢悉心研究声学，因受吴式芬影响，由古文字之学治古音之学，博览前贤之书，自成己说。时人吴重憙[②]评价时庸劢说："君殚心声学，于顾氏亭林、江氏慎修、戴氏东原、孔氏㧑轩、段氏懋堂、王氏石臞、严氏铁桥、苗氏先露、朱氏丰芑诸家之书，无不入垒而悉其曲折，而尤于立部配声严为辨别焉。"[③] 时庸劢年老将归故里时，家徒四壁，所作《声谱》《声说》两部著作，实赖吴重憙等 13 人资助方得付梓刊行传世。

  基金项目：广东省哲学社会科学规划项目"清代中后期广东'正音'书系研究"（GD22CZY04）；广东海洋大学博士科研启动费资助项目"汉字谐声与古韵学史研究"（R18003）。

  作者简介：董国华，博士，广东海洋大学文学与新闻传播学院副教授。

  ① 吴式芬（1796—1856），字子苾，号诵孙，山东海丰（今无棣）人，清代著名金石学家。咸丰五年（1855）授内阁学士，兼礼部侍郎。编著《攈古录金文》3 卷 9 册，考释商周至元代有铭文的青铜器物 1 329 件，纠正了孙星衍的《寰宇访碑录》中的错讹，增添了商、周、秦、汉以来的金文，写成《攈古录》20 卷，著录从周至元金石文 18 128 件。并与潍县陈介祺合编《封泥考略》10 卷，收录秦汉宫私封泥 849 枚。另著有《金石汇目分编》《双虞壶斋八种日记》《印谱》《江西金石存佚总目》和《陶嘉书屋诗赋》等 10 余部作品。

  ② 吴重憙（1838—1918），字仲饴，山东海丰（今无棣）人。清同治年间举人。光绪初年，出任河南省陈州府知府，与袁世凯结有师生之谊，后擢升直隶布政使。曾一度署理江西巡抚，内调邮传部侍郎，出任河南巡抚。宣统三年（1911）回任邮传部侍郎，随清帝退位而解职。民国时隐居天津英租界十四号路（今烟台道），其家藏书画、金石甚富，家藏印三千余方，又与其岳家潍县陈氏合印《万印楼印谱》。

  ③ 见吴重憙为时庸劢《声谱》所作序。续修四库全书编纂委员会. 续修四库全书·经部·小学类：第 248 册［M］. 上海：上海古籍出版社，2002：87. 。

一、时庸劢著述简介

时庸劢一生究心勤力于声韵之学，著述颇丰。世交吴重憙在《声谱叙》中谈到时氏的著述时说：

> 单父时子吉臣读书听古庐，专心声学，拟仿顾氏意著《声学十书》，曰《声谱》，曰《声说》，曰《声部》，曰《声正》，曰《声表》，曰《均析》，曰《均通》，曰《均衷》，曰《均汇》，曰《均胜》。壬辰癸巳先后刊《声谱》《声说》二种问世。①

《声谱》为时庸劢《听古庐声学十书》的第一本，据吴重憙所述可知此书刊于清光绪十八年（1892），第二本《声说》刊于光绪十九年（1893）。时庸劢仿顾炎武《音学五书》而作《听古庐声学十书》，除以上两本外，另有《声部》《声正》《声表》《韵析》《韵通》《韵衷》《韵汇》《韵胜》，其中论声五部、论韵五部，可谓体制鲜明、结构规整，但可惜除《声谱》《声说》两书外，其余八书均未刊行。《声谱》正文前有一手书"时先生小传"，载有："时庸劢，号吉臣，居山东单父。以举人容游大梁，寝馈典籍，尤潜心声韵之学，著有《听古庐声学十书》十六卷、《毛诗韵》四卷、《毛诗古韵贯》四卷、《离骚正韵》一卷、《嵩阳石阙考》三卷、诗文集四卷。"《单县县志》中亦记有"时庸劢著有《听古楼声韵书》十六卷"，实际上时庸劢的著述远远不止这 16 卷。

由王绍曾主编于 1993 年出版的《山东文献书目·经部·小学类》中收录《单县时氏音学丛稿目录》，包括《声谱》《阳类声说》《谐声谱》《阴声谱》《阴类声说》《声说》《毛诗韵串》《毛诗古韵贯》《声疑》《同声相应》《古韵》《经韵》《丙丁抄》《古今韵析》《乙丑抄》《声类枚数》《丁亥抄》《声读摭式》《韩诗毛诗韵订》《说文解字声切正谬》《唐韵正摘抄》《说文韵孳》《戴氏韵学》《段王合抄》《毛诗声类诗声分例》《苗氏声读表》，凡 26 种。

---

① 原文中"《均析》""《均通》"等实为"《韵析》""《韵通》"等。见吴重憙为时庸劢《声谱》所作序。续修四库全书编纂委员会. 续修四库全书·经部·小学类：第 248 册［M］. 上海：上海古籍出版社，2002：87.

2006 年，山东大学编纂出版了《山东文献集成》第一辑和第二辑，其中《单县时氏音学遗著二十三种三十九卷附十五种二十三卷》被收在第一辑第五至八册，收录更为全面，具体书目有以下 38 种：

第五册：

（1）声谱二卷清光绪十八年河南星使行台刻听古庐声学十书本；

（2）增补说文分部谐声谱二卷稿本；

（3）声说二卷清光绪十八年河南星使行台刻听古庐声学十书本；

（4）阳类九部声说稿二卷稿本；

（5）阳类九部声说二卷稿本；

（6）阴类十一部声说稿三卷稿本。

第六册：

（7）阴类十一部声说三卷；

（8）毛诗古韵贯三卷稿本；

（9）毛诗古韵贯四卷（存三卷）稿本；

（10）声疑一卷稿本；

（11）同声相应一卷稿本；

（12）经韵一卷稿本。

第七册：

（13）古今韵析一卷稿本；

（14）声类枚数一卷稿本；

（15）字母一卷稿本；

（16）增补说文廿一部声读式一卷稿本；

（17）说文解字声切正谬一卷；

（18）说文韵挛二卷首一卷稿本；

（19）古韵二卷稿本；

（20）丙丁抄一卷稿本；

（21）己丑杂钞一卷稿本。

第八册：

（22）丁亥抄一卷稿本；

（23）杂钞七种一卷稿本；

（24）韩诗故二卷；

（25）说文疏证一卷；

（26）苗氏毛诗韵订摘异一卷（附苗氏声订摘异一卷）；

（27）唐韵正摘钞一卷；

（28）江氏韵学一卷；

（29）戴氏韵学二卷；

（30）音韵表摘钞一卷；

（31）十三家古音异同表一卷（附五家古韵阴阳同入异同表一卷）；

（32）段王合钞四卷；

（33）毛诗声类一卷（附诗声分例一卷）；

（34）苗氏声读表一卷；

（35）说文答问一卷；

（36）攀古小庐经韵一卷；

（37）攀古小庐校勘记一卷；

（38）积古斋释文正误一卷。

二、《声谱》的内容和体例

《声谱》书前有光绪十九年癸巳六月阳谷徐肇錤所作之叙，介绍了此书的大概内容：

> 我朝精小学者多，人谁其于古韵贯而通之？时吉臣先生以名孝廉，殚心汉学，独有心得。本戴氏九类相配表创为《阴阳同入图》，取其是而正其非。其分冬于东，本孔㲬轩；其合幽于宵，折诸家而成一是；其并歌于支，两存其声，盖取苗氏而特胜之。其于缉、盍，定有去声，诸先辈皆未见及，识尤卓焉。著有《谐声谱》，矫朱丰艺《通训定声》非，而一衷至当，以此读古书，无不历历相符矣。附有《声说》。取许书声义之龃龉者，考之诸家，参之彝器，反复审慎深思而得之。尤不朽之盛业也。

徐肇錤在叙中指出了时庸劢古韵分部的特色，主要有"阴阳入相配""合幽于宵""并歌于支""缉、盍，定有去声"等，另外采用了王念孙的"东冬分立"，并以《谐声谱》纠正朱骏声《说文通训定声》中的错误等。

时庸劢在《声谱》凡例中介绍了此书的主要内容和体例，有如下若干条：

> 是书专谱谐声，而分部则依高邮石臞王氏，若段氏懋堂之《六书表》、严氏铁桥之《声类》、姚氏秋农之《声系》、孔㧑轩之《诗声类》、苗仙麓①之《声读表》、朱丰芑之《通训定声》、张彦惟之《谐声谱》，择善而从不主一家。近时傅青余②之《古音类表》，间亦节取。

> 所列字专以许书为主，许书原文外所当补者，或见于说解中或古本有而今本遗漏，或见于他书引用，或见于小徐本，凡此皆许氏本有之文，悉为据补；其次则古籀、或体见于他声下者，悉为规出而移其文于本声下。又次则大徐新附，又次则十三经字，余概不收。

> 移补之文，无论古籀、或体、篆文、古文、奇字、司马法、秦刻石、汉令、乐浪、挈令、虞书、夏书、鲁郊礼、祕书、今文、俗文，以及司马相如、扬雄、墨翟、谭长之类，除本声本系不移外，凡有声可系者，悉为移补，而注明于旁曰"某移"。

以上三条，详细叙述了撰著所本诸家之著作、收字来源和归类原则以及增补和移补原则。从中可见，时庸劢是以王念孙的古韵分部为基础，并参考段玉裁、严可均、姚文田、孔广森、苗夔、朱骏声、张成孙以及傅寿彤的著作。书中所录之字源于《说文》，并补录了见于《说文》说解中或他书引《说文》之字，以及古籀和或体字。收字范围为"二徐"《说文》和见于"十三经"中之字，其他一概不收录。

时庸劢此书收字次序的原则是："系声之例，以声母建首，谐声次之，省声次之，递生之声又次之，至于会意字，而其声亦合者，在说文本有亦声之

---

① 苗夔之字另有"先露""先路""先麓"等说法。
② 傅青余（1818—1887），原名昶，后名寿彤，字青余，晚号澹叟，贵州贵筑人。道光二十四年（1844）举人，咸丰三年（1853）进士，选庶吉士。古音学著作有《古音类表》九卷，分古韵为十八部，后文有述。

例，今略去亦字，径系某声之下，期归简约。"即将省声之字列于次级声首衍生之字前面，这是他与前人不同的地方。如"舍"声下先列"郐""浛""捨""舒""騇"五字，其下书"舍省声"，列"余""粂"两字，再列其他谐声字。时庸劢将亦声字一并出列，不再加注"亦声"，较为简明。

《声谱》凡例中详细说明了该书收字的其他体例，兹录如下：

> 甲·许书正文用小篆附古籀、或体于下，然正文之声实有从古籀出者，则必以最简之文建首，而古籀原文仍附？文之下，不以重出为嫌。

> 乙·凡《说文》形声有误者，载其原文，改注于下，曰"当作某"，其篆文不误而今文省改者，注明隶书作某，偏旁作某，以下某声之字即从之，不复更为古体。

> 丙·十三经率多于《说文》一字异体，亦有许书所无者，其重文但与正文旁注经某二字非重文，则补一大字，如与声系有关，则注正文下，曰"经文作某"。

> 丁·遇一声兼骑两部者，或以声子从声母，或以声母从声子，酌其轻重并归一部，其万难合并者，则兼存两部，而注明"互见"字样，或声母在他部而谐声字古人往往与本部同用者，是为转声。遇此等则注"声转某部"，不复于他部歧出。

> 戊·凡许氏及各家分部系声，彼此歧异者，眉列于上，以便检查。其异同分合有需辨证，非一二语所能明者，别作《声说》详之。

> 己·小篆以为声而古文实不以声读，虽心知其非，但许书奉行已久，且在本部无所乖违，姑仍其旧。

> 庚·凡声与读不符，或许慎与孙愐切音不符，或舍声从读，或舍读从声，或舍声、读从切。如归一部，则于声之本部曰附，于读之寄部亦曰附，但出入不同耳。

> 辛·许书所载古文，半非古文所有，而三代彝器文许书或阙而不用，今遇许说不合，而古器文有资考证者，间采一二。其各家著录释文切者，拟别为形类一书，兹概不录。

从以上八条体例中，可以看到时庸劢收字归部的精审。甲条"必以最简之文建首"，以古体、古籀优于小篆形体定声，这是正确的；乙条、丙条和辛条均体现了时庸劢对于《说文》及"十三经"不盲从、不尽信，而以古体、三代彝器文的谐声形体为根本的做法，这无疑是进步的；丁条"注'声转某部'"和庚条"于声之本部曰附，于读之寄部亦曰附"是说如何处理主谐字和被谐字异部现象，时庸劢的做法是对"同谐异部"的折中；戊条是说将自己分部系声与《说文》及各家有异的情况对应列于页眉声母之上，说明时庸劢兼收并蓄各家之说的集成工作的审慎。时庸劢还作《声说》一书辩证是非，为后人研究提供了资料。据统计，《声说》中一共辩证了与各家不同的153个谐声偏旁字，每字之下有详细考证和说解。

三、集成诸家的汉字谐声与古音研究

时庸劢《声谱》最大的特色是总结和集成了自段玉裁始各家的古音研究成果，书前吴重憙的序言对时庸劢的古音研究有详细介绍：

> 段氏以前韵部较粗，至王氏而分析最精，唯苦无阴阳配声之说，宵歌单行，不无遗憾。及缉、盍从入声起，不知挚、瘗即去声，与江、戴侵谈无配声同病。苗氏知并宵歌于幽、支，而又嫌七部之合并太略。君乃以阴阳对转为谈古音第一要义，得此秘钥，秦汉以前古音之重关无不启矣。初拟以东配侯、幽、宵三部，以救宵歌单行之病。继得孔氏东、冬分用之说，专以侯配东，而以幽宵配冬，乃觉无憾。又别立挚、瘗二部，以为缉、盍之去声。订为二十部，而立部配声乃完全而无弊。

吴重憙对时庸劢的古韵分部表示肯定，认为较王念孙与苗夔为精，高度赞扬了时庸劢的"阴阳对转同入说"，认为"得此秘钥，秦汉以前古音之重关无不启矣"。

徐肇铭在叙中也谈到了时庸劢分部与诸家的差异：

> 苗先路云古均无歌麻。予谓无麻是，无歌则非，歌单行非，歌

与支并用则是。戴东原幽归于侯，与宵分列，孔巽轩以宵为侵之阴声，与幽亦分列。幽、宵合用，谁实见之？顾、江、段、苗诸君东、冬、钟、江皆同用，孔巽轩分冬别列，有独见焉。王石臞以缉、盍为侵、谈之入，而缉、盍去声则未之及。诸家争鸣，自成一家。

时庸劢《声谱》古韵二十二部所收声首情况如表 1 所示：

表 1 《声谱》古韵二十二部所收声首

卷	部	声首（共 1 163 个）
一	陽	昜、方、亡、爿、向、羊、䍃、王、光、芇、京、㞷、亢、庚、丙、章、良、倉、央、囧、長、畺、网、刅、行、相、昌、量、皿、㒳、卬、象、兄、永、朢、竟、誩、爽、彭、杏、桑、竝、丈、匠、䀠、秉、尣、兵、鬻、亯、上、㒭、匚、香、弜、𠂢、夘、宕、丬（59）
二	東	東、工、丰、用、公、共、凶、囱、冃、同、邕、从、龙、充、雙、孔、䆼（17）
三	冬	夂、中、夅、農、船、蟲、宗、戎、㳟、彤、肜、宋、鬨（13）
四	烝	承、关、曾、朋、㚅、厶、乃、夌、曹、亙、黽、仌、癕、徵、乘、興、爯、升、弓、冂、兢、熊（22）
五	青	生、壬、丁、井、幵、并、冂、冖、熒、爭、霝、正、鼎、䀑、平、甹、寍、敬、殸、頃、省、贏、盈、幸、奠、耿、蚩、名、鳴、晶、炅（31）
六	真	真、匀、臣、扁、令、丏、申、粦、玄、人、辛、聿、民、寅、因、𠘧、卂、㐭、臸、丨、㚇、秦、天、頻、田、䲒、𪊨、印、朩、燊、乚、䀿、轟（33）
七	文	文、分、斤、辰、匀、㱿、屯、𠔉、𩫖、員、堇、艮、昏、㥯、㐱、𥁕、君、刃、云、侖、先、免、尊、㝷、昆、眔、鯀、門、盾、困、㫃、圂、巛、䇂、典、𡰪、尹、舛、釁、孫、𠦒、存、閏、彬、寸、奮、犬、豩、豚、本、𠂤、飧、肙、坤、筋、𧆤、疢、巾、壺、乚、蚰、刃、糞、联、𣶒、焚（66）

（续上表）

卷	部	声首（共1 163个）
八	元	元、干、旦、允、叩、單、袁、安、釆、朁、夃、峀、厂、繇、肙、叓、東、戔、开、夗、泉、亘、臺、官、閒、夹、皃、曼、半、寽、延、爰、般、㢆、虜、肤、玨、椒、弜、頁、屮、两、聯、莧、面、算、仝、贊、見、象、善、栐、兔、臬、雋、焉、閜、卵、夶、刪、冊、睿、㑞、連、建、谷、山、宛、燕、㸚、弄、辛、畐、肩、憲、厂、虘、廛、凡、取、薦、扇、狀、衍、侃、次、曹、妟、斳、絲、丹、㬥、羴、犬、卓、祘、爨、煩、縣、萑、閔、班、夐、看、茆、く、攀、短、片、遣、幻、筭、盥、閑、号、宀、宦、孚、畢、絲、夒、鱻、卵、㩜、臷、款（126）
九	侵	侵、今、咸、覃、音、甚、林、先、㝨、壬、凡、染、彡、卤、突、壬、寀、品、羊、心、似、甹、三、男、闖、灾（26）
十	谈	炎、占、甘、敢、僉、尤、巳、兼、臽、監、卙、弎、斬、广、奄、贛、毚、弇、欠、夾、夭、酉、妥、广、閃、芟、导、屵、虢（29）
一	鱼	魚、父、虎、古、鼓、亏、且、旅、者、舍、女、五、甫、正、与、無、异、巨、叚、家、烏、乎、予、去、牙、互、瓜、午、户、夫、禹、巴、土、宁、吳、羽、巫、呂、馬、步、武、雨、下、而、兔、鹵、夏、素、普、鼠、鼳、股、眣、乍、庶、各、昔、吂、翠、丫、白、石、毛、享、谷、灸、亦、赤、亞、躲、烏、霍、兔、㝉、虢、索、炙、霏、夕、尺、車、処、初、圖、壺、丒、寡、圉、蠱、冶、辥、庫、疋、乾、叡、隻、灷、彳、兆（99）
二	矦	矦、俞、口、丶、婁、區、付、取、禹、朱、需、芻、冓、几、豆、壴、臾、須、盟、兜、后、具、冑、後、奏、斗、乳、扁、匝、寇、晝、肖、喬、蜀、束、泉、鹿、美、卜、谷、豕、屋、辱、族、佝、木、足、獄、岳、局、玉、曲、桑、舜、鬥、戌、歪、弓、艻、哭、禿、厦（62）

未加载

（续上表）

卷	部	声首（共1 163个）
三上	幽	幺、矛、翏、勹、邑、爪、禾、周、由、攸、酉、丣、夘、求、癹、九、丑、百、丩、叉、棘、秋、舟、咎、殸、缶、休、好、嫛、冃、牟、雔、汓、囚、州、流、李、齐、肘、鳥、万、老、奥、宂、卤、臼、秀、彪、彡、就、早、臭、卓、卂、帚、麀、冒、手、戊、驫、朮、告、六、竹、匊、夒、臼、肅、肉、毓、佩、畜、毒、逐、祝、翏、殀、目、丁、羑、褱、牢、螯、報、艸、棗、韭、臭、牡、牖、卣、執（92）
三下	宵	小、刀、爻、交、要、票、夭、垚、高、兆、寮、羼、香、敫、枭、巢、号、毛、羔、朝、勞、翼、梟、苗、焱、灻、弔、庫、麙、㔾、勺、敖、卓、樂、翟、隺、暴、龠、弱、爵、虐、辇、鼂、杲、杳、晶、裛、尿、休、叕、料、敎、盗、翟、覞、庐、了、淼、育（59）
四	之	之、丌、才、㠯、不、來、疒、凷、臣、而、巛、出、司、絲、兹、匚、龜、又、母、亥、里、耳、巳、己、子、疑、止、宰、喜、叟、采、杲、久、畕、負、再、䊆、裘、牛、郵、佩、婦、毒、異、弋、或、富、直、啻、意、戠、戒、葡、艮、伏、喬、則、食、力、罘、北、㝵、丽、革、棘、苟、匸、宀、息、仄、矢、晏、克、色、麥、牧、瑯、綠（78）
五上	支	支、是、斯、厂、氏、兒、圭、卑、知、只、此、徙、尚、厽、厄、危、兮、規、解、束、狄、𤓓、買、辰、易、益、斝、毄、辟、枀、鬲、㞒、析、㬐、蕊、畫、役、册、豕、鮮、芈、觜、焱、疒、䤈、系、攵、匚、企（49）
五下	歌	可、戈、多、禾、厎、垂、皮、爲、羸、麻、也、它、而、冎、干、加、离、衺、吹、沙、象、羅、叉、虘、大、丆、果、匕、垔、羆、貟、朵、厄、卧、羋、邢、瓦、晉（38）
六	至	至、吉、乙、日、八、必、畢、𠃊、曰、黍、栗、疾、血、質、徹、悉、七、霊、設、弻、归、一、實、閉、逸、粵、陧、㫐（28）

（续上表）

卷	部	声首（共1 163个）
七	徴	敚、匕、隹、飛、非、齊、妻、畾、豈、口、鬼、畏、幾、利、自、皆、希、夷、厶、威、衣、眉、彞、肥、开、回、妥、歹、乂、矢、癸、豕、希、氏、米、曳、二、帀、弟、乞、旡、丕、毇、隶、罦、耑、内、尸、尾、犀、由、几、虫、启、豐、美、耒、湏、火、水、未、彪、尉、胃、叔、季、曹、噩、示、四、自、皋、圣、孛、眔、戾、位、對、甶、夔、出、卒、弗、术、勿、囘、旻、骨、兀、突、聿、鬱、退、率、棄、兒、采、夒、乖、禾、卟、崗、磊、器、鰲、靁、云、宿、丿、乀（110）
八	祭	祭、匄、发、叕、夬、丯、乖、萬、兑、折、戌、首、欮、卤、會、尚、大、剌、銳、彗、世、带、癶、市、寽、介、貝、叡、乂、戉、中、臬、兀、祟、奈、衛、杀、獻、卨、伐、截、桀、舌、月、厥、末、曳、最、篅、絶、鼶、制、劍、毳、拜、乙、蓋、罰、敝、裔、市、砅、奪、巛、吠、外、役、窡、叕、剏、劣、奇、乏、子、了、丨、彑、聅、受、刖（80）
九	執	卒、聑、入、立、及、加、聑、習、邑、十、暴、集、燮、龖、内、皀、陝、入、旾、畾、田（21）
十	瘵	夾、盍、枼、聿、乏、沓、甲、妾、鼠、耴、帚、罞、蹂、鷥、業、刧、西、瀣、涉、帀、曡、邑、少、籥、聿（25）

注：表内保留书中异、繁体字，下文提及相关声首时均用简体字。

从表1可以看出，在以谐声偏旁归类的时候，时庸劢并不是以凡例中所言之二十部来划分古韵的，而是分作二十二部。经过对各部所收的声首进行详细对比，可知时庸劢古韵分部的实际情况是：阳声韵十部，包括阳、东、冬、烝（蒸）、青、真、文、元、侵、谈；阴声韵十二部，包括鱼、侯、幽、宵、之、支、歌、至、徴、祭、執、瘵。凡例中所说的"幽宵合部""支歌合部"，在《谐声谱》中并未体现，只是将阴声第三部和第五部皆分上、下列出。

时庸劢说明自己的分部次序："各家分部多寡不同，亦凌乱无次，江、戴、王、苗、朱、傅皆以'东'第一，从广韵也。独段氏黜'东'于九，而以'之'第一，其所见似是而非。盖'之'仅可冠蒸、幽，不能概他部也。

今据阴阳同入之理，寻其脉络，定为二十部，一阳、二东、三烝、四青、五真、六文、七元、八侵、九谈、十鱼、十一侯、十二幽、十三宵、十四之、十五支、十六至、十七脂、十八祭、十九挚、二十瘵。嗣因东配侯，幽宵多寡不均，复据孔分东冬为二，据苗合宵为一，更订二十部，其阳声十部，曰阳、曰东、曰冬、曰烝、曰青、曰真、曰文、曰元、曰侵、曰谈，其阴声曰鱼、曰侯、曰幽宵、曰之、曰支歌、曰至、曰徵、曰祭、曰挚、曰瘵，阴阳相配较为精密云。"时庸劢不同意段玉裁以之部为首的排列次序，而是以"阴阳同入说"重新排列古韵二十部。时庸劢的"二十部阴阳对转同入表"如表2所示：

表2　二十部阴阳对转同入表

阳声韵	阳	东	冬	烝	青	真	文	元	侵	谈	对转
阴声韵	鱼	侯	幽宵	之	支歌	至	微	祭	挚	瘵	
入声韵	若	屋	沃觉	职	锡	质	物	月	缉	盍	同入

表下列有时庸劢对于此表的简要说明：

> 对转同入之说，创自江，戴、段、孔、严因之所配，互有异同，而"宵""歌"二部位置鲜有合者：宵部江合"幽""侯"，配"东""冬"；戴合"阳"；段合"烝""之"；孔合"侵"；严合"谈"。歌部江、孔、严合"元"；戴合"鱼"。迹其所蔽，皆由不知"宵""歌"不能独立部之，故苗氏以"宵"合"幽"、以"歌"合"支"，是矣。而不言配声，择焉不精、语焉不详，识者憾之。今以"幽""宵"配"冬"，以"沃""觉"为入，以"支""歌"配"青"，同以"锡"为入。按之三代秦汉，无不悉合。至于"缉""盍"去声，别有说详之，兹不赘及。

这一段话主要阐明了"阴阳对转同入说"是取自江永"对转同入说"，即所谓"异平同入"。时庸劢认为戴震、孔广森和严可均等人一脉相承，因袭了江永的配入方式，但是对于宵部和歌部各家存在差异。时庸劢认为差异的主要原因在于未认识到宵和歌均不能独立成部，这是各家"所蔽"。时庸劢肯定苗夔将宵合于幽、歌并于支的做法，同时对苗氏"不言配声，择焉不精、语焉不详"表示遗憾。他在综合各家之说的基础上，将宵、幽合并，与阳声冬部和入声沃部、觉部相配；将歌、支合并，与阳声青部和入声锡部相配，如此则"按之三代秦汉，无不悉合"。

时庸劢所说的苗夔"以宵合幽，以歌合支"的古韵分部之说，见于苗夔所著《说文声读表》，书成于嘉庆十二年（1807），刊于道光二十二年（1842），凡七卷，以表谱的形式按古韵七部排列《说文》九千余字，以见其音读。每个韵部自为一卷，以谐声系统相连贯，重文相附。苗夔的古韵七部是宗自顾炎武古韵十部的划分，又作了改动，其具体内容为（以平赅上去入）：第一部，东冬钟江耕清青蒸登；第二部，支脂之微齐佳皆灰咍歌戈麻尤；第三部，鱼虞模侯；第四部，真谆臻文殷元魂痕寒桓删山先仙；第五部，萧宵肴豪幽；第六部，阳唐庚；第七部，侵覃谈盐添咸衔严凡。苗夔对于古韵求合而不求分，非顾炎武以后诸家之作，系声归部主观臆断，强为拼凑，故古韵分部粗疏舛错。时庸劢为使"阴阳对转同入说"圆满无疵，依照苗夔合并之法分析古韵，是错误的。但在划定、系联声首时候，时庸劢仍将幽、宵分列，支、歌分列，最终也未能否定声首类聚的实际情况。

时庸劢古韵分部较为独特的做法，是立挚、瘗分别为缉、盍的去声韵，与阴声韵侵、谈相配。但考察时庸劢书中收录的谐声偏旁，挚部声首即江有诰的缉部，瘗部声首即江有诰的叶部。对于声调，时庸劢提出"入声系三声说"[1]，认为入声是平声、上声和去声的附庸，在《声谱》中也并未将入声韵声首单独列出，可见他对于调类和韵类的区别仍不明了，将入声调和入声韵混同为一。将缉部和叶部声首看作去声韵的做法，实为就合"阴阳对转同入说"而作。

---

① 时庸劢《声说》书后，附有音论两篇，一曰"入声系三声说"，一曰"缉盍有去声说"，大意为支持顾炎武和附会苗夔的说法，此处不赘。

粤地作家研究

广东新移民小说中进城务工者的多维塑形

李海燕

新世纪广东文坛活跃着一群岭南新移民，从张欣、曹征路、邓一光、黄咏梅、王小妮、魏微、王海玲、李傻傻、薛忆沩到盛可以、王十月、郑小琼、缪永、柳冬妩、萧相风等，广东新移民作家在南粤文坛大展风采。谢有顺写道："当下的广东，其文化主体已经不是本土的广东人，而更多是外地人。"①但新移民作家仍存在一定的身份差异，张欣、曹征路、李傻傻等作家大多接受过精英教育，或供职于作协、文联等地方文化机构，或在高校任教，俗称"精英作家"；王十月、郑小琼等人则从农村走来，有着打工的切身经历，一度被人们贴上"打工作家"的标签。新移民作家们虽然在身份构成方面有较大差异，但外来者的共同标志使他们面临着同样的文化冲突、无根漂泊与身份危机感，他们不约而同地选择以进城务工者为写作对象，书写他们的城市感悟，反映他们的城市生活。

但写作立场与知识贮存的不同决定了广东新移民作家在进城务工者形象塑造方面存在较大差异。作为广东文学的一张名片，打工文学的兴盛既昭显着岭南文化的宽容与平和，又宣告着文学形象的平民化倾向。打工作家将笔墨对准了广大进城务工者，塑造了一群虽地位卑微、处境艰难但执着进取、重情重义的农民工形象。精英作家笔下的打工群体纷繁复杂，既有善良淳朴的温情农民，又有贪婪无知的利益追逐者，更多的则是卑微渺小的凡俗小民。

基金项目：2020 年度广东省普通高校特色创新类项目"粤港澳大湾区文学中的城市形象与文化建构研究"（2020WTSCX032）；广东海洋大学博士科研启动费资助项目"想象岭南：新时期广东沿海文学的空间书写研究"（R19012）。

作者简介：李海燕，博士，广东海洋大学文学与新闻传播学院教授。

① 谢有顺. 文学广东：谁在建构真正健全的岭南 [N]. 人民日报, 2013 - 06 - 14 (24).

新世纪广东新移民作家越过繁华绚烂的城市景观，将目光投向城市中缄默无言的进城务工者，探究他们复杂而多变的人性。

一、打工作家的审美化过滤

打工作家即打工者和作家身份的结合。打工作家在创作之初对自己的打工身份均颇为认同，成名后的他们因为创作视野的拓展对"打工作家"一词所蕴含的被照顾、被歧视色彩有一定异议。和专业作家的固定身份不同，打工作家们大多经历了无业游民—流水线工人—文化工人（编辑、记者）—打工作家的身份转变，成名前的他们在很长时间内都被贴着"农民工"的标签。作为转型期中国城市的新生力量，进城务工者是主流意识形态、大众传媒对进入城市的农民工群体的共同表征，它已内化为一种社会普遍的群体意识，揭示着新的文化关系和社会格局的形成，而打工作家便属于这一群体中主体意识高扬的文化群落。身为进城务工者的一员，打工作家在文学创作时对打工身份均有强烈的认同感，他们从打工者的视角、思维和情感出发，将融汇了切身感受和周遭工友经历的城市生存表现出来，既呈现了粗粝的生活形态，又写出了真切的生命体验，并试图建构一种属于农民工群体的新工人美学。

因身份缘故，打工作家对进城务工者怀有深厚的情感，并致力于寻找他们身上的闪光点，弘扬打工群体的友谊成为广东打工作家塑造进城务工者形象的主要方式，他们的笔下活跃着一群质朴善良、坚忍执着、充满人情人性美的进城务工者。这些怀揣希望与梦想的入城农民，从全国各地涌入富足奢华又危机四伏的珠三角，虽地位卑微、生存艰难且挫折不断，但始终以淳良的品性、坚忍的毅力善待生活、执着进取，艰辛酸楚的打工生活在温情与正义的包裹下呈现出美好而幸福的一面。

王十月曾述及自己的创作经历了由怨恨叙事到温情叙事的转变，他希望"用文字来经营爱，并把这种爱，传达给我的读者，让读者从中感受到温暖与勇气、宽容与了解"[①]。他的《无碑》《总有微光照亮》《关外》《大哥》《在南庄》等一系列打工作品莫不致力于探寻人世的温暖。《总有微光照亮》《关外》等作品书写了工友间的关爱与情谊，阿标、林小姐、小唐乃至陌生女工

---

① 王十月. 一些随想（创作谈）[J]. 红豆，2009（5）：12－14.

都给"我"压抑而灰暗的打工生涯增添了生命的亮色,支持着"我"渡过人生的困境并不断前行。《大哥》《寻亲记》等作品刻画了亲人间醇厚而朴素的情感。"我"与大哥、二姐虽都在珠三角且相距不远,但忙碌的打工生活让"我们"难以相聚,可大家仍费尽心思寻亲访友。《无碑》中的老乌更是王十月温情叙事的典型呈现。作为地位卑微、相貌丑陋的打工者,老乌的南方打工生活充满着艰辛与磨难。但王十月并没有止于苦难叙事,他更竭力去挖掘老乌身上不断闪耀的美好品格与崇高追求。王十月曾说:"从某种意义上来说,我和老乌的历史是重叠的……以老乌的精神之光,写我心目中的人的形象。"[①] 很明显,老乌这一形象凝结了王十月及广大打工者的身影,是打工一族精神文化的代表与象征,他的身上凝聚着善良、淳朴、忠厚、仁义、宽容、坚忍等打工阶层的美好品质。苦难的打工生涯、都市的现代危机等种种困境不仅没有磨灭老乌的人性和良知,反而激发了他自我审视与反省的能力,他最终由一个善良质朴、忠厚老实的农民成长为胸怀广阔、追求精神富足的大爱之人。而其中,支撑着老乌攀升的精神动力便是正直、善良、宽容、友爱等中华传统美德。王十月完全祛除了现代知识分子在作品中给予农民或进城务工者的性格缺陷,倾力打造出一个充满博爱与悲悯的大写之人。

表现血缘亲情、弘扬阶层情谊、塑造美好农民工形象在盛可以、黄秀萍等打工作家笔下也多有呈现。盛可以笔下的"北妹"们多是一群善良、坚忍更有着强盛生命力的打工女孩。钱小红如奥尼尔的地母女神般粗野泼辣、丰满健壮。她敢爱敢恨,遵从内心寻找身体快感;她坚守道德底线与自由原则,既不为物欲所捕获,也不屈服于权势;她坚忍执着,在接连不断的挫折与打击下仍顽强生存;她善良仁义,对待同事和朋友无不尽心尽力,而她与李思江的姐妹情谊更是让人感动。诚如盛可以所说:"我塑造的钱小红,是一个有个性、有原则、不卖身、直率、善良、讲义气的姑娘,她和很多底层人一样,具有坚不可摧的蓬勃生命力。"[②] 黄秀萍笔下的女工们也无不纯朴善良,她们互相扶持、彼此关爱,为证明自己的生存价值不断追求上进。如《这里没有港湾》中的"素娟们"不仅工作积极,而且努力充实自我,她们读夜大、学技术、写文章,用各种方式进行着精神的攀登。梦溺的《敬你一杯苦酒》更

---

① 王十月 . 理解、宽容与爱的力量:《无碑》创作谈 [J]. 长篇小说选刊, 2009 (6): 115.
② 盛可以 . 北妹 [M]. 天津: 天津人民出版社, 2011: 281.

是以打工妹寻求自立和发展的生动画卷给进城务工者极大的鼓舞……打工作家们向我们呈现了一个又一个淳朴美好的人物形象，他们的善良仁义让人感动，他们的自立自尊让人佩服，他们的互助互爱让人慨叹，他们生活中的真情与美好就这样呈现在我们面前。

二、精英作家的多元化塑造

与打工作家的审美化过滤不同，精英作家对农民工形象的塑造表现出客观而冷静的态度。他们既看到了进城务工者身上的优良品质，又觉察到他们内心潜隐的卑劣人性，在遭逢都市这一极其适宜的土壤后，人性的丰富与复杂显露无遗。

首先出现在读者面前的是新人形象。这类新人和大多数进城务工者一样被动地卷入快速推进的现代化进程，起初的他们有过迷惘与彷徨，但生活的磨炼、知识的汲取、思想认识的不断深化等因素促使他们逐渐走出迷失，明确自我的人生目标与方向。曹征路笔下的优秀农民工较为多见，他们带着朴实、善良与纯真走进都市，内心的正义和良知始终未泯，即便前途难卜、饱受非议，亦毫不退缩，他们无疑是新工人的优秀代表。邓一光笔下的进城务工者在城市里亦命运多舛，可他们仍竭力维持生命的尊严和生活的热情，或在红树林与大自然的低语中获得灵魂寄托，或铆足干劲去获取城市的认同，或努力改善自己的生活境遇。如《宝贝，我们去北大》中汽车机械师王川虽面临着赡养老人、供养弟妹、攒钱买房、抚育宝宝等多重生活压力，但他仍竭力为家人提供更好的生活条件与医疗条件。《你可以让百合生长》则是现代都市励志与温情故事的演绎。出身残缺家庭的问题少女兰小柯、智障少年兰大宝在贫病交加的音乐教师的帮助下不断成长并获得成功。新时期的广东新移民作家努力发掘进城务工者的主体意识与奋斗精神，为彷徨无措的进城农民工及其子女们找寻通往希望与光明的救赎之途。

现代都市以它的摩登繁华诱惑着进城务工者去追逐梦想、实现自我，但在欲望驱使下的他们很容易陷入兴奋—迷失—沉沦的命运悲剧。广东精英作家们跳出苦难诉说的窠臼，以审视目光关注着城市及城市中活动的人群。吴君笔下的城市新移民有着严重的身份焦虑，他们对自己的农民身份极度不满，成为城里人是他们的最大梦想。为此，他们不惜放弃情感、献上身体、扔掉尊严，很多时候他们甚至生活在自我编造的虚幻世界中以麻痹自己空虚变态的心灵。如《亲爱的深圳》中张曼丽的深圳情结和城市依恋已到了扭曲变态的程度，为彻底掩盖自己的农民出身和打工生涯，她不停地更换手机与地址，以避免过去的同事、朋友甚至家人联系上自己。她还给自己精心编织了新的身份谱系：高级领导的父亲、阔太的母亲、备受宠爱拥有大量钱财的独女，太多的谎言让她完全生活在虚幻之中。黄咏梅笔下同样呈现了一个个被资本俘虏的灵魂。《旧账》中的吉祥将母亲的惨死、父亲的伤痛作为酒桌上的消遣故事以获取业绩和晋升机会。《档案》中的李振声利用亲情达到目的后玩起了失踪。《单双》中李小多的父母贪得无厌又残忍无情。新时期广东精英作家明确指出现代都市社会中部分进城务工者的人性沦落与异化现象，并借此传达出他们对传统道义、人伦温情的渴望与呼喊。

广东精英作家冷静理性的审视态度在表现凡俗民众时尤为明显。在他们的笔下，这些进城务工者的小农特征显露无遗。一方面，他们平凡普通，默默承受着生活的重担，忍受着打工的艰辛，表现出传统农民坚忍朴实的美好品质；另一方面，他们亦存在着自私短浅、自欺欺人等性格缺陷。他们是性格完整、丰富的小人物。黄咏梅笔下的凡俗小民便是这一类普通又复杂的进城务工者形象。《把梦想喂肥》中的"我妈"既有身残志坚、执着进取的拼搏精神，又存在狡猾、妄自尊大、愚昧无知等性格缺陷。在小城，她凭靠着过人的机敏、顽强的毅力成为小城的"大姐大"，但小城人的尊重助长了她的虚荣与自大，她最终因自以为是和愚昧无知而遭遇诈骗陷阱。《瓜子》中的进城保安们善良老实、忠于职守、有情有义，但他们迷信自卑，对弱小者肆意嘲弄，从而酿成了王开成激愤行凶的悲剧。《旧账》中"我"为了在城市更好地生存，不惜将丧母之痛及父子旧账改编成娱乐节目供大家消遣，可"我"并不是利欲熏心者，"我"与父亲、乡民之间的温情仍让人感动无比。黄咏梅用她温和而平静的目光审视着笔下的进城务工者，将他们的艰难人生、善良品性及人格缺陷一一呈现，进城务工者形象在她理性的现实主义的审美态度中自然真切，显现出"社会的人"的自在性。

三、人物塑形的困境与缺失

广东新移民作家在不同感悟与体验的驱使下描绘出神态各异的进城务工

者，以不同表述方式传达自己对这一群体的深切关怀。这一多元化表述丰富了该群体的人物画廊，促进了进城务工者形象的多元化发展。但身份与创作的冲突同样存在。打工作家面临着知识结构、文学素养等方面的制约，"为打工者言"的创作初衷决定了他们以大众的阅读爱好与审美趣味为创作前提，他们的创作文本因此显露出通俗化、简单化倾向，他们笔下的此类人物形象亦存在类型化、片面化等弊端。精英作家与进城务工者之间存在着一定的距离与隔膜，二者的生存环境、生活遭际、都市体验与身份焦虑存在较大差异，这就注定了精英作家在人物塑形时必然面临写实与想象的冲突，从而导致人物概念化、情节失真化等趋向。

打工作家的人物塑形很大程度上实践了"大众写、写大众、大众读"的大众化文学理念，一种隶属于进城农民工的鲜活真实的生命体验流泻而出，从而引起农民工的普遍共鸣。可打工文学的局限性也显而易见。受创作主体的知识储备与思想深度所限，打工文学在艺术上表现出浅陋和粗糙的缺陷。市场化的冲击则使部分打工作家放弃对艺术精神的坚守，将迎合大众趣味、实现市场畅销作为写作的最高目的，打工文学的媚俗与恶俗化倾向日益突出，人物形象的类型化与概念化亦颇为明显，这一弊端尤为突出地反映在进城女工的塑形上。进城女工大多在地域、贫富及性别等方面具有种种弱势，当她们与都市遭逢时，身体这一现代社会唯一属己之物常常面临着被异化的境遇。在打工作家们的笔下，进城女工大多无法逃脱身体交易的市场化规则，她们或因生存艰难或因被物欲诱惑而将身体作为都市消费品。很明显，广东打工作家多将视野局限于女性身体，从而忽视了女性生存形态的多样性。于广大凡俗女工而言，她们更多情况下是凭借自己的双手踏实勤恳地在城市谋得一席之地。打工文学的女性身体书写无疑带有明显的媚俗与市场化倾向。

从精英作家的人物代言来说，身份的差异、务工经验的缺乏使知识分子的农民工叙事与现实之间有着天然的疏离，他们只能通过访谈、观察、获取传媒出版物相关信息等方式对进城务工者的生活有所了解，精英作家只有在充分了解人物、把握素材、遵循生活逻辑的基础上才能创造出具有"真实感"的作品。可知识分子的故事讲述总是掺杂着各种话语的力量，与真实的农民工话语存在较大距离，故事在话语规约中便变得模糊虚假，人物塑形亦表现出单一化和符号化倾向。如曹征路习惯给笔下"新人"安排"文化工人"的身份：他们均有一定的文化素养，有较高的政治觉悟、较强的社会组织能力，还有崇高的品质和舍己为人的牺牲精神。吴君笔下的进城务工者则卑微怯懦，他们不仅迅速适应了城市的生活方式，认同了城市的生存与游戏规则，还在欲望追逐中成为扭曲异化的城市幽灵。两位作家的人物塑造均偏向某一面，并未充分展现人性的复杂性与丰富性。

四、结语

恩格斯指出："现实主义的意思是，除细节的真实外，还要真实地再现典型环境中的典型人物。"① 广东新移民小说中的典型人物毋庸置疑地指向进城务工者。这是一群生活在城市缝隙空间的边缘人群，他们的生存辛苦多艰，他们本真自然的人性在日益市场化、消费化的现代都市中也逐渐被侵蚀、被改变，但打工作家仍竭力挖掘人性的美好与诗意，他们采用审美化过滤手段，塑造出一群身份卑微却人格伟岸的大爱农民工，传达他们对进城务工者的美好祝愿与期待。精英作家更为理性地审视进城务工者的边缘状态，深入探究这个群体复杂多元的生存形态，从而将单向度的苦难宣泄上升为生命探讨。但无论哪一种表述，均存在身份与写作的矛盾或制约，他们的人物塑形便也出现了概念化、模式化等弊端。如何做到真实再现？进城务工者故事的讲述者们应尽量规避理念对人物的强行植入，抵达人物的深层世界，倾听灵魂深处的各种声音，从而塑造出可信、可亲、可爱的人物。

---

① 恩格斯. 致玛·哈克奈斯［M］//中共中央马克思恩格斯列宁斯大林著作编译局. 马克思恩格斯选集：第4卷. 北京：人民文学出版社，1972：461.

论陈瑸诗文中蕴含的文化精神

钟嘉芳　林玉婵

陈瑸，广东海康（今雷州）人，素以廉能著称，史称其"清廉卓绝"。他不但有卓越的治国理政才能，而且学识渊博，一生笔耕不辍，身后留下大量诗文，其中文章 168 篇、诗作 700 多首、家书 41 封。陈瑸诗文中蕴含的文化精神对雷州人民乃至中华民族都是极其重要的精神文化财富，在当代仍然有现实意义。

一、雷州人文地理环境对陈瑸的影响

雷州半岛位于中国大陆的最南端，历史文化积淀厚重。由于历史渊源和地理关系，雷州文化具有极强的开放性和包容性，历史上曾与楚越文化、土著文化、闽南移民文化、中原文化、海洋文化等融合，逐渐形成一种独特的多元文化。[①] 陈瑸是土生土长的雷州人，雷州的人文地理环境对他的影响深远。

雷州半岛三面环海，地处热带，气候炎热，常年受海洋性季风影响，海陆温差大，容易产生雷暴天气。这样的自然环境逐渐塑造了雷州人民如海洋般心胸宽广、如雷电般刚直不阿的性格特征。陈瑸作为雷州人，自然也不例外。陈瑸出生在海康县东湖村。东湖村靠海，海堤长期缺乏维修，百姓饱受海难的折磨。陈瑸自小目睹东湖村百姓的凄苦生活，为此立志要治国平天下，为民造福，并把读书作为正心诚意、修身齐家、治国平天下的必由之路。康

基金项目：广东海洋大学 2024 年文科学院平台提升项目"广东省雷州文化研究基地"（校科技〔2024〕2 号）。

作者简介：钟嘉芳，广东海洋大学文学与新闻传播学院讲师，主要研究方向为中国古典文学。林玉婵，广东海洋大学文学与新闻传播学院汉语言文学专业学生。

① 林春，杨耀明，陈小波．雷州文化及其德育意义探析［J］．湛江师范学院学报，2014，35（2）：157 – 159.

熙十四年（1675），年仅二十岁的陈瑸考取了秀才。无奈陈瑸家贫无力支持其继续学业考取功名，只好到东坡村教书以维持生计。他教学认真负责、循循善诱，引导学生向智向善。学董为感谢和褒奖陈瑸，为他增加报酬，但陈瑸婉谢了学董的馈赠。他除了养家奉母之外，也愿意对他人伸出援助之手，"得束脩羊稍赢，必分赡亲故，虽日不举火弗恤也"①。康熙三十二年（1693），陈瑸进士还乡代职，仍然以教书为生。他虽身价高了，但并不加收学费，而且优先照顾穷苦学生，对乡绅豪商的巴结示好也不为所动，可见其刚直不阿、不为金钱折腰的品行。陈瑸令人称道的还有他高尚的道德品质和心胸宽广的性格。有一次，贼人林山进入他房中欲行偷盗，谁知陈瑸家徒四壁，偷不到任何值钱的物品，他当场被陈瑸拿下。林山自述本以卖猪肉为生，因赌博输了本钱断了生计，才出此下策。陈瑸严厉批评林山，规劝他去恶从善，并拿出钱资助他重做生意。林山深被感化，立志重新做人。②

雷州半岛官府秉持勤政为民的原则，古代雷州是廉政官员的汇集之地。宋代寇准、李纲、苏轼等官员曾被流放雷州，给当地带来了勤政廉政的思想，深刻影响着雷州的政治文化。到了清代，雷州地区崇文重儒，文教事业发达。陈瑸七岁便精读四书五经，先后拜儒士黄瞿滟、吴马期和清官洪垂万为师，可见其受儒家文化的影响之大。此外，清初政府崇尚政治清明，并采取了严格的治理措施，以奖励廉洁和惩治贪污，大大改善了社会风气。这种社会风气是陈瑸廉政爱民思想形成的不可忽视的原因。在官场，无论陈瑸身居何职，他均以自己的实际行动诠释了"既不取分文，也不取羡余"的理念，不论是剩余的办公经费，还是俸禄之外的其他收入，他都不愿意染指。陈瑸认为贪污贿赂是一种腐败行为，会危及社会的和谐稳定，坚持正义是一种责任，也是每一位官员应有的行为准则。他有一句名言："贪不在多，一二非分钱，便如千百万。"③ 他以此为座右铭和从政准则，躬行实践，防微杜渐。《续修台湾府志》中记载陈瑸在台湾做巡抚时的勤政清廉之举："起居止一厅事，昧爽治政，夜分乃罢。"陈瑸日常起居只用一厅，每天都工作到很晚。"衣御布素，

---

① 秦翠红，朱智武．试论陈瘼的儒学思想及其政治实践［J］．船山学刊，2010（4）：102．（注：标题中的"陈瘼"应为"陈瑸"）

② 易卓奇．天下第一清官陈瑸［M］．合肥：安徽文艺出版社，2018：15．

③ 陈康祺．郎潜纪闻初笔二笔三笔［M］．北京：中华书局，1984：23．

食无兼味"，他平时吃的是粗粮瓜菜，穿的是粗布衣。"草具蔬粝，日啖老姜少许"，天冷时他就口含姜片御寒。可见，陈瑸生活俭朴、廉洁奉公、勤政为民、以身作则，其清廉与海瑞、丘濬旗鼓相当，为清代罕见的廉能并举的贤官。

二、陈瑸诗文中蕴含的文化精神

一个地区的自然环境、社会结构、风俗民情、教育模式等都会对该地区文学家的思想艺术、文学创作等产生一定的影响。陈瑸是雷州海康人，受雷州人文地理环境的影响，其诗文蕴含了雷州特有的文化精神。

（一）爱乡誉乡的精神

雷州半岛地形复杂、气候独特、风光秀丽，境内有名石奇山、天然异洞、溪流瀑布、白鹭天堂和碧海银滩等景观。陈瑸对家乡抱有独有的情愫，将自己浓烈的情感寄托于秀丽山水之中。他的诗歌中不乏对家乡的热爱和赞誉，其中最著名的当数《雷阳八景》，这是一首组诗，描绘并赞美了雷州的八大美景：雷冈耸异（雷祖祠）、万顷云连（东西洋）、东海波恬（双溪口）、一龙烟绕（捍海大堤）、雁塔题名（三元塔）、西湖翠拥（雷州西湖）、七星拱秀（七星岭）、双髻梳妆（双髻岭）。

陈瑸在《万顷云连》中描绘了烟雨中的东西洋的秀丽风光，表达对家乡秀美景色的自豪之情："人家历落入平堧，万井桑麻戴一天。布谷声中催晓雨，秸杆（秆）影里冒晨烟。障湖绮岸排空立，绕郭鸟犍伴草眠。此日晴郊添瑞霭，阿谁买玉种蓝田。"雷州东南面是广袤的田野，俗称"东西洋"。东西洋阡陌纵横、平坦如砥、一望无际，呈现着万顷良田与云天连接的迷人景色，故有"万顷云连"的美誉。诗歌寄寓了诗人祈祝东西洋风调雨顺、丰年常驻的美好愿景。陈瑸在《雁塔题名》中表达了对家乡文教事业的美好期盼："话到题名姓氏香，慈恩胜事肇初唐。参天彩凤辉云表，负地金鳌伏水乡。五指风流人已古，三山缥缈路还长。登临几度生秋兴，咫尺身依日月光。"雁塔即三元塔，万历四十三年（1615）雷州推官欧阳保倡建，初名"启秀塔"，后因挖地基时得蛇卵三枚，以为"三元及第"之兆，故名为"三元塔"。三元塔建在深入洋田的长形台地，远看如龟背戴塔，诗句引用"鳌戴山抃"的典故来暗喻雷州是一个地灵人杰、人才辈出的宝地。"三山"指传说中蓬莱、方丈、瀛洲三座神山，喻指登科。"三山缥缈路还长"，陈瑸认为雷州士子登科之路任重道远，但对其充满了无限的憧憬。

陈瑸将自己的挚诚情感融入了对故乡山水的描绘里，并把自身对自然山水的审美观念渗透到家乡山水文化之中。陈瑸对雷州自然景观和人文景观的正面描写弘扬了雷州文化，折射出雷州人民展现家乡特色、赞誉家乡的地域文化精神。

（二）崇贤尚清的精神

古代雷州地处偏僻，文化发展较慢，对文化知识十分渴望。与此同时，雷州一直被作为官员的流放地，许多遭到贬谪的官员都曾涉足此地。他们在雷州体恤民情、发展教育，宣传中原文化，对雷州文化的发展起到推动作用，深得当地百姓的感恩与景仰。雷州人民将摆脱落后文化的渴望化作从内到外的追求，形成了对文化的崇尚、对名贤的敬仰、对清廉的推崇，这一追求也体现在陈瑸的诗文中。

一是对贤能帝王和贤德智慧之士的赞赏。如陈瑸在《陛见时瞻仰天颜，蒙询地方各事恭纪二首》（其一）中对康熙帝仁厚礼贤、体察民隐进行歌颂："天颜有喜卿云蔼，日驭无私化理昌。国体民情频下问，微臣何幸沐恩光。"陈瑸面圣时，皇帝蔼然可亲，关心国体民情，频繁发问，陈瑸对此深感荣幸。他在《吴公》中对才德兼备的东汉中兴名将吴汉表示赞叹："汉世多良吏，吴公特开先。事迹偶无纪，名字亦不传。治平为第一，一言抚百千。更羡藻鉴卓，洛阳荐少年。"汉代多良臣，吴汉在其中也是佼佼者。陈瑸在《龚遂》中对西汉名臣龚遂重教化、恤民生之举表示敬佩："渤海素多盗，单车来太守。劝民务农桑，牛犊佩何久。潢池偶弄兵，令下即退走。治民犹治绳，缓顺急则否。教化为本谋，文法毋藉口。"渤海多盗贼，龚遂劝民从事农业劳作，治民不能急，要重教化。他在《贾谊》中对贾谊的怀才不遇表示同情："文帝非弃才，奈何失贾生；立谈为痛哭，年少事不更。慕君几热中，长沙吊屈平；士夫先器识，气乃露英英。"贾谊没有得到文帝的重用，在长沙写下了凭吊屈原的千古文章，感叹他坎坷的官场生涯。要是贾谊能得到重用，其治世之才将尽可能得到施展。

二是对清廉的向往和追求。陈琰尤其推崇苏轼的诗文，苏轼曾在《赤壁赋》中写道："苟非吾之所有，虽一毫而莫取。"意谓如果不是自己所持有的东西，即便只有一丝一毫，也不会占为己有。陈琰深受苏轼影响，写下《偶遣》："平生赋性不犹人，纵到为官依旧贫。不过今生为丐子，还强世世失人身。"寥寥数语，表明了诗人宁可贫穷沦为乞丐也不愿意失节的决心。他还用"涓涓道傍水，濯足皆污泥"（《自雷适廉道中忆东坡有宿净行院诗依韵偶成》）赞喻苏轼即使身处污浊不堪的社会中仍保持自己的道德品性，清醒自守、不失气节，借此表达自己对清廉的追求。陈琰对陶渊明的追慕和效仿也体现出他对清廉的向往与追求。一方面，以陈琰的禀赋心性，在所有诗人中他最喜爱的是陶渊明，他认为陶诗有旷达、清远、高妙的境界。另一方面，陶渊明虽然十分有才华，但他所处的时代时局混乱、官场黑暗，陶渊明不愿同流合污，毅然决然辞官归隐田园。这种平和的心境、坚持清廉的气节正是陈琰所推崇的。陈琰受其影响写下《闲坐》一诗，表达其对清廉的追求和向往，呈现出一种闲适的心境："白日心常静，纤毫也不惊。每观前代史，为鉴世人情。怪怪奇奇事，鱼鱼鹿鹿名。但求方寸里，无刻不清明。"大意为吸取先人的经验，不管发生什么事，都要保持内心的清明。此外，陈琰还以明朝清官海瑞、丘濬为榜样，通过《送乐会王君令温江》赞美二公的清廉功绩："琼管声名雄百粤，文庄公后有刚峰。经纶文学称双璧，瘴海炎天跃两龙。"意谓丘濬的声名响彻百粤，他之后的海瑞也赫赫有名。两人的经纶文学能称"双璧"，二公是从岭南走出的有才之士。

陈琰之所以敬佩、推崇这些贤德之士，正是看中了他们的优秀品质，并通过诗文来表达自己的人生志向和价值取向。

（三）勤政爱民的精神

陈琰的诗文充分体现了勤政爱民的精神。他对自己要求很高，不管是做学问还是做官，从不懈怠，将"勤"字刻进骨里。在现存的 41 封家书中，有 22 封与"勤"字有关，超总数的一半，内容大都是告诫家人要勤勤恳恳地学习和生活。如陈琰在《古田县署中寄回家信》中分享自己勤奋努力后的成果，"汝父一生勤劳幸博官"，阐明正是勤奋苦学使得自己考取进士从而谋得一官半职。陈琰还在《辛巳古田县署中寄回家书》中表明自己做官后也没有懈怠，

"汝父在官，日夜勤劳求供厥职"，仍然日夜勤劳做好本职工作。此外，在家书中，陈瑸还告诫儿子"勤俭治家之本""读书要勤、要细""不知汝兄弟在家近日勤苦读书否"（《甲申家信》），要"勤学立志""多读书、勤作文"（《甲午台湾寄》），还时时牵挂着"汝父族伯叔兄弟皆能勤苦度日否"（《癸未台湾县署中寄回家信》）等①。以上种种皆可说明"勤"在陈瑸心目中的分量之重。

陈瑸的勤政与爱民息息相关。陈瑸有不少作品突出反映民生困苦，具有高度的现实主义精神。他目睹水患给雷州东西洋造成的严重损失和百姓流离失所，因此写下了《诉灾》一诗，采用纪实的手法，描述海潮吞噬雷州半岛的良田、乡村的恐怖景象："水灾见惯被东洋，不似今遭太可伤。万顷青苗归赤地，三村残月梦黄粱。处堂春燕巢林木，野老吞声哭异乡。明府殷勤尤下问，孑遗何计度春荒！"潮水退后，堂上的燕子尚可重新筑巢于林木，反衬丧失家园、逃难于异乡的百姓却流离失所，这便是古代雷州的灾荒实况。彼时，陈瑸还未入仕，直接写下《上刘府尊书》，促请雷州知府刘星筑沿海堤岸。后来陈瑸一直在外地任职，但对家乡海潮灾害的记忆尤深，为此他一生多次倡议修筑雷州东洋围堤。哪怕在逝世的前两年，他还一直心系修筑堤岸。他作《题修雷阳堤岸疏》上书朝廷："雷州城东，有洋田万顷……因逼近海潮，设有堤岸包围……只因岁久失修，各号岸闸，崩塌过半，致海潮溢入，损坏民田，岁收失望。被灾小民，无从呼吁。地方有司，以工费浩繁，不便干请。伏睹皇仁如天，率土遍覆，凡在濒江、附海堤岸，通令修筑，保固民田。独臣乡雷郡，附海堤岸，崩坏如故，难免向隅。臣生天末，幸叨恩遇，敢昧死奏闻。"这份请求拨款修复海堤的奏章措辞诚恳、文字质朴，表达了他关心民瘼的焦虑心情，充分体现其"以民为本"的思想。

陈瑸离开雷州在其他地方任职期间，更加关注民生民情，对百姓疾苦产生更多的悲悯与同情。他在《半岭居民》中描写了半岭居民生活的艰辛："东南患人满，半岭亦居人。斗室崇香火，丛山作比邻。禾麻随处有，天日举头亲。究似惊鸿集，伤哉念尔民。"《兑粮》则写出了陈瑸内心的悲怆："国赋丝毫重，耕夫作息难。夏畦千点汗，泪眼几重澜。折兑非因吏，均平莫畏官。

① 陈发钊，郑剑虹."清廉卓绝"堪比海瑞：闽浙总督陈瑸的心理传记学探索［M］//郑剑虹，李文玫，丁兴祥.生命叙事与心理传记学.北京：中央编译出版社，2014：179.

一闻敲法马，不觉寸心酸。"陈瑸在征粮时看到农户要把粮食折兑成银子来上缴，看着农夫把仅有的一点银钱从口袋里颤巍巍地掏出来，听到吏卒在天平上放砝码称银子的声音，作为爱民如子的清官，陈瑸黯然心酸。他将百姓的困苦看在眼里，痛在心里，为自己的无能为力感到痛苦。他在台湾任职时，当地发生旱灾，许久未下雨，百姓的生活受到极大的影响。陈瑸感民所苦、忧民所忧，虽无法与天灾抗衡，但积极为百姓写下了《台邑求雨牒城隍文》《妈祖宫求雨文》《上帝庙求雨文》等多篇祈雨的祭文，祈求上天降雨救助此地百姓。他将台湾人民遭遇的苦难如实描述，让人感同身受、心生同情，其爱民、恤民、为民的真挚情感，在其作品中展露无遗。

陈瑸具有炽热的爱民之心，这种爱民之心促使他高度关注民生民情，将自己的精力和热情都奉献给人民，勤勤恳恳地为人民服务。

（四）不畏艰险的精神

雷州海灾频发，又遭旱灾肆虐，民不聊生。恶劣的地理环境锻造了早期雷民的反抗和冒险精神，但这时更多地体现为一种无意识的文化行为。随着时间的推移，雷民被种下了开放、包容、不畏艰险的文化基因，此时的不畏艰险成为一种有目的、有计划的自觉精神追求。[1] 陈瑸在古田任职期间创作的诗文鲜明地体现了这种不畏艰险的精神。

陈瑸接到古田县令的任令时毅然前往，无所畏惧。他赴任时在给儿子的家书里写道："端正三月初旬，但闻说古田县，素称难治，汝夫犹未之信，从来无不可化之人。所难者，仍在己耳。已若端正，人必不难于治此。圣贤铁板道理，汝父信之有素，方将行之今日，汝可无虑也。"（《庚辰在京寄回家信》）古田历来是个难治理的地方，是个烫手山芋，但他无畏前行，坚信事在人为。在抵达古田后，他向儿子坦言："汝父一生勤劳，幸博一官，而遇此魔障，岂非命耶！"随之又言："但士君子既以身许国，有土有民，皆当尽心竭力以供厥职，未可以地之难易生烦恼心，生退诿心！盖世人间之所谓好地方者，不过以其可以多得钱，为身家计耳！汝父此念一出门时已断绝了，又何嫌于其地之难为！"（《辛巳古田县署中寄回家信》）他以此表明自己应当竭尽

---

① 吴茂信. 陈瑸历史价值的定位 [J]. 岭南文史，2007（4）：13.

全力履行职责，流露出绝不屈服的决心。陈瑸在古田经历几个月的调查、梳理和整治，计划下乡征粮，并在征粮途中留下了许多诗作。他在《乡征北路》写道："催科非得已，乍出北门来。古道羊肠曲，长桥雁齿堆。迹留神禹撬，势控越王台。烟火几家在，阴风障未开。"此地偏僻，道路曲折，人烟稀少，瘴气未消，陈瑸不言跋涉辛苦，反而更加同情百姓生活环境的艰苦。他又在《山行》写道："修途从旧镇，曲折入山阿。断道缘溪涧，危巢挂薜萝。探幽穷奥峭，陟险极嵯峨。时有留题字，残碑尚未磨。"他不仅要走过山中曲折之处，还要途经深远险峻之地。此外，"虎啸催林木，猿啼断客魂"（《次黄柏村》)，在山中行走还要防范野生动物的侵袭，可见陈瑸是冒着生命危险去征粮的，恰恰表明了他具备不畏艰险的精神。他本可以派下属完成征粮任务，但他选择亲身参与，不避路途遥远、任务艰巨、过程艰难。陈瑸通过对征粮行程的艰苦和古田险恶环境进行详细描写，不仅描述了古田民生之劳苦，还展现了他不畏艰险的气概。这固然是其报国为民的志向所趋，也是雷民不畏艰险的精神在陈瑸诗文中的体现。

三、陈瑸精神文化资源的价值及当代意义

陈瑸不仅是享有"天下第一清官"美誉的能臣，还是一名出色的文人、优秀文化的代表。他一生笔耕不辍，留下许多著作，文学成就斐然。在家乡耕读期间，他就自编文集《兼山堂制艺》和《东行集》；出仕后编《从政录》《问心集》《拟墨稿》《之楚吟》等诗文集。陈瑸的奏章、呈文、告谕、碑示、信函、政论、诗词等，皆承载着其思想与言行。陈瑸的精神之所以能够流传至今，其诗文功不可没。清末的曾国藩、康有为等都读过陈瑸的诗文，皆为其叹服。广东潮州的陈光烈在民国初年得到一本《清端公诗文集》，还没读完，就已敬畏不已，只恨自己生得太迟，得不到陈瑸亲授。此后，他便随身携带陈瑸的著作，将其精神当作个人立身处世的准则。有一次，陈光烈因声讨某位军阀的罪行被捕入狱，在狱中用《清端公诗文集》振奋精神，出狱后也不见颓靡之色。陈瑸诗文的魅力可见一斑。

陈瑸的文化精神是雷州乃至整个中华民族巨大的精神财富。其中陈瑸的民本思想和廉政思想最为突出，在当代仍有借鉴意义。

民本思想是我国传统文化极为重要的思想资源之一。在我国古代历史上，以民为本一直是统治阶层奉行的治国理念。"民惟邦本，本固邦宁"（《尚书·五子之歌》）是民本思想的一个基本命题，更是中国古代政治哲学、政治

伦理中的核心思想。它以"民为贵"为出发点和归宿，主张统治者要把人民作为治理国家的根本力量。民不聊生，常常预示着王朝更迭。因此，历代统治者都十分重视维护民众利益，并将之视为治国安邦的根基。陈瑸与先贤一样，在政治实践中充分展示以民为本、关爱苍生的政治理念。陈瑸在《新建台湾朱子祠记》一文中写道："是役（指兴建朱熹祠庙的工程）也，无动公币，无役民夫，一切需费悉出予任内养廉余羡。"他不借兴建祠庙之机动用公款、搜刮民脂民膏，反而将归己的"养廉余羡"用于祠庙建设项目，可见其爱国爱民之心。其民本思想为当前治国理政提供历史借鉴，特别是在推动祖国和平统一、推进廉政文化建设等方面有着极其重要的现实意义。①

除此之外，陈瑸在实践中将优秀传统文化融会贯通，形成了独特的廉政思想，成为清政府廉政建设的标杆，影响深远。当今陈瑸的名言"贪不在多，一二非分钱，便如千百万"（《陈清端公家传》）成为当代廉政教育的宝贵思想财富。陈瑸的简陋故居成为政府最好的廉政教育基地。陈瑸的廉政思想不仅是雷州地区勤政廉政文化的核心，而且是我国传统廉政文化的瑰宝。② 当前，我国正值反腐倡廉建设的关键时期，反腐倡廉事关国家长治久安、事关人民幸福安康，推动陈瑸思想文化的深入研究，重温陈瑸的廉能事迹，将陈瑸精神、清端文化打造成一张响亮的文化名片，不仅有利于发展和推广雷州文化，在如今反腐斗争如火如荼、廉政建设雷厉风行的形势下也具有极强的现实意义。

综上所述，雷州的人文地理环境对于陈瑸的成长和创作产生了深远的影响。这种影响不仅对他的人格塑造起到了积极作用，还充分体现在他的诗文中。陈瑸诗文展现了赞誉家乡、崇贤尚清、勤政爱民和不畏艰险的精神，不仅反映了雷州文化的历史和文化底蕴，也为我们了解雷州社会提供了重要的参考和启示，更为我们提供了一种可借鉴的文化观念和价值取向。陈瑸的精神文化在当代仍有重要的现实意义与价值，我们应该充分利用这种文化效应，将其发扬光大，以构建和发展当代雷州文化为目标，进一步加强对陈瑸精神文化的研究，为雷州创造更多的物质财富和精神财富，有利于弘扬中华优秀传统文化，促进社会主义核心价值体系的建设。

---

① 李世江，孙翰文. 陈瑸廉政思想及其现代价值 [J]. 湖北经济学院学报（人文社会科学版），2017，14（6）：20.

② 林春，陈小波，杨耀明，等. 雷州半岛历史廉政文化资源的发掘利用 [J]. 广东海洋大学学报，2014，34（5）：51.

海阳陈氏家族的文学业绩与创作倾向

马瑜理

海阳陈氏家族自福建来潮州为官后，落籍海阳，居潮州府铁巷。陈氏家族以孝友闻名、以诗学传家，十五世陈衍虞及其子七人皆能诗，潮人多宗之。陈衍虞论诗主张独抒性情，重视高情雅趣。陈氏家族的诗歌创作多融合佛禅思想，并有以诗存史的倾向，反映了明清之际潮州社会状况的变迁。

一、陈氏家族成员生平与著作考

陈氏始祖陈坦，于宋哲宗元符年间自福建泉州永春游宦于潮州海阳，任满为百姓攀留，遂卜居海阳县秋溪都鹳塘乡，后繁衍成大族，世称"秋溪世家"。四世陈廷芝，字仲兰，始迁至秋溪旸山。十三世陈达吾，宋淳祐进士，官制金，以孝友闻名，移居潮州府铁巷，为陈氏起家之祖。有长子陈廷策。

十四世陈廷策，字颖夫，一字觐墀。性孝友，乐行善事，捐千金建祖祠于郡城，置祭田、书田若干亩。明崇祯五年（1632）拔贡，参加会试，七试不第，在乡里教授诗文。晚年好佛，建造蔚园别业、陂塘楼榭，擅一郡之胜，闭门静修。隐居海阳旸山，征召不就。有子四：衍虞、国是、雷屯、衍隆。《潮州府志》《海阳县志》有传。著有《旸山诗文集》，已佚，现存《湖山题壁》《偕黄䌹庵诸公游凤凰山》诗二首。《湖山题壁》诗云："平泉绿野自名庄，一壑翛然与世忘。物外烟霞容我老，山中日月为谁长。松风稷稷侵茶灶，萝月娟娟照笔床。架上图书观不厌，一篇周易一炉香。"①此诗乃是陈廷策晚

基金项目：2020 年度广东省哲学社会科学"十三五"规划项目"明清粤东西北文学家族研究"（GD20YDXZZW29）；广东海洋大学博士科研启动费资助项目"明清时期粤西文学家族研究"（R20056）。

作者简介：马瑜理，博士，广东海洋大学文学与新闻传播学院讲师，主要研究方向为中国古代文学。

① 梁善长. 广东诗粹：卷九 ［M］. 清乾隆十二年达朝堂刻本：14.

年生活之写照，超然世外、闲适自得的情趣溢于言表。

十五世陈衍虞，字伯宗，号园公。明崇祯十五年（1642）举人。入清历官番禺教谕、广西平乐知县。附名复社①，又与施闰章、王世显等人结京社②、晋社③、偶社④，盟友众多，皆一时名流。有子七：士鼎、士孚、士观、士晋、士复、珏、玙。崇祯十四年（1641）二月，陈衍虞入福建提督学政郭之奇幕府，十二月还家，游闽期间作诗百余首，辑《客闽草》。崇祯十六年（1643），赴京会试，时清军已入山东境内，道路阻隔，留滞南京，并加入复社，辑诗集为《旅心草》。顺治二年（1645），因读黄锦《落花诗六首》，步韵作《落花诗三十首》。顺治六年（1649）正月，潮州乱起，携家至惠州兴宁避难；秋，辑所作诗为《秋声诗集》。顺治七年（1650）三月，辑数月间诗为《寄愁草》。顺治七年至顺治十一年（1650—1654）所赋诗为《尔尔草》。顺治十二年（1655），出任广州番禺教谕，辑番禺期间所作诗为《禺山草》。又辑康熙元年至康熙四年（1662—1665）所作诗为《西音草》。康熙十二年（1673），辑康熙四年（1665）所作诗为《耕烟草》《还山纪事》二集，后汇为《还山诗》。康熙二十五年（1686），辑晚年所作诗为《逃雨草》《锻圃草》，后汇为《还山续诗》。陈珏汇上述诸草为全集，并补缺正讹，刊有《莲山诗集》，道光十九年（1839）凤城铁巷世馨堂重刻本。此集共十九卷，卷一包含 11 首乐府诗、45 首四言诗、76 首五言古诗；卷二为五言古诗，共 81 首；卷三为五言古诗，共 81 首；卷四为七言古诗，共 54 首；卷五为七言古诗，共 29 首；卷六为五言律诗，共 125 首；卷七为五言律诗，共 140 首；卷八为五言律诗，共 106 首；卷九为七言律诗，共 30 首；卷十为七言律诗，

---

① 陈衍虞参加复社组织的金陵大会和虎丘大会。复社两千余人，潮州士子有五人，分别为陈衍虞、王学、蔡承珊、吴道坤、林佳相。

② 清顺治十二年（1655），陈衍虞在京会试期间，与施闰章、陈傺、黄光寿、彭旭、朱在镐、王谷子、张雪莳、许珌、黄映子、王士乾、吴百朋、嵇宗孟、王世显、刘良玉、王岱、张旭源、王舟瑶 18 人于关寿亭缔盟，称"京社"。五月，张雪莳招京社社员集于京城府邸，险韵作诗。五月十四，京社雅集于贾氏庭园，施闰章直社；又社集于慈仁寺，陈衍虞有诗《慈仁寺松下同京社诸子雅集共用五韵二首》。陈衍虞辑北上会试期间所作诗篇为《北征草》，施闰章、吴百朋作序，京社社盟参与校阅者达 17 人。

③ 晋社是明崇祯十四年（1641）陈衍虞入福建郭之奇幕府时，在漳州城所结文学社团，成员不详。

④ 偶社是清顺治十二年（1655）陈衍虞会试期间，在京师成立的文学社团，主要成员有会稽范礽、平湖陆洽原、汉阳王士乾、汉阳王世显、吴江计东、秀水严览民、吴县缪彤、昆山马鸣銮、长洲徐元文等人。社员曾于贾氏园亭雅集。又社集于响古寺，陈衍虞有诗《同社集响古寺限韵》。

共 123 首；卷十一为七言律诗，共 129 首；卷十二为七言律诗，共 95 首；卷十三为七言律诗，共 124 首；卷十四为七言律诗，共 128 首；卷十五为七言律诗，共 56 首；卷十六包括 74 首五言绝句、13 首六言诗；卷十七为七言绝句，共 180 首；卷十八为七言绝句，共 166 首；卷十九包含 22 首五言排律、10 首词。又有《莲山续文稿》，道光十九年（1839）凤城铁巷世馨堂刻本；《蔚园文稿》，道光二十六年（1846）凤城铁巷世馨堂刻本。

陈国是，字伯肩，潮州府庠生。温廷敬《潮州诗萃》一书选其诗《木芙蓉叠韵》一首，诗云："一朵红妆映水寒，娇姿合作丽人看。亦知姚魏矜春艳，何似秋深不改丹。"① 陈国是有子五：贲、士龙、士凤、士杰、士骥。

陈雷屯，字伯生，潮州府庠生。擅诗，为文有气势。有长子艺薇，次子早殇。

十六世陈士鼎，字位之，潮州府诸生。著有《洞中草》，已佚。温廷敬《潮州诗萃》选其诗二首，为《赐某上人住静南岩》《寄人》。《寄人》诗云："留春无计立踟蹰，送尽斜阳影已孤。花外杜鹃千点泪，因风洒不到文无。"

陈士乎，字孪之，潮州府增生。《潮州诗萃》选其诗《无题》一首，诗云："似疑似恨未分明，春月春花无限情。倚遍阑干人不见，绿杨芳草杜鹃声。"

陈士观，字景之，号鹤洲，潮州府诸生。著有《曨珠堂集》，《莲山家言》本，道光十八年（1838）补刊。《曨珠堂集》共存诗 93 题 105 首，包括《夜坐亭边竹》《石涧吟》《韩山游必憩亭》《秋山夜坐》《丙午秋羊城归后闻闱中得而又失》《浮萍》《秋题浣月亭》《愁言》《读昔人生不逢时之语不禁怅然》《反落花》《陋室》《避乱宿野店》《闺词》《忆鼙》《忆妆》等。

陈士复，又名陈周礼，字心之，一字定山，潮州府监生，以长子王猷赠修职郎。有《自怡草》，《莲山家言》本，清道光十八年（1838）补刊。存诗共 109 题 116 首，包括《避兵寓赤下游宗叔仁海园亭》《登端州阅江楼》《随家大人三兄游粉岩》《游桂林七星岩恭次家大人韵》《随家大人东归》《惠州西湖访石峰家上人于永福寺》《结庐》《随家大人避乱入平溪因游石潭读吴海日杨庵二先生诗和韵》《过深坑战场有感》《乱中移居旸山有感》《秋夜宿南

① 温廷敬. 潮州诗萃［M］. 汕头：汕头大学出版社，2001：448.

岩僧舍》《赠达上和尚》《望罗浮》等。

陈珏，字比之，一字双山，潮州府监生。参修雍正《海阳县志》。有《过庭录》，已佚，与子侄王猷合辑《古瀛诗苑》〔清道光二十七年（1847）补刊〕。著有《砚痕堂集》，《莲山家言》本，清道光十八年（1838）补刊。《砚痕堂集》存诗共70题97首，包括《冬日同友人游南岩精舍留宿次达上上人韵》《子夜歌》《无题》《美人镜影》《春归》《还车次兄景之韵》《和及三家侄人影诗》等。

陈玙，字崑之，潮州府庠生。著有《屏山草》，《莲山家言》本，清道光十八年（1838）补刊。共存诗45题47首，包括《旸山即事》《过先辈废苑》《赠达上和尚》《湍石溪即事》《次吴门孙序青过访镜屿韵二首》《再集唐次范鲁玉过镜屿韵》《八兄茅斋落成赋赠》《寻僧》《湖山晴望叠砚村韵》《花朝前二日同家昆侄可溪园中看梨花》等。

陈贲，字符之，揭阳县学廪膳生。著有《亦园草》，《莲山家言》本，清道光十八年（1838）补刊。共存诗34首，包括《洛阳桥》《过桐庐县》《清湖山寺见残牡丹》《过乌江》《京口晚泊》《登滕王阁》《旅眺》《梅州上巳郊行到雨花庵叠良可韵》《阻雨梅州城下有怀齐昌同寓》《题博之旸山小筑叠原韵》《登叔父北山墓因示弟博之》《和简洞坡雨夜全友斋坐次韵》《窥镜》《仙霞岭》《云见集主人凌氏席遇同里》《闻说》《寓邸漫成用李宏辑韵》《金陵怀古》《和友偶过》《和李宏辑凤栖闲眺》《题叶白也行乐图》《山遥远望旧庐有怀》《古憾》《忆梅》《和友过旧寓有述》《俱非怆然有作》等。

陈艺蘅，字博之，潮州府庠附生。著有《爱园草》，《莲山家言》本，清道光十八年（1838）补刊。《爱园草》有诗共77题100首，包括《元夜即事次兄景之韵》《宿南岩僧舍同十二弟心之赋》《乙卯寄霁之兄》《怀郑方城妹夫》《题弟比之崑之及诸侄新筑郡斋》《中秋夜微云蔽空小集家园候月伯父命赋》《山斋即景限韵同兄元之》《屋角梅花步心之弟韵》等。

十七世陈猷，字良可，号砚村，又号烈斋、息斋。清康熙二十年（1681）举人，初任韶州府曲江县教谕，改连州学正，后迁肇庆府教授，清雍正七年（1729）卒于官。生平笃学力行，文章淹雅，尤工诗。有《蓬亭偶存诗草》十五卷，附《蓬亭诗余》一卷。又有《蓬亭文集》，已佚。沈德潜的《清诗别裁集》选其诗《由方丈右转上海山门》一首，叶恭绰的《全清词钞》

选其词两首。著有《偶存集》,《莲山家言》本,道光十八年（1838）补刊。共存诗 88 题 121 首,包括《平山堂即事》《哭愚山先生》《五羊归舟杂咏》《彭城店中次壁上韵》《太白楼》《小斋落成》《同僧蕴衡亿亥过福林寺访主持僧不遇》《送叶白也归澄海》《尔尔吟》等。

二、陈衍虞的诗文观念

陈衍虞论诗主张独抒性情,反对盲目崇古。陈衍虞提倡在继承传统的基础上,更要自创风格,成一家之言。陈衍虞在《陈岱清司李文集序》中云:"古人之声、之情、之法,岱清别以其声声之,情情之,法法之,而其声之、情之、法之者,又不乖古人之声、之情、之法。"[1] 学习古人作文的声调、情感、章法,在继承古人诗文传统的基础上,加入作者内心的情感与思想,形成作者独特的风格,而又不违背古文之法。陈衍虞在此序文中讲的虽是作文,但其实作诗亦是如此。只有将自己真实的情感抒发出来,"舒其忧谗畏讥、感愤怫悒之气于毫楮,大者鹏怒鲸翻,小者尺玑寸璧",把内心郁结的愤懑、忧戚、愁苦之情形诸笔端,便可与韩愈、苏轼等人旗鼓相当。在不违背古文诗歌作法的前提下,陈衍虞更侧重于匠心独运、别开生面、独抒性情,这样才能自创风格、独步文坛。明末文坛的复古思潮虽然已不再像正德、嘉靖时期那样坚守壁垒,但尊汉崇唐者不乏其人,在这种背景下,陈衍虞反对贵古贱今,反对模拟古人,主张文学要独抒性情,此举有其进步意义。

陈衍虞认为诗歌的本质是传达诗人的思想感情,直接抒发诗人的主观感受,心中有所触动、有所感发,借由文字表达出自己的审美体验与感受,与陆机的"诗缘情"说不谋而合,强调诗歌作为文学样式的独立性、审美性和纯粹性。《尹二为诗集序》曰:"诗者,性情之物。胸怀所触,振笔直追。譬风过而树鸣,秋至而蝉唪。无意为音,自成声韵。今必铢铢比拟,以为若者苏李,若者曹刘,若者李杜韦韩。舍一己之愉,戚效他人之笑啼。"[2] 陈衍虞认为作诗是一个很自然的过程,如风过树摇,秋至蝉鸣,无意为诗,而诗自成,无意为诗,而有真诗。若字字比拟,欲剿前人之言,仿效汉魏、三唐,宗法李白、杜甫、韩愈、韦庄,模拟苏轼,只能是"衣冠优孟",让人嗤笑。

---

① 陈衍虞. 蔚园文稿 [M]. 清道光二十六年凤城铁巷世馨堂刻本：18.
② 陈衍虞. 蔚园文稿 [M]. 清道光二十六年凤城铁巷世馨堂刻本：49.

又《陆导甫诗序》云："夫三百而后，楚骚踵武，魏晋三唐，代有喆人，莫不原本性情，型禀雅颂。"① 自《诗经》、《楚辞》、魏晋、三唐，凡是有才智之人所作之诗，无一不源自性情，继承雅颂传统。

陈衍虞从创作的角度分析，诗歌之所以能够扣人心弦、得以流传，是因为诗人感物触兴，抒发其坎坷愁苦的情怀，一泄胸中愤慨不平之气。《陆汉东〈吴游百吟〉序》："自古以来，劳臣、思妇、征夫、行役之作可传者为多，盖其感物触事，以嶔砢骚屑之情，舒其牢落怫之气。……至所以然而工，所以然工而必传，即作者不自知也。"② 诗歌情真意婉而后工，工而后必传。诗歌"穷而后工"的前提乃是"感物触事"，要有真情实感，这正是那些劳臣、思妇、征夫、行役之作能够广为流传的原因，它们以凄清愁苦的语言抒发寥落孤寂愤慨之气，在艺术效果上更能引人入胜，形成情感共鸣。

陈衍虞从情感与文辞的关系角度来强调高情雅趣对创作主体的重要性。在《卫文学〈看花诗〉序》中，陈衍虞以创作看花诗为例，强调"高情"与"艳藻"在诗歌创作中的重要性。序云："彼琐琐者流，纸多艾气，虽对花终日彷徨，谅花神羞与目成""然而必具高情胜致始可看花，必具幽思艳藻始可作看花诗。如其，诗乃不负花，花不负诗。"③ 文中说作者必须具备高雅的情致、超然物外的眼光才可以看花，才可以感受花的美感。若整日汲汲营营、为物役使，即便终日对花盘桓、苦思冥想，也很难移情于花。陈衍虞主张摆脱主观的功利欲望，对所观之对象进行独立的观照。此外，作者必须具有华美的文辞、斐然的文采才能创作出色的看花诗，如此，便诗不负花，花不负诗。陈衍虞在曹丕《文赋》的"诗赋欲丽"说与陆机《文赋》的"诗缘情而绮靡"说的基础上，提倡把"高情"与"艳藻"相结合，表示诗人的高远情致与诗歌的文辞形式同等重要，二者缺一不可。

关于创作过程的灵感来源，陈衍虞也有自己的独到见解。在谈到赋诗作文之时，陈衍虞认为诗人的灵感兴发犹如天马行空，不受羁勒。自己要做自己的主人，不事摹拟，"断不向如来行处行也"。灵感在文学创作中具有重要的作用，诗人只有灵感兴发才能生真情，灵感虽不可捕捉，"来不可遏，去不

---

① 陈衍虞. 蔚园文稿 [M]. 清道光二十六年凤城铁巷世馨堂刻本：22.
② 陈衍虞. 蔚园文稿 [M]. 清道光二十六年凤城铁巷世馨堂刻本：57.
③ 陈衍虞. 蔚园文稿 [M]. 清道光二十六年凤城铁巷世馨堂刻本：53.

可止"，但好的自然环境能促进灵感的生成与兴发。在陈衍虞之前，陆机、刘勰、皎然等文论家都从不同的角度讨论过灵感的产生，如陆机的"涤除玄览"主张要摒除内心的杂念，刘勰认为虚静的状态有助于灵感的产生，皎然认为灵感的降临有赖于神力的出现，还要靠创作者长期的精思和努力。上述文论家皆是从创作者的角度阐述灵感的兴发，陈衍虞则提出外在环境对灵感的产生亦有非常重要的影响。其《祭诗文》有云："子之欲来，何境最宜？ 春山艳冶，秋水涟漪，野寺烟钟，灞桥雪蹄。""月白更楼，花绽陶篱，人赠青案，座偎红儿。""寡鹄悲鸳，垒臣西去。"① 在这种环境下，最宜触景生情，一旦外在的环境和诗人的心理发生碰撞，灵感会自然而然地生成。正因如此，古代诗客击钵催诗，写出"或工而圣，或逸而仙，僻或称鬼，幽或名禅"的瑰丽诗篇，足可见环境对灵感触发的重要作用。

创作者的才情要与其生存的境遇相互感发，才能在创作中形成一种不可遏止的情态。陈衍虞敢于批判不合理的社会环境对创作者才情的压抑与摧残，他在《灯火纸罩论》一文中说："火曰炎上。炎上者，火之情、火之才，即火之性也。顺其性，则必导之使出，宣之使扬，充之使四照而昭灼。奈何以纸罩之，火而在，灯亦火之几希乎，才与情未著矣。"② 以灯之火焰比喻创作者的才情，以纸罩比喻外在的束缚与压制。火向上燃烧是它的特性，人们必须顺从这些特性，引导它宣扬出来，使它普照四方。如果用纸罩把灯罩住，灯光就暗淡了。因此，要敢于抒发人之真性情与真才华，反对人性被遮蔽、压抑、拘隘。在文章的最后，陈衍虞又进一步将灯火纸罩引申为君主治国之论，"罩在上，前有谗而不知，后有奸而不觉，人主失继离之照矣"。君主一旦被蒙蔽，前有谗言，后有奸邪，而浑然不觉，长此以往将导致危机四伏、帝位不稳。陈衍虞在评论文艺作品的同时关心时政，注意经世致用之学。

三、陈氏家族诗歌创作倾向

（一）佛禅与诗歌的融通

潮州依山傍水，山峦广布，风景秀美，佛寺塔院众多，有南岩寺、福普

---

① 陈衍虞. 蔚园文稿 [M]. 清道光二十六年凤城铁巷世馨堂刻本：7.
② 陈衍虞. 蔚园文稿 [M]. 清道光二十六年凤城铁巷世馨堂刻本：11.

庵。现存陈氏家族的诗歌中多见佛寺题咏的作品，如陈衍虞的《雨后登南岩逢罗慵庵铨部》《福溥庵憩雪帷上人静室感念旧事呈同游翁莱山四首》《福普庵感旧》等。

陈士复的《秋夜宿南岩僧舍》诗其一云："偶来湖上饮，兴尽月依松。断续孤城漏，凄清古殿钟。山深容鸟集，门掩任云封。"其二："聊与金谷饮，欲与赤松游。猿啸孤峰月，人惊石室秋。"① 陈士复夜宿之南岩寺在潮州西湖山南麓，寺周巨石叠嶂，寺内有天然岩洞，内可容纳数十人，故称"南岩寺"。崇祯元年（1628），郡贤陈觐墀在此辟室置产，敬建僧舍，号曰"南岩精舍"。诗人白天游赏湖山，晚上客宿佛寺，卧听古殿钟声，夜闻孤峰猿啸，高山之上佛寺的清寂与红尘之外的喧闹形成鲜明对照。这里环境优美，让人不禁产生归隐的念头。

陈氏家族成员与南岩寺的僧人亦有交游，诗集中不乏赠答、次韵之作。陈士复《秋夜宿南岩僧舍》（其二）有"洞口云霞满，相邀十日留""禅心共客意，相对两悠悠"之句。南岩洞口云霞缭绕，似仙境一般，寺中僧人好客留宾，僧人与诗人谈禅论道，神驰物外，悠然忘怀。陈珏《冬日同友人游南岩精舍留宿次达上上人韵》诗云："一路霜风落叶深，偶逢知己入空林。云停似欲依禅定，鹤立居然有道心。古洞灯微涵暝色，夕阳钟动出寒音。"② 诗题中的"达上上人"，即南岩寺诗僧，住持南岩精舍。冬日，陈珏同友人游南岩，留宿精舍，与达上上人以诗唱和。达上上人原韵有"浮云共散尘中虑，皓月同圆世外心"③ 二句。达上上人诗中的"浮云"比喻心中的杂念与尘埃，陈珏诗中的"云停"则指依禅定所得的本来清净之心。二人在诗中谈论佛禅思想，参悟生命的真谛，故陈珏诗中处处流露着禅机与妙悟。

除登临佛寺、访谒僧人外，陈氏家族成员对佛教禅理有着极大的兴趣，经常与僧人参禅论道、讨论佛法，并汲取佛禅思想入诗。如陈士复《赠达上和尚》："群魔历尽见天真，到处溪山好结邻。一指禅开狮子伏，千岩月印昙花新。香酥云灶饥前饭，铁春蒲圃醒后身。无用观心观自在，六时幽磬点迷

---

① 陈士复. 自怡草 [M]. 清道光十八年刻本：7.
② 陈珏. 砚痕堂集 [M]. 清道光十八年刻本：1.
③ 林大川撰，陈贤武校注.《韩江记》《西湖记》校注 [M]. 广州：暨南大学出版社，2021：128.

津。"①"群魔"即凡夫在婆娑世界受到贪、嗔、痴等的障碍，只有戒除五欲，才能见到自心的真如本性。"一指禅"说的是俱胝禅师令弟子失去一根手指而顿悟的故事。"观心"及"观自在"即修炼身心的一种方法，通过自心修炼，达到澄明的境界，然后进入内心自性的观照，求得对宇宙人生真相的领悟。陈士复在诗中讲述禅理，可见诗人精研佛经，展现深厚的佛学修养。

以慧眼观世，从对自然景物的观照中悟出禅理，获得禅趣，表现一种闲适自在的情趣。如陈玙《赠达上和尚》："瘦杖长随秋月到，闲心共对晚山青。蒲团坐冷三生梦，花雨飘残一轶经。"②有时这种禅趣与优美的形象、动人的意境相融合，使禅理的观照对象与诗歌的审美对象融为一体，有了禅境与诗境的融合。陈士鼎在《赐某上人住静南岩》中云："湖峰新法宇，石洞隐禅踪。云色千层碧，山光一抹浓。密萝侵峭壁，细路入寒松。渺渺空中籁，迢迢树杪钟。"南岩寺里的钟声伴随着一阵清风悠悠飘出，袅袅余音回荡在万籁俱寂的夜空中。这是禅者之心完全融入了湖山、钟声、密萝、寒松而成的一种澄澈的境界。又如陈玙《寻僧》中的"珠衣若在烟霞外，杖锡飘然水月心"③之句。月色如水，水月交融，这种清净无染、万境俱空的禅境，亦是诗人泠然心境的外化。

(二) 以诗存史的创作倾向

身处明末清初这一特殊的历史背景环境下，陈氏家族成员用诗歌反映现实人生，记录明末清初的社会变迁，表达内心的喜怒哀乐等情感及思想活动。明清鼎革之际，潮州屡遭兵燹，与陈氏家族有直接关系的社会动乱有郑玄之变、郝尚久反清、清廷禁海迁界、刘进忠反清。

顺治六年（1649）正月，清兵已进入潮州府，但潮州地区仍尚存大大小小的地方武装势力，而郑成功等福建势力也屡次在潮州发生冲突，其他势力在南明政权与清政府之间徘徊不定，各种势力冲突不断，给潮州百姓带来了无尽的苦难。此时，陈衍虞携家由韩江至留隍，再经陆路至惠州兴宁，避难于此，有诗《初春发韩江夜泊曲湾》《繇留隍陆行至齐昌，崩石卧槎》记之。

---

① 陈士复. 自怡草［M］. 清道光十八年刻本：9.
② 陈玙. 屏山草［M］. 清道光十八年刻本：4.
③ 陈玙. 屏山草［M］. 清道光十八年刻本：8.

是年秋，辑所作诗为《秋声诗集》，自作序曰："不谓风烟震惊，修途榛塞，匿影齐昌，忧忧相接。……迩者故乡多难，戎马生郊，几于拆骸为薪，蒸人作饭。幸征镳未返，获脱雉罗……羁怏憭慄，怆心何如？是以风云月露，抚景即成凄凉；草木禽虫，人眸无非酸楚。挥斥幽愤，舒而为声。"① 诗人目及所至，皆是凄凉酸楚之景，内心的忧愁悲痛难以排遣，只能发为诗歌，一抒幽愤。顺治七年（1650）春夏间，诗人返潮州，因故宅被据，只能徙居秋溪都故里。其《我忆无章思故里也》诗曰："我忆莲山，十里笔浦……寇乱频仍，蛛丝罥户。我倡团楼，或耕或罟。泪泪临寇，脍肝炙腑。天也予祐，幸逃妖斧。"② 为加强防御，陈衍虞倡议在城墙上建造圆形楼台者为团楼，既可以耕田亦可以捕鱼。

顺治八年（1651）夏，郝尚久平定了九军之乱，陈衍虞泊韩江西溪，睹战后惨况，赋诗《泊西溪》："鼪狸昼夜嗥，荒途横白骨。跫然见人行，怪我来仓卒。"③ 白骨遍野，一片死寂。为生活所迫，陈衍虞只能将随身之剑、书、衣物、镜、琴售出，作《五卖诗》。战乱频仍，耕作中断，农田荒废，导致肥沃的稻田贱如麻草，米价则贵如黄金。陈衍虞作《筑场》一诗："笑予亦拙谋，生计失俯仰。籴米充春粮，割田时易锒。腴田贱于苴，粱米贵如逯。"④ 诗人倍感生计艰难，只能割田换钱买米作为来年春收的粮食。

顺治十年（1653）六月，郝尚久反清，陈氏家族至笔山寨避难。海阳土寇郑玄、丘变鲁破陈衍虞所居笔山寨，妻子魏氏因病受惊罹难，全家恸哭。陈衍虞作《内子以贼警遂死平溪挽之三章》其一曰："悯如闺中身，乃罗绿林阨。负疴越层冈，陨躯依木石。"其三曰："全家依林莽，藏深恐未密。口腹累山邻，况汝抱重疾。寒威侵汝肌，有井谁栽橘？惊魂竟奄逝，青灯伴漆室。我将返故庄，呼汝杳不出。……同来不同归，掩袂声皆失。"⑤ 陈衍虞携家逃至饶平县平溪村避难，全家饮食全仰赖山邻资助。全家即便躲藏在深山密林之中，仍惊恐不已。严冬肃杀，寒气逼人，况妻子又身患重疾，等不到栽橘丰收的那一刻了。这里反用了三国吴丹阳太守李衡种柑橘千株，李衡死后其

---

① 陈衍虞. 蔚园文稿［M］. 清道光二十六年凤城铁巷世馨堂刻本：70.

② 陈衍虞撰，曾楚楠编. 莲山诗集点注［M］. 香港：中华诗词出版社，2006：23.

③ 陈衍虞撰，曾楚楠编. 莲山诗集点注［M］. 香港：中华诗词出版社，2006：43.

④ 陈衍虞撰，曾楚楠编. 莲山诗集点注［M］. 香港：中华诗词出版社，2006：442.

⑤ 温廷敬. 潮州诗萃［M］. 汕头：汕头大学出版社，2001：448.

家以收获柑橘而家道殷富的典故，谓即便诗人回到了潮州故园，井泉已筑，但妻子再也等不到归宅治家的那一日了。

顺治十年（1653）九月，清兵破城，郝尚久投井，清兵遂屠杀全城，潮州城中血流成河，遗骸十万余具，史称"潮州之屠"。陈衍虞作《闻说》记录劫后的惨状："枞金伐鼓来何人，卵已不完巢亦覆。白骨累累等山崖，韩卢宋鹊争啖肉。荒垄孤鸣灶不烟，青磷风雨认家哭。行人为之摧心肝，我偶闻之泪簌簌。情知丧乱死多门，如何眦睚修怨，歼尽琐琐姻娅之家族。"① 惨绝人寰的潮州之屠使潮州百姓人口锐减，世家大族惨遭屠戮，一时海阳等地名士殆尽。

顺治十七年（1660）六月，清军在厦门战役失利之后，浙江监察御史季振宜上书分析征伐郑军的形势，建议在禁海的基础上实行迁界。顺治十八年（1661），清廷发布"迁界令"，令山东至广东的沿海居民内迁。康熙元年（1662）划定迁界范围，令广东沿海的 24 个州县的居民内迁 50 里。界外地区，不准居住，房屋全部拆毁，不准耕种田地，不准出海捕鱼。潮州府海阳各县皆在内，民不堪其苦。② 是时，陈衍虞由广州番禺教谕迁广西平乐府知县，闻说潮州迁界事，作诗《槎人歌七首》悲之。其一曰："狂飙不自蛟宫起，余波偏从陆地来。千家万家闻野哭，十里百里满蒿莱。""狂飙"即指迁界之事，犹言迁界祸害之甚，及迁地后界外田地荒芜之状。其二曰："二十年来妖雾生，寒灶少烟薜生垒。何期一朝遂陆沉，露宿风餐将道死。"③ "妖雾生"言自清军入关以来已有二十载，战祸频仍，潮州地区惨遭兵燹，民不聊生；今又大肆迁地，致使百姓流离失所、饿死道途。

康熙三年（1664）五月，清廷又下令再内迁 30 里，禁止出海捕鱼、晒盐及贸易。康熙四年（1665）正月十九，陈衍虞遣次子陈士孚、外孙林世榕先行还乡，变卖迁界禁海所余田产以偿还债务。后携家归里，归途中遇暴雨，赋诗《乙巳七夕暴雨》感禁海事："谁泻天河逐晚风，茫茫何处问灵踪？而今

---

① 温廷敬.潮州诗萃［M］.汕头：汕头大学出版社，2001：338.
② 《光绪海阳县志》卷四十六"杂录"载迁界：海阳迁去龙溪、上莆、南桂三都，还迁去东莆、秋溪、江东、水南四都之半。潮阳迁去直浦等五都，还迁去另外三都的二分之一。揭阳迁去地美一都、桃山半都；饶平迁去隆眼等三都；惠来迁去大坭等二都；澄海迁去上外等六都，仅存苏湾一都。
③ 温廷敬.潮州诗萃［M］.汕头：汕头大学出版社，2001：343.

仙禁严江海，恐到星桥影不同。"①

康熙十三年（1674），潮州总兵刘进忠反清，与福建耿精忠互相呼应，后又得到台湾郑经的支援，与清兵发生了多次激烈的战事。康熙十五年（1676），清廷先后调军队增援广东。四月，广东陷入叛军之手，三藩势力连成一片，郑经亦相机取事。此时，潮州处于极不稳定的状态之中，隐藏在山中的土寇乘机煽乱，其中也有反抗清廷及地方官吏残暴统治的起义②。陈衍虞城中居所被据，再次携家避难，赋诗《避乱过急水三元塔》。后陈氏一家又避乱于枫山，陈衍虞作诗《潮变即事七首》。其一曰："仆姑声疾剑飞华，坐拥貔貅闹鼓笳。欲借金戈收霸业，遑怜山鬼哭无家。"其二曰："竹帛煌煌委劫灰，荒园涕泗望云台。破巢莫怨秋鹰疾，万里飞头食肉来。"③陈士复归家后，重过深坑战场，有感赋诗《过深坑战场有感》："空埋弱卒三秋骨，费筑雄关十里营。雨暗常闻宵鬼泣，月明空见野燐横。不堪重过伤情地，恍惚风高战马声。"④

直至康熙十六年（1677），刘进忠乱始平息，但潮州城中尚驻兵。城中居所乱平后又被清兵统领占据，陈衍虞力争后仅得三椽居住。康熙二十一年（1682），刘进忠乱平后，陈氏生活日趋稳定。是年春，陈衍虞于潮州府城荒宅砾地中荟选木材，周以土墙，建堂构亭，名之曰"锻圃"。至秋冬间，锻圃乃告成。

潮州动乱以来，陈衍虞居所屡次被清军、土寇等武装势力占据，导致一家被迫流离失所。陈衍虞遭遇愈艰，其辞愈激切悲凄，其诗歌折射出了清初严酷的社会现实以及士人在饱受摧残后心理上的变化。可以说，陈衍虞的诗歌是了解明清之际潮州社会状况的珍贵文献资料，同时具有文学及史学价值。

---

① 温廷敬. 潮州诗萃［M］. 汕头：汕头大学出版社，2001：392.
② 土寇吕龙，号破碗公，乘刘进忠之叛，与海寇邱辉声援相应，日肆劫掠达六七年之久，海阳县远近不得安枕。直至康熙二十年（1681），揭阳游击程士藟诱吕龙至帐下，斩之。邱辉，绰号臭红肉，幼投奔台湾郑氏，为海盗，劫掠沿海。其党李虎子入潮阳，破和平等八寨，截劫民间米粟，刘进忠用木栅以捍之，缴获三十余艘战船，斩首数百人。其余流寇入潮阳、揭阳、澄海、普宁百余乡，劫掳男女数万，估价卖为奴婢，老病者戕之，僵尸遍野。澄海无赖黄五好结交匪人，乘刘进忠乱，啸聚千余人，犯澄海。海阳郑元平及黄五乱澄海之际，集无赖以应之，乡寨无不被其荼毒。闽寇吕小娘集贼数千人，于康熙十三年（1674）犯饶平。
③ 陈衍虞撰，曾楚楠编. 莲山诗集点注［M］. 香港：中华诗词出版社，2006：753.
④ 陈士复. 自怡草［M］. 清道光十八年刻本：5.

论粤东作家冯铿作品中的革命书写

卢月风

一、作品中的革命书写

冯铿（1907—1931），原名冯梅岭，是现代广东潮汕地区最著名的女作家，是"左联"五烈士之一，15 岁开始发表作品，之后丰富多样的校园生活与切身的革命斗争实践都成为其创作素材，被誉为"中国新诞生的最出色的与最有希望的女作家之一"。她的创作主要分为汕头时期与上海时期，革命性贯穿其创作始终。她读书期间参与"友中月刊社""火焰社"等文学社团的创办，并留下了一系列文学作品。当国民革命席卷潮汕一带时，冯铿虽是十七八岁的高中生，但思想与行动已表现出革命的锐气，以笔为武器与反动势力展开斗争，认为文学可以为革命呐喊，可以点燃人心中革命的火焰。她发表《国庆日的纪念》《破坏与建设》《学生高尚的人格》等文章，揭露盘踞在广东的军阀为私利而不顾群众死活的丑恶行径，内容略显幼稚，与其说是文学作品，不如说是时评，但对其之后的文学创作意义重大，初步显现其敏锐的政治洞察力，坚定了其革命人生与日后的创作方向。

冯铿的革命书写与其革命生涯相呼应，贯穿了中国革命从高潮到低潮再到高涨的历史，其间许多革命场景与人物都在冯铿的创作中留下了侧影，因此被称为"战斗的苏维埃"式的创作。作为女性作家，她时刻关注女性群体的生存现状、解放与出路问题。《月下》以新婚女性的生活为表现对象：月夜里，伊追忆起去年与姊妹在庭院静坐闲谈的自得，如今月儿依旧，嫁为人妻

基金项目：2023 年度广东省哲学社会科学规划学科共建项目"现代粤东作家群史略"（GD23XZW04）。

作者简介：卢月风，博士，广东海洋大学文学与新闻传播学院讲师，主要研究方向为中国现当代文学、海洋文学、区域文学等。

的伊却失去了昔日的心境，现在婆婆总以森严的礼教管束她，"吃饭要站着不敢坐，对人要装出卑污的礼节"①，过得如奴隶、囚犯、木偶……加之丈夫是纨绔子，她看不到未来的希望，陷入水深火热的挣扎中。《一个可怜的女子》写出了封建伦理纲常压榨下乡土女性的悲惨命运：香姑因父母早逝，九岁沦为童养媳，日子并不好过。在夫家她是一个苦力，受到婆婆的百般刁难与虐待，丈夫也不成才，她最终以跳河自杀的方式结束这非人的处境，以死来反抗不公的命运。作者无法压抑内心的痛苦，在小说最后发出这样的呼吁："当这女权伸张，人道盛行的二十世纪，尚有此等怪剧出现，我们应该快谋救护的法子呵！"② 这一呼喊抨击了封建婚姻制度对女性的毒害，预示着参加革命是女性的最后出路。之后，冯铿以中学生、爱国青年等身份加入不同类型的革命活动、爱国话剧公演，并在革命中深刻意识到礼教纲常的吃人、阶级压迫的惨烈，逐渐走出新女性罗曼蒂克式的幻想，坚定了革命信念，其创作也与阶级革命方向相吻合。冯铿在澄海县立小学任教期间，创作了一系列经典的革命小说，《最后的出路》以郑若莲的遭遇为线索，书写她读书、恋爱、沉沦、振作、出走的经历，写出当时青年学生的人生选择，发出"为自己为群众努力奋斗"的呼声。《C 女士日记》中 C 女士痛苦是因其与表叔 M 相爱而被社会与家庭遗弃，表叔 M 不得不远走他乡，到远隔千里的乡村谋生活，而摆在她眼前的光明之路是走出家庭、走向现实革命。因而，冯铿作品中的女性解放与推翻旧制度、改变旧观念的社会革命始终融为一体。实际上，1929年春，冯铿与恋人许美勋乘船抵达上海后，不仅加入了共产党，还积极从事革命的具体工作，思想也开始逐渐从小资产阶级知识分子向无产阶级革命战士转变。《乐园的幻灭》中的青年女教员以教书育人为乐，不幸反动军队占领了学校，使她失去了乐园，她极端愤怒，但又头脑清醒，意识到"要忍耐，要合力，要组织，然后才反抗，对一切丑恶的反抗"③，这是女教员告别乐园走向革命的前奏，也是作者要做一个勇敢有力的革命战士的宣言。《突变》描写原本信奉基督教的女工阿娥在残酷的现实面前走出原来梦幻的天国，加入工人群众战斗的行列，寻求现实的天国。这些人物思想变化的背后无不象征

---

① 冯铿．海滨杂记：冯铿作品及研究［M］．广州：花城出版社，2019：7.
② 冯铿．海滨杂记：冯铿作品及研究［M］．广州：花城出版社，2019：5.
③ 冯铿．海滨杂记：冯铿作品及研究［M］．广州：花城出版社，2019：17.

着冯铿思想的飞跃，一步步走向无产阶级革命道路，增强了作品的革命性。

在 20 世纪 30 年代的社会语境下，左翼革命文学是创作主潮，作家的革命活动与文学创作密切关联。活跃在当时文学中心上海的冯铿不仅参加了"左联"成立大会、革命示威游行活动等，还出席了中国苏维埃区域代表大会，并与参会的红军、妇女等不同代表交谈，了解其英勇的革命事迹，并以此为素材，创作了《红的日记》《小阿强》等经典的革命题材小说。其中，她在《红的日记》中塑造了具有坚定革命信仰的女政工队员马英的形象，她视步枪为情人，以随身携带的笔记本为"小宝宝"，生活中对那些只会缝补衣服、与异性谈情说爱的女性表现出极度不满，认为"女人呀，红的女人呀！我希望你们都暂时把自己是女人这一回事忘掉干净罢！也不要以为别的同志们是什么鸟男人呵！我们只有一个红军，一群要努力进展革命努力的红军同志兄弟"①！马英以暂时淡忘性别的方式标榜自己与男性一样献身革命的决心，在革命文化语境下具有代表性，演变为一种时代新女性独特的标识，象征着"在参加革命斗争中实现女子人格、寻求女性真正出路的理想"②。马英的形象与中国现代第一位女兵作家谢冰莹亲历北伐战争而写下的《从军日记》中的自己、白薇《炸弹与征鸟》中投入革命洪流的两姐妹、丁玲《一九三〇年春上海》（一）中的美琳等形象有异曲同工之妙，她们视革命为知识女性改变命运的契机、承担社会角色的途径，也初步确立了她们的历史主体性。

后来的《重新起来》被认为是书写革命的时代画卷，主人公小蘋可谓是"一株由荆棘丛中苗长出来的乔木"，她是农会 G 村妇女协会的领导者，后被选为县妇协总会常委。期间她认识了革命青年萍君，曾经他们也追求热烈的爱情；重逢后，小蘋难以接受恋人的享乐与堕落，决定分道扬镳，最终她在工人运动的光芒中看到了"一轮重新升起来的红日"。应该说，"革命"不仅是小蘋重新站起来的动力，"她的生命现在不是属于她自己所有，但也不是属于任何一个谁！那是已经交给了伟大的群众"③，也是当时诸多新女性的归宿与发展方向。几乎同一时期，冯铿发表的散文《一团肉》戳穿了一批自诩为妇女解放浪潮下"新女性"的假面，她们没有精神追求，如行尸走肉般活着，

① 冯铿．海滨杂记：冯铿作品及研究［M］．广州：花城出版社，2019：213.
② 盛英．二十世纪中国女性文学史：上册［M］．天津：天津人民出版社，1995：244.
③ 冯铿．海滨杂记：冯铿作品及研究［M］．广州：花城出版社，2019：196.

似卖笑妇人讨男人欢心，犹如"一团肉"，在物欲享受中沦为玩物，而"真正的新妇女是应该洗掉她们唇上的胭脂，举起利刃来参进伟大的革命高潮，做成一个铮铮锵锵，推进时代进展的整个集团里的一分子，烈火中的战士，来找求她们真正的出路的"①！

冯铿以笔为枪，鞭挞黑暗、助威呐喊，呼吁全体受压迫的民众群起共同推翻不合理的统治秩序，对女性而言，没有比革命女性更能代表其力量的群体，她们只有应和阶级矛盾、民族危机的时代诉求，才能获得人格自由与基本生存权，摆脱"一团肉"的悲剧，以新的姿态登上历史舞台。正如冯铿在诗歌《晨光辐辏的曙天时分》中发出的呼吁"我们有血汗，我们也有气力；我们将努力着些新的贡献！在这晨光辐辏的曙天时分，便是我们努力的新的开场"！她的文字催人奋进，点燃群众心中革命的火焰。

二、革命书写的渊源

丹纳指出种族、时代、环境是影响作家创作的三要素，而冯铿出生于潮汕地区，这里曾是大革命的策源地，是一片布满红色印记的革命热土，当地民众在党的领导下开展革命斗争，留下无数感人的革命故事，像潮安的西林农会旧址、龙舌埔海丰总农会旧址等都成为红色革命教育基地。五四运动爆发后，潮州城上千名中小学生冒雨游行示威，响应这场爱国运动；同时进步报纸书刊的传播加速，如潮州的潮安青年图书社开始把《新青年》《新潮》等进步书刊放在粤东地区的学校销售，使得《社会主义史略》等宣传马克思主义思想的书籍有了传播空间，成为本土作家了解革命的一扇窗口，激发了他们的正义与革命意识。被毛泽东称为"农民运动大王"的彭湃不仅是海丰农民运动的领袖，而且以结社、演讲等形式宣传革命思想，李春涛在金山中学讲授马克思主义思想，这些对冯铿日后走向革命道路有着深远影响。此外，在国民革命军到达潮汕地区时期，冯铿以岭东学联代表的身份与周恩来相识，更是提高了其革命热情。尤其亲历了"潮汕七日红""四·一五"等历史事件后，冯铿目睹了革命的血腥与残酷，坚定了革命信念，其中《最后的出路》就是以第一次国内革命战争影响下的潮汕为背景，具有纪实性。20 世纪 20 年

---

① 冯铿.海滨杂记：冯铿作品及研究［M］.广州：花城出版社，2019：241.

代末期抵达上海的冯铿，一边在南强书店从事编辑工作，一边投身地下斗争，后来以共产党员身份，以"贾珊小姐"为代号，开启了职业革命者生涯。尽管革命工作繁忙而紧张，但她仍笔耕不辍，从《乐园的幻灭》开始使用"冯铿"的笔名，预示着彻底告别旧我，迎接新的人生，决心做一个铿锵有力的革命战士。在 20 世纪 30 年代的上海，贫富差距、阶级分化极为严重，疾恶如仇、怜悯弱小的冯铿把自己的见闻与思考诉之笔端，《贩卖婴儿的妇人》是其以在虹口菜市场之所见为背景，《重新起来》是其加入"左联"后的第一部力作，奠定了其在文学史上的地位。实际上，20 世纪 30 年代上海的左翼文坛，不仅活跃着由戴平万、洪灵菲等作家组成的"潮汕作家群"，还有鲁迅、巴金、茅盾等有名望的作家，因而当时上海的文化氛围加速了冯铿的思想转变，其革命书写的倾向性更为鲜明，多表现社会底层工人与贫民在苦难中阶级意识的觉醒等，内容更加充实。

生活上，冯铿对女性革命与解放的关注无不受到姐姐冯素秋的影响。冯素秋颇有才情，工于诗文，向往自由的婚姻，但受旧礼教阻挠而郁郁寡欢，因过度压抑而早逝，临终前叮嘱冯铿："我们做女人的受罪特别深，你要有志些，将来替女人复仇。旧礼教真像猛虎……你要学武松。"[①] 姐姐的不幸遭遇使冯铿内心深处萌生出女性革命意识，还时常以"中国革命第一人"的秋瑾为榜样，为了显示自己投入革命的决心，她将自己的外表形象塑造得酷似男性。据史料记载，当年冯铿的日常打扮"生得浓眉巨眼，貌似男子，不喜修饰"[②]。因此，小说《最后的出路》中对革命女性许慕鸥的外貌描写如"蓬蓬的短发在额前飞舞，男性化的没有一点粉痕香气的圆脸"[③] 等有冯铿本人的影子。此外，作品在涉及女性较为敏感的生育问题时也有作者的个人化倾向与为了革命甘愿牺牲一切的志向。《红的日记》中女战士马英以"同志"的身份遏制生理冲动，说出"同志！这个时候我们女人还应负责着停止生产的责任"，这些描述可以从《冯铿传》中找到依据：青年冯铿一心投入革命工作，无暇生育。冯铿爱人许美勋在谈到冯铿创作时也说过"她更积极写作……内

---

① 林伟光. 冯铿文学之路从汕头起步［N］. 汕头日报，2021 – 11 – 27.

② 卫公. 冯铿传略［J］. 新文学史料，1986（2）：182.

③ 冯铿. 海滨杂记：冯铿作品及研究［M］. 广州：花城出版社，2019：35.

容都是根据自己的斗争生活，自己思想的发展并表现时代的真实"①。应该说，冯铿的生命轨迹、革命行动、教书经历、爱情追求等内容为《乐园的幻灭》《胎儿》《贩卖婴儿的妇人》等作品中的革命书写提供了话语支撑，而且带有自叙传的特征。

三、革命书写的意义与价值

冯铿的革命书写与其生活轨迹密切交融，她的生活往往是作品创作的背景与题材，似乎作者就生活在作品中，与作品人物同感受，共命运，增强了作品的真实性与现实意义。具体看来，关注妇女与儿童问题是冯铿作品中革命书写贯穿始终的一条明线，也是她倾注感情最深、集中最大注意力表现的对象，具有历久弥新的价值。

20世纪20年代末到"左联"成立之前，普罗文学是文坛主流，对此冯铿也积极响应，创作了表现无产阶级革命题材的《小阿强》。作品主要写的是乡村贫农之子阿强在土地革命中接受老布尔什维克思想的教育，并加入红军作战的故事，"现在的阿强是中国那一片在地图上已经染成红色的一个村里的少年先锋队队长，是一位飘扬着鲜红的领巾，把两只虽然小可是却很有力很结实的肩膀，撑起一面比身子还要大两三倍的红的旗，挺着小胸脯，和群众们一同大踏步前进的小布尔什维克"②！可以看出，小阿强不仅撑起了红的旗，还成长为"英勇的擎旗手"，为少年儿童投身革命树起了旗帜。学界对这篇小说的评价不太高，多认为贫苦农民出身的小阿强被塑造成万能的小战士，是被刻意神化的英雄形象。《红的日记》同样受到评论者的责难，指出女革命者马英的形象有失真的嫌疑，认为冯铿以遮蔽压抑的方式描写女性的身体窘迫，一定程度上违背了革命的最终目的，留下了为煽动群众革命激情而图解政治概念的诟病，这也是无产阶级革命文学初期普遍存在的创作问题。今天看来，在非常态的历史语境下，文学与革命的联姻是现实的必然选择，有成效，也有不足，都彰显着革命文学初期的样态。

值得一提的是，"革命加恋爱"作为普罗文学的主要形式之一，突破了文学的传统格局，多以现代城市为背景，具有时代先锋的性质和浓郁的小资产

① 许美勋. 冯铿烈士 [M]. 广州：广东人民出版社，1957：46.
② 冯铿. 海滨杂记：冯铿作品及研究 [M]. 广州：花城出版社，2019：199.

阶级情调，如丁玲《韦护》中的韦护起初沉浸在与丽嘉的爱情中而耽误了革命工作，受到同事歧视，而后他幡然醒悟，决定割舍爱情，到广州参加革命。冯铿也跟随此创作潮流，创作了《最后的出路》《重新起来》等经典之作，尤其擅长书写女革命者的成长。《重新起来》就是通过描写小蘋在革命与爱情之间的抉择，显示出社会革命对爱情的规约，受时代局限，仿佛理想的爱情只有建立在共同革命的基础上，才具有崇高性与合法性。小蘋在与恋人团聚后，感到昔日的爱人已被都市追求享乐、物化的生活所腐蚀，早已泯灭了革命激情，最后决定舍弃爱情，走向革命的新生之路，好像整个世界都在这光辉里面重新啸动起来。关注知识女性走向革命创作模式的作家还有丁玲，其《一九三〇年春上海》（之一）中的美琳在共产党员若泉的引导下，离开追求小资情调的恋人子彬，走向与工人相结合的道路。蒋光慈《野祭》中的章淑君从寻找爱情到遇阻再到加入革命，体现了女性革命者的成长，同时淑君还是男性革命者陈季狭走向革命的引路人。蒋光慈《冲出云围的月亮》讲述了王曼英冲出云围走向革命的经历，她身上稀有五四时期零余者的影子，而是在行动中追逐理想与爱情。整体上看，文学中"革命加恋爱"属于自我的革命化成长叙事类型，是当时普遍的政治文化心理与城市大众审美心理的合力。这一模式虽具有强大的社会启蒙力量，承担着中国社会现代化的重任，但目的与手段的分离现象较为明显，革命个体打着革命现代性的旗号而轻视个体生命自由的选择，明显偏离现代精神，思想的简单化在价值判断上表现出非此即彼的一元论，正是当时左倾革命的真实写照。

反观冯铿的一生为革命做了最好的脚注，她是革命历史的积极参与者，而其作品中的革命书写也密切关注着知识革命女性的生活与成长，不同于故步自封于家庭的传统女性与游走于都市的摩登女性，而具有时代女性的标识。尽管为了体现革命的急迫性，冯铿及其笔下的人物淡化了性别意识，打上了"去女性化"烙印，但其积极意义仍不容忽视。学者杨联芬指出"女性与革命，无论作为现代中国性别研究的话题，还是作为反省革命的话题，其所包含的从性别角度考察革命，以及在革命语境中体察性别的特性，都将成为考察二十世纪中国现代性状况的有效命题"①。从中足以看出，冯铿革命书写中

① 杨联芬. 女性与革命：以 1927 年国民革命及其文学为背景 [J]. 贵州社会科学, 2007 (10)：92.

女性革命群像的历史价值与深意。其实，纵观中国文学的发展，不乏巾帼不让须眉、具有男性气质的女性形象，如花木兰、穆桂英等刚烈的女将等，文学作品中的革命者形象更是不胜枚举，无不呈现出女性、阶级、革命等话语之间的复杂关系。

20世纪20年代末期到30年代初期是冯铿创作的成熟期，但也是阶级斗争最激烈的时期，反动政权通过严禁书报出版、通缉作家等形式阻止左翼文化运动的发展。1931年春，冯铿与柔石等爱国作家召开秘密会议以反对王明的"左"倾错误问题，由于叛徒告密而被捕，英勇就义。他们用鲜血与生命谱写了无产阶级革命的壮丽乐章，而冯铿的生命永远定格在24岁，成为"'左联'五烈士中唯一的女作家"，虽深陷黑暗的地狱，仍坚持用文字战斗，其精神与作品将如日月经天，不朽于人间。恰如冯铿《最后的出路》书中所写："可以走了，走开这物欲充滥的牢狱了……太阳已渐渐升上澄碧的天空，放射它猛烈的光芒于街上熙攘往来的行人们身上了！"① 后来，鲁迅在《中国无产阶级革命文学和前驱的血》中指出冯铿、柔石等革命青年作家的作品属于书写"革命的劳苦大众的文学"，并进一步谈道，铭记与哀悼就是要牢记中国无产阶级革命文学的历史的第一页，显示出敌人的卑劣，启示革命后继者的不断斗争。在"左联"五烈士之后，冯宪章、洪灵菲、戴平万等粤东作家又以同样的热情与生命谱写了革命文学的新篇章。当下，冯铿的名字在故乡潮汕地区几乎家喻户晓，潮州市曾以冯铿的革命事迹与爱国主义精神为素材成立了"关心下一代党史国史教育基地"，而其作品更是被奉为红色经典，从中可以窥见革命先驱冯铿带给我们的精神财富与现实意义。

---

① 冯铿.海滨杂记：冯铿作品及研究［M］.广州：花城出版社，2019：197.

粤西历史文化研究

雷州傩舞的文化内涵及审美意蕴

孙长军　　陈沛源

雷州傩舞是中原地区傩文化与雷州半岛崇雷习俗相结合的产物，起源于原始社会图腾崇拜祭祀仪式，殷商时期演化为驱逐疫鬼的一种巫舞，流传于民间后逐渐成为驱邪、祈福、庆典的传统舞蹈。作为一种舞蹈形式，雷州傩舞具有很强的观赏性；作为一种文化符号，它具有深刻的文化内涵和审美意蕴。

自 20 世纪 80 年代，学界对傩文化的研究开始活跃。进入 21 世纪之后，傩舞被列入中国非物质文化遗产名录，引起了更广泛的关注，有关雷州傩舞的学术研究逐渐多元化。我们整理资料后发现，学界对雷州傩舞的研究主要从艺术角度出发，研究傩舞的音乐、舞蹈、面具、服装等方面，探讨傩舞的艺术表现和意义。陈子豪等[①]运用符号学分析雷州傩舞面具，总结出雷州傩舞材质多样、色彩丰富、写实夸张并存的能指特征以及其崇雷敬雷的符号象征。曾华美[②]指出随着傩舞的功效、作用从娱神逐渐趋向娱人，傩面的审美及内涵也悄然发生改变。朱培科[③]从湛江傩舞的巫术礼仪、面具服饰和音乐、巫风意象三方面进行深度挖掘。金念[④]从艺术形态学的角度研究湛江傩舞，认为雷州

基金项目：广东海洋大学 2024 年文科学院平台提升项目"广东省雷州文化研究基地"（校科技〔2024〕2 号）。

作者简介：孙长军，广东海洋大学文学与新闻传播学院教授。陈沛源，广东海洋大学文学与新闻传播学院汉语言文学专业学生。

① 陈子豪，钟子莹，柴丽芳. 广东湛江傩舞面具的符号学研究 [J]. 丝绸，2019，56（4）：98 – 106.

② 曾美华. 当代湛江傩舞面具的审美形象变迁 [J]. 北京舞蹈学院学校，2017（5）：71 – 76.

③ 朱培科. 湛江傩舞的巫性之韵 [J]. 黄河之声，2014（11）：18 – 20.

④ 金念. 艺术形态学视阈下的粤西傩舞研究 [J]. 甘肃联合大学学报（自然科学版），2012，26（S3）：13 – 14.

傩舞具有艺术的混合性等。

学界对雷州傩舞的研究主要着眼于其艺术特征、保护传承问题，以巫术、宗教为切入点对雷州傩舞文化内涵的研究不足，有部分研究谈及雷州傩舞与美学的关系，但也只是从艺术学的角度出发，其丰富的内在意蕴并没有被挖掘。本文拟从民俗学、审美人类学和美学等角度来研究雷州傩舞，挖掘雷州傩舞的文化内涵，阐释傩舞的艺术特征和内在意蕴。

一、雷州傩舞的历史源流

傩，行有节也，从人难声。作为集舞蹈、面具、音乐等形式于一体的文化符号，傩源于原始狩猎时期的巫术，有强烈的巫术意识和宗教色彩。我国最早记载傩事活动的史籍《周礼·夏官》称："方相氏掌蒙熊皮，黄金四目，玄衣朱裳，执戈扬盾，帅百隶而时难（傩），以索室殴疫，大丧，先驱，及墓，入圹以戈击四偶，殴方良。"①明末清初屈大均在《广东新语》中也对傩进行描述："十二月大傩，傩用狂夫一人，蒙熊皮，黄金四目，鬼面，玄衣朱裳，执戈扬盾。"②这里较为详细地介绍了傩祭驱鬼的情形，傩的作用和目的就是驱鬼逐疫、祈吉纳福。

至于何时传入雷州，雷州傩舞的历史源流有四百到六百余年，并且与中原傩文化有着一定的关系③。隋唐至宋元，其间发生了三次大规模的人口迁徙，大部分是从江西、福建两地迁徙至此，尤其在唐朝，大量的闽人迁入雷州。自此吴越文化、中原文化和闽南文化在雷州半岛汇集融合，形成了独具特色的雷州傩文化。雷州半岛各地区的傩舞因祭祀神灵和表演形式不尽相同，故叫法也有所差异，分布在麻章区的傩舞称"考兵"，而在吴川市则称为④"舞二真"和"舞六将"，雷州市的则称为"走清将"，以各方神将为代表，兼之土地公婆等。随着社会的发展和历史的演进，傩舞从最初的娱乐神逐渐转向以娱乐人群为主，尽管风格和流派存在差异，但其目的和功能并未发生改变。

① 祝宇，庞德宣. 湛江傩舞［M］. 北京：中国文史出版社，2010：7.
② 屈大均. 广东新语［M］. 北京：中华书局，1985.
③ 钟沁仪. 浅谈新时期下湛江傩舞的发展走向与思考［J］. 戏剧之家，2020（11）：92–94.
④ 钟沁仪. 浅谈新时期下湛江傩舞的发展走向与思考［J］. 戏剧之家，2020（11）：92–94.

雷州自古是蛮荒之地，生存环境较为封闭，人口流动性差，为古老神秘的原生态文化保留较为完整的形式和强大生命力提供了条件，雷州傩舞便是其一。雷州傩舞沿袭了傩的精神内核，根植于万物有灵论、巫术和宗教的土壤，是典型的环境和不同群体、不同文化相互碰撞、不断层垒的结果。

（一）雷州傩舞是雷州特定自然环境下的产物

雷州半岛位于中国大陆最南端，地处热带，是世界第二大雷区。雷州之所以得名"雷"，其中一种主张见于《广东新语》"雷动往往非时，州名曰雷，言多雷之变也"①。雷州半岛每年都会发生数百次雷暴，人畜多有伤亡。据《广东新语》，古雷州地处炎方尽地，瘴气所结，烟雾缭绕，雷暴咸潮侵害，自然环境十分恶劣。因此，在恶劣环境下，在人类的早期文明阶段，即由刀耕火种和狩猎文化主导的"童年时期"，人们从惧雷到敬雷，将雷视作图腾崇拜偶像，创造"雷公""雷神"等神灵形象。

这种心理变化反映出雷文化的形成过程，形成以崇雷、敬雷为主题的民间宗教信仰形态，并相对应产生酬雷、祭雷的民俗活动。雷州傩舞作为当地的重要文化表达形式，也与雷文化密切相关。为使雷州傩舞的崇雷主题更突出，人们对其进行了改造，添加了"雷首公"的道具和舞蹈内容，最终逐渐演变成独具雷州特色的敬雷傩舞。

（二）雷州傩舞是雷州特定人文环境下的产物

雷州文化具有多源融合性，在不同的历史时期有不同的族群在雷州地区生活，他们的文化与本土文化融合生成新的文化。雷州傩舞和中原傩文化有着一定渊源，是本土文化和中原傩文化兼容并蓄的产物。

古雷州为百越族的聚居之地。"百越"并非单一民族，而是对历史上生活在南方地区的多民族共同体的统称，生活在此的先民有自己的民族语言、文化特征和信仰习俗，其中俚僚土著崇雷、祭雷。秦汉开始，不断有中原人、闽人南迁至雷州半岛，如苏轼在《伏波庙记》中记载："自汉末至五代，中原避乱之人，多家于此。"移居的汉人继承土著崇雷的宗教信仰，将雷作为图腾

① 屈大均. 广东新语 [M]. 北京：中华书局，1985.

来顶礼膜拜。此外，人是文化的载体，外来文化也随人而至，在中原傩文化和雷文化融合传承中形成了独特的雷州傩舞。雷州傩舞的面具就证明了傩舞与中原傩文化的关系。面具中的巨目、獠牙、巨鼻明显带有中原傩面的特点，但有所不同的是，雷州傩面具多以樟木雕刻而成，也有用牛皮剪制而成的。除此之外，雷州傩面具的头上绘有象征着雷神崇拜的纹路。

在多雷的特殊自然环境下形成的人文历史使雷州傩舞带有浓重的"雷"色彩，这是区别于其他地域民俗文化的特质。雷文化对雷州傩舞的影响贯穿于各个方面，雷州傩舞也汇集了多种文化元素而形成了独特、多彩的艺术表现形式。

二、雷州傩舞的文化内涵

原始世界普遍信仰的"万物有灵"论反映出早期人类构建世界和理解世界的思维和智慧。先民对世界的认知是一片空白，只能用人自身作为参照物去观察外部世界，以人的一切去类比他物时，觉得他物与人的存在是一致的，都是有生命和灵魂的。最初"灵"的观念在与人类日常生活密切相关的事物之上产生，随着时间的推移，人类生活领域和有"灵"的范围不断扩大，人们通过巫术、祭祀、崇拜等行为来表达对"灵"的信仰。这不仅反映人们的心理，也关乎雷州傩舞"万物有灵"的文化内涵。

（一）巫的思想

"巫术是人类活动方式的源头，是人类按照自身的生命活动特征来建构世界的一种思维方式。"① 巫术世界里，人的生命和自然万物是相通的，人可以通过自身精神力量感应自然界的能量和运行机制，从而获得超自然的体验和能力。"天人合一"就是这种整体性的表现，强调个体精神与宇宙自然的无限联系和共通性。雷州傩舞中也体现了这种观念，以人为本体，通过特定的舞蹈和表演手段，展现出与自然、宇宙、神秘力量的融合和共鸣。在这个过程中，人的主体意识得以升华，达到了一种超越自我的境界。

与此同时，人和万物也是相互影响的。巫术世界是一个受"魔法"支配

---

① 张应斌. 雷州雷神与道教 ［J］. 广东海洋大学学报，2013（2）：21 –27.

的世界，巫师通过仪式、符号等手段，"能动地"控制自然力量，影响外部事物。这种交互感应的巫术在今天仍然存在，往往表现为一种仪式的行为过程：巫觋、道具、形象。《说文解字》指出："巫，祝也，女能事无形，以舞降神者。""觋，能斋肃事神明也。在男曰觋，在女曰巫。"由此可见，其一，巫觋以舞事鬼神，傩舞和巫术有本质的联系；其二，巫觋在傩舞或者傩仪中扮演着重要的角色——连接人和鬼神的媒介，上通天意，下达人情。巫觋作为巫术的执行者，通常被赋予浓厚的神秘色彩。巫觋借助具有象征意义的面具向神灵施以巫术或求其相助，以满足人们的愿望。

古时雷州人口杂居，百姓巫觋信仰盛行，有"穿胸""儋耳""交趾"等习俗。时至今日，在傩舞"走清将"和"考兵"中仍存在该习俗——穿令箭，令箭一般用铜、银等等材质做成，长短、粗细不一。表演时，巫师会经过特定的仪式和咒语加持，以此来赋予令箭"神力"，再将令箭穿腮而过，用手扶着外漏部分进行全村巡游。这是傩俗、巫俗、崇雷相结合的一种"媚神"的忍术，逐渐成为雷祖庙庙会或雷州傩舞中的主要仪式。

（二）宗教体现

泰勒在《原始文化：神话、哲学、宗教、语言、艺术和习俗发展之研究》中认为"万物有灵"论是宗教哲学的基础，虽然它提供的仅是最低限度的、赤裸的、贫乏的宗教定义，但后来发展的枝叶无不根植于它。[1]雷州傩舞是一种特殊的宗教信仰，其产生与人们在当时的现实环境和历史条件下寻求精神寄托密切相关，它根植于自然崇拜和图腾崇拜，后衍生出祖先崇拜，渗透着道教思想。这些因素共同构成了雷州傩舞的信仰体系。

1. 自然崇拜：雷神

自然崇拜是人类初始阶段的一种朴素的宗教形式。自然崇拜是原始人的一种自发宗教，而这种宗教又没有固定的形式，因为当时人类只凭着极不发达的思维观念和微妙的实践经验，去观察周围庞大的、神秘的世界，又因为自然界是人生存和依赖的基础，所以对于凡是不可理解的自然现象，在原始思维的驱动下，自然万物都被人格化，他们用简单的"灵"的观念来解释自

① 泰勒.原始文化：神话、哲学、宗教、语言、艺术和习俗发展之研究 [M].连树声，译.桂林：广西师范大学出版社，2005：402.

然万物的变幻，由此产生了自然崇拜。雷州半岛的自然崇拜的神灵主要是雷神崇拜，并且通过雷州傩舞得以体现。

宋丁谓在《重建威德王庙碑》中记述："雷出万物出，雷入万物入，入然除弊，出然其利。其上帝之威令，群动之生源乎，夫如是则神至大矣。"[①] 雷在百越人心目中是主宰自然界的神灵，他们认为雷是生命之源，能行云致雨，能苏万物。人们对雷神的崇拜形成从原始的跪地祈求，逐步发展成为聚众跳跃、吆喝跳舞，相应地产生了最初膜拜自然的宗教仪式，俗称"敬雷傩舞"。这是先民酬祝和祈求雷神驱疫纳吉的对话方式。敬雷傩舞遗存在雷州半岛各处，即使流传地点不同而称谓各异，但其主体都是"雷首公"与"五雷公将"，都传承了崇拜雷神的文化。

图腾崇拜则是从自然崇拜派生出来的形态，由崇雷衍生出雷的图腾崇拜，创造出对雷表敬的雷傩，雕刻云雷纹于器物之上，铸造云雷纹铜鼓以酬享雷神，形成独具特色的雷图腾崇拜。傩舞的表演过程也展现出人们的雷图腾信仰。如在"请示"程序中，"雷首公"会挥动、旋转法鞭，以形绘图正似云雷纹；"点将"程序中，舞傩之人的动作方式形似云雷纹，模仿云雷翻滚而演绎的原始崇雷动作等具有原始性和传统性。

这种具有原生型特点的宗教崇拜形式自远古社会延续下来，表达了雷州人民驱疫遣灾的朴素愿望，承载着雷州人民的崇拜与信仰并长期影响着雷州半岛的社会生产和民俗活动。

2. 祖先崇拜：雷祖

人们在经过对自然界的普遍崇拜之后，其崇拜对象已经超出最初的自然万物，祖先崇拜是在万物有灵的基础上对自然崇拜的继承和发展。随着征服自然界力量的增强，人类开始将对外界的思考转向自身，探寻人的根源。

雷祖崇拜是雷州半岛雷神崇拜的衍生，是和祖先崇拜相结合的产物。雷神崇拜的表面是祖先崇拜，深层意蕴是雷州半岛人民的图腾、生殖崇拜。陈文玉被称为雷州族群的"雷祖"，原因有二：一是他的生平贡献。唐贞观年间，陈文玉任东合州（今雷州）刺史，精察吏治、体察民情，使雷州半岛政治升平、各族团结，促进少数民族汉化。二是民间流传的关于陈文玉的传说。

---

① 邓碧泉，余石. 民俗文化［M］. 广州：岭南美术出版社，2013：402.

"雷乃霹雳而开，得一男子……其雷雨止后，陈氏祷天而养之。既长，乡人谓之'雷种'，陈文玉是也。"这一碑文使陈文玉与"雷"的关系更加密切，也神化了陈文玉的"生"，如九耳呈祥、霹雳而出、巨卵育胎等。其中，"九耳呈祥"的传说不仅体现了雷州半岛人民对狗图腾的崇拜，狗能呈祥报喜，具有很强的繁殖能力，还反映了雷州先民祈祷繁衍生息发展的愿望，即生殖崇拜。

陈文玉在人们心中实现了神与祖先的血缘结合，雷州半岛人民从崇拜自然雷神，转换为崇拜雷祖陈文玉。雷祖崇拜蕴含着雷州半岛文化心理特质的原型，每逢岁时节令或者雷祖诞等重要日子，人们都会举办游神、舞傩等祭祀雷祖的庆典和仪式活动。这不仅是一场仪式，也是雷州半岛人民增进感情、增强族群认可和自我归属感的标志。

3. 宗教色彩：道教

道教将太上老君视为"道"的化身，重视本源，崇尚自然，"道"即自然，因此在本体论上，"道"是宇宙世界中万事万物的本源，万事万物由道而生，大道无形无象而又生育天地。雷州人民不仅将道教仪式贯穿于傩舞的过程，也把极具道教色彩的人物、道教思想深入浅出地吸收、借用到傩舞当中。

雷州傩舞的主角一般是"雷首公"及其率领的"五雷公将"，"五雷公将"指东、西、南、北、中五方雷神，其面具也是对应的红、黄、蓝、白、黑五色，与金、木、水、火、土五行观念相契合。此外，据《湛江市文物志》载，有些傩舞的主要祭祀对象是"三帝二帅"，三帝是上元大帝、南极医灵长生大帝、北极镇天真武大帝；二帅是玄坛和天罡。这里的天君、太上老君、真武大帝、天罡等，都是道教的角色。①

在傩舞的过程中，雷州傩舞的套式大致与道教仪式相同，以此来表达其思想和信仰，充斥着道教的气息。仪式常由道士主持，从颁令、颁符、念咒、请神酬神到引领傩舞队游神表演，仪式过程中舞者的基本手势借用了道教的"香火诀"和基本步法"禹步"，这些都是道教仪式中的典型代表。从道士建坛到得令、请神送神，仪式的程序赋予了傩舞一种宗教性。

① 张应斌. 雷州雷神与道教 [J]. 广东海洋大学学报，2013（2）：21-27.

三、雷州傩舞的审美意蕴

雷州傩舞作为一种具体可感的艺术形式，可以为人的感官所具体把握，体现着雷州人民的审美理想和追求。因此，它不仅有外在感性形式的呈现，而且有丰富的内在意蕴，这是一种弥漫于观众心灵深处的独特艺术感受，具有独特的美学价值。它从形式、内容、情感等方面呈现出浓厚的民间文化特色和深刻的人文精神，能够引发人们的主观感受和理性思考，从而带来独特的审美愉悦。

（一）艺术特征

柏拉图认为美就是由视觉和听觉产生的快感，而美感是人在欣赏自然美或者艺术美时的心理活动。因此，人的心理活动，包括对民俗艺术的感性形式的审美活动，都依赖于人的感官，脱离了生理基础，一切都将失去赖以存在的依据。人们之所以对雷州傩舞产生审美愉悦，是因为其表象特征的呈现能够使人们在感官上得到满足。

1. 形象美

傩面具是雷州傩舞的重要元素之一。这些面具由手工艺人经过设计、雕刻、彩绘等多道工序制作而成，风格夸张、造型多样。傩面具多以黑色、黄色及红色为主，朴实夸张的线条辅以图案、纹饰，强烈的色彩对比使得傩面具更为刚劲有力，富有形象美和视觉冲击感。

傩面具从面相上看可分为善相、凶相。"雷首公"和"五雷公将"为凶相，竖发方脸、长耳凸颧、大鼻獠牙，表现其彪悍、凶残、粗野的性格，面具上均布满横纹图案，使傩面看起来棱角分明，烘托出傩面造型之狞厉和咄咄逼人之势。其中，"雷首公"的面具造型尤为突出，玄色脸孔、额中雕圆目、头戴帝冠，以突显其领导地位和威仪。善相则为一些历史英雄人物，其面具特点表现为椭圆脸、长耳圆颧、高鼻阔嘴，额头上有头冠相饰，具有威武昂轩的精神特质。如"舞二真"的主角车、麦两将军，在传统样式的基础上附有"人"性化的长须，更贴近英雄神将的形象。

2. 动作美

雷州傩舞通过特定的动作、兵器、技法结合，呈现出粗犷夸张的特征和强调表现力的动作美。雷州傩舞中，不同的表现对象的动作处理和风格特点也自然不同。如"五雷公将"的动作是以摇头拧身、碎步踏跳为主，右手拿兵器，左手做"香火诀"的动作，伴以吆喝声，呈现出一种粗犷威武之感。此外，"五雷公将"的表演也体现着人们的原始观念，通过舞蹈动作来模仿自然中风、火、云、雷翻腾的形态，伴着锣鼓节奏，呈现出一种气势磅礴之感。

而表现历史英雄人物的动作则注重兵器的舞法。"舞二真"中两位将军按七十二句口诀走步法和舞兵器，两者相结合不仅突出将军英勇矫健的大将之风，而且因动作和道具的一致性而显出一种对称之美。

3. 韵律美

在雷州傩舞中，音乐作为必不可少的部分贯穿始终。傩舞音乐可分两种类型，一种是打击乐。它以鼓、锣等击乐为主，一般是齐击节奏型。表演过程中，音乐由慢到快、由柔到刚，舞蹈和音乐的配搭十分协调和谐，音乐的鼓点和节类与舞蹈的动作相互呼应，形成一种紧密的配合关系。铿锵有力的节奏、强烈的变化体现了韵律美，营造出一种神祇降临、神秘莫测的氛围，无形中拉近了人与人的距离，各种要素的配合引领着观众慢慢走出日常生活的现实感而进入"神灵"的世界。

另一种则是声乐。舞傩时，雷将或道士口中会发出"傩，傩"之声，文献表明，"傩"是人们在驱鬼逐疫的仪式中对象声词的记录，具有强烈的生活气息和浓郁的原始巫术色彩。

形象美、动作美、韵律美的相互融合使得傩舞被赋予灵魂般地焕发生命力，带来摄人心魄的视觉效果和强烈的审美享受。这种从直观感性形式出发，以形象为载体，对人的感官、心灵产生冲击的愉悦感便是美的意义。

（二）内在意蕴

客观世界中的一切事物都是形式和内容的统一。雷州傩舞作为一种复杂的文化系统，不仅给人们带来感官上的刺激和愉悦，而且在精神和心理层面有着更为深刻的意义追求。

1. 生命意识的表达：生存和繁衍

生命繁衍和生命意识在民俗活动中是绝对主题。雷州傩舞借助具有感官冲击力的面具、音乐等，以表达人希望控制现实、主宰命运的强烈愿望；傩舞的成长吸收了道教文化的养分，其中有一些角色形象如长者、仙、神等，代表着超自然的生命存在，他们通常以神秘、庄重的方式出现，通过傩舞的表演形式，体现了人们对生命的尊重。这是一种原始的生命冲动和生命意识，出于对生命本体的关注、尊重生命的观念，人们常通过仪式来祭拜神灵从而祈求子嗣繁衍、长命百岁，这些朴素愿望与人们的生活息息相关。

"傩文化是人类最早发挥本体精神力量，借助巫术手段向极端恶劣的自然环境索取起码的生活条件，拓展生存空间，进行两种互为关联的生产活动——物质的生产和人口的繁殖，从而展示人类早期生命的价值。"[①] 可以说，傩文化及傩舞体现了人类在早期借助巫术和宗教信仰寻求精神慰藉，积极探索人如何活着、更好地活着这一根本命题。不管是在劳动实践还是在祭天祀神等活动中，傩舞作为一种原始的舞蹈，是先民最真诚和狂热的生命意识的体现，凝聚着原始人们的情感思想和生命信仰。

因此，雷州傩舞通过表现各种神灵、人物以及自然界动物等生命形象，传达出人们对生命的尊重和崇敬，生命之美被催化出来，带来深厚的感触。这种表现形式既展现了生命的力量和光彩，又传递了人们对生命的感悟和态度，是一种反映生命意识的文化表现形式。

2. 象征：实现人神交感

巫术的世界是一个象征的世界，世界的象征化是最初的符号创造活动。人与神的交感互动是傩舞或傩仪得以进行下去的依托，人神交感又依托于象征空间。

马林诺夫斯基认为："一切原始社会……都很显然地具有两种领域：一种是神圣的领域或巫术与宗教的领域，一种是世俗的领域或科学的领域。"[②] 雷州傩舞通常在寺庙、祠堂等宗教祭坛中进行，这些场所被视为神与人之间沟通的象征空间，更是傩文化的核心地带。通过象征的符号或系统，可以将世俗的一切引向神域，实现神圣领域与世俗领域的沟通、由人向神的转变，以神的旨意进行仪式。

搭建起沟通神域的象征空间的首要步骤是"开坛迎神"，坛场、神灵的塑

---

① 曲六乙，钱茀. 中国傩文化通论 [M]. 台北：学生书局出版社，2003：24.
② 马林诺夫斯基. 巫术科学宗教与神话 [M]. 李安宅，译. 北京：中国民间文艺出版社，1986：64.

像牌位、经文咒语等都是象征符号，也显示着其内在的文化意义和空间观念。献祭是实现人和神沟通的桥梁。人们常会准备纯色全体牲畜等用以供奉，以获取神的祝福和庇护。这种象征符号实际上是想表达一种生命力的传递，人们通过分享和"消灭"这些带有神的气息的食物，和神沟通，或得到神的庇佑和祝福。①

此外，傩面具是傩舞的标志性符号，其外形和意义的组合就是被象征化的过程。傩面具的能指是色彩丰富、夸张写实的造型，而这个形象内隐的文化意义是集图腾象征（崇雷文化意象）、神祇象征（神性意义和神性意愿的传达）以及氏族象征（不同氏族的族群记忆和氏族之间文化差异）为一体的表达系统。②"戴上面具是神，摘下面具是人"，人们借助傩面具的符号形式，在神和人之间转换，在想象与现实之间游弋。

直观形式的背后蕴藏着深刻的象征意义，由直观形式出发探寻本体的深层意义才是审美的应有之义。雷州傩舞通过由一系列象征符号构成的象征空间，实现人神交感，将神灵与人类世界具体联系在一起，也寄寓趋利避害的吉祥愿望，希望能在这一场仪式中"靠近"神灵，接受着神的洗礼，祈求诸事顺利等。这些都是傩舞审美意蕴的重要组成部分，满足人们精神心灵的审美需要。

3. 功利与审美：祈福求吉和精神诉求

马克思主义唯物实践观认为，文学、艺术起源于以物质生产劳动为基础的原始人的生存活动。普列汉诺夫以印第安人绘画文字为例子，认为他们用绘画文字表现的思想通常是同狩猎、战争和其他各种日常的生活事务有关。既然文学、艺术的发生源于物质生产劳动，与人们的生存、观念和利益相关，其原发性就并非简单的精神追求，而是具有强烈的目的性和功利性。

在生产力低下的原始社会，人类关注物质生产、自身繁衍以及躲避大自然的侵袭，原始艺术不是人类有意的创作，而是附属于某种实用目的之上。食必常饱然后求美，只有满足了物质需要，才能有美的追求。可以说，审美性特征源于实用性功利性质。

---

① 曾华美. 湛江傩舞空间的文化解读 [J]. 民艺，2018 (6): 30 – 34.
② 易丽清. 传统与现代的对望：艺术人类学视野下湛江傩舞当代文化价值探析 [J]. 舞蹈，2021 (3): 78.

百越人崇尚鬼神，普遍有文身习俗。据《汉书·地理志》载："文身断发，以避蛟龙之害。"①　"越人常在水中，故断其发、文其身，以象龙子，故不见伤害。"②　在原始社会，文身是图腾崇拜的产物，避害是文身最初的实际功用。但现代的文身是人体的一种装饰。此外，祭祀神灵或祖先的歌舞仪式无一不是出于一种功利性目的。雷州傩舞是一种祈福求吉的民俗仪式和人们借以寄寓愿望的场所，同时这种期盼能够显现出人的积极向上的本质力量，体现了人们对美好生活的追求、强烈的生命意识和生存扩展意识。其审美行为已经跨出原来意义上的实用功能，确立其审美内蕴的同时也融入了人类的精神情感。

总的来说，雷州傩舞的艺术特征反映了雷州人民的审美旨趣，其内在意蕴体现出他们对生命生存的理想寻求、对宇宙的感知和对人自身的探索。这是人类有目的、有意识的自觉活动，是根据美的规律来建造的结果。

四、雷州傩舞文化价值

任何文化的产生和发展都不是毫无意义的，都具有其存在的特殊价值。雷州傩舞作为社会文化发展的重要组成部分，可以直接或间接地反映雷州地区的历史与文化的发展与变迁，为了解雷州半岛的民族、文化融合提供重要佐证。雷州傩舞经过上千年的演变，从最初旨在超越人类限制与神灵对话、实现某种愿景的仪式，逐渐转变为具有较强观赏性和娱乐性的民俗活动，用以表达人们的思想情感和精神诉求。

雷州傩舞凝聚了人们美好而朴素的愿望，体现着本土人民的文化价值观和审美理想。奥斯曼言："文化记忆是一个集体概念，即借助一个社会的互动框架指导所有的行为和经验的知识，一代代都在重复不断的社会实践中获得的知识。"③　在文化的传承和发扬中，人一直是最重要的纽带。每一代人的思想和灵魂都融入代代相传的文化中，因此它才有了抽象而不可捉摸的特质，同时让人敬畏。

然而，社会发展犹如高速列车，需要保护的东西如薄纸一般岌岌可危。

---

① 班固. 汉书·地理志 [M]. 北京：中华书局，1962.
② 班固. 汉书·地理志 [M]. 北京：中华书局，1962.
③ 奥斯曼. 集体记忆与文化身份 [J]. 陶东风，译. 文化研究，2011（11）：3-10.

保持文化自信的同时是否应该担心传统文化的断代？文化自觉不仅要求每个民族重新审视自己和他人的文化，而且是保护文化多样性和保护非物质文化遗产的重要前提条件。

傩舞的内容和形式相对固定，其表演形式严格遵循程序、仪式，这虽是其特色的体现，但若要获得长久发展，还是应该在保留本真的同时，反映当下的现实生活，毕竟没有创新就没有发展。在傩舞传承和发展的过程中，传承人也是保证其经久不衰的重要因素之一。但就目前的情况来看，傩舞这种传统的艺术形式面临着技艺失传、后继无人的问题。加之西方文化和现代文化的影响，"西风"渐行，很多人对传统文化存在认知偏失。

加大力度宣传或靠文化自觉来保护"非遗"是远远追不上它衰落甚至是消失的速度的。非物质文化遗产应该得到保护和继承，但它的生存是一个创新和发展的问题。人们的生活环境、文化需求、生产和生产技术都发生了变化，更重要的是，整个文化生态发生了变化。如果不适应新的文化生态，非物质文化遗产项目的生存就危在旦夕。因此，物质产品和精神产品都受到市场经济基本规律的影响和制约。在当今经济社会和商业化社会中，艺术生产要想得到更长足的发展，就必须保持自身的独立性和独特性，融入大众市场之中。

作为古代傩文化的一部分，雷州傩舞是集多元文化于一体的傩仪风俗，不管是自然崇拜、图腾崇拜、祖先崇拜，还是道教文化的浸润，其功能都是驱鬼逐疫、消灾纳吉，体现了人们的宗教信仰、精神文化，浸透着粤西民众期盼风调雨顺、祈求国泰民安的美好祝愿。

即使如今那种"通神术"和"万物有灵"思维不复存在，但雷州傩舞的影响和背后的文化意蕴依然存在，每年举行的傩舞活动成为一种集体文化和文化记忆，通过世代传承，传递着信仰和精神，引领着每一代人的价值取向。随着科学技术的发展，人们的认知不断深化，过去刀耕火种的生活方式发生了巨大的变革，雷州傩舞的生存空间逐渐狭小，面临着严峻的考验，因此对傩舞的保护和传承任重而道远。

广东省遂溪县地先秦之族属问题

蔡　平

　　遂溪县地之归属，以秦始皇三十三年（前214）略取岭南地区置桂林、象郡、南海三郡为界线，此前可称为遂溪县的前象郡时期。象郡之前，各类旧籍及近现代学者之著述主要从政区地理和越族族群分布地两个视角予以记述。

　　先看政区地理视角的记述。今传世隋以前正史部分对于遂溪县地所属最早始于汉合浦郡徐闻县，至唐代史家修史方始追溯至秦置象郡以前。唐贞观时期房玄龄等一班史臣所修《晋书》，虽为晋代之史，但是体现了唐初史家的地理观念。该书《地理志》云："交州，《禹贡》扬州之域，是为南越之土。"① 其后《新唐书》《明史》《清史稿》有类似之说。《新唐书》卷四十三《地理志》："岭南道，盖古扬州之南境。"② 《明史》卷四十五《地理志》："广东，《禹贡》扬州之域及扬州缴外。"③ 《清史稿》卷七十一《地理志》："广东，《禹贡》扬州之南裔。"④ 地方志之记述也是地理视角的。《雍正广东通志》卷五《沿革》："遂溪县，唐虞，南交；三代，荆扬之南裔。"⑤ 《道光

　　基金项目：广东省哲学社会科学规划学科共建项目"明清及民国《石城县志》纂修与版本系统研究"（GD20XTS08）；湛江市哲学社会科学规划项目"湛江通史简编"（湛江社科规划〔2014〕11 号）；广东海洋大学人文社会科学研究项目"湛江历史政区地理与族群研究"。

　　作者简介：蔡平，文学博士，广东海洋大学文学与新闻传播学院教授，主要研究方向为中国古代文学及岭南史地与文化。

　　① 遂溪县地所属之徐闻县，为晋交州合浦郡所领。房玄龄，等.晋书：第二册［M］.北京：中华书局，1974：464.

　　② 遂溪县地在唐代为岭南道雷州海康郡所属。欧阳修，宋祁，等.新唐书（一）［M］.长沙：岳麓书社，1997：671.

　　③ 明代遂溪县属广东布政司雷州府。张廷玉，等.明史：第四册［M］.北京：中华书局，2000：1132.

　　④ 遂溪县地于清代为广东省雷州府所属。赵尔巽.清史稿：第九册［M］.北京：中华书局，1977：2269.

　　⑤ 郝玉麟.雍正广东通志［M］.雍正九年刻本//广东省地方史志办公室.广东历代方志集成·省部（十一）.广州：岭南美术出版社，2009：156.

广东通志》卷三《郡县沿革表一》："雷州府，禹贡扬州南境，秦为象郡地。"① 《万历雷州府志》卷一《沿革》："《禹贡》属扬州，为南缴荒服。春秋战国属楚。"② 《康熙雷州府志》卷一《舆图志》："《禹贡》属扬州，为南缴荒服。春秋战国属楚。"③ 这两种府志在称述语言上完全相同。至《嘉庆雷州府志》，其卷三《沿革》所谓"遂溪县：唐虞，南交；三代，荆扬之南裔"④，则与《雍正广东通志》全同。遂溪县旧志，只有清代修成两部并得传世。前者修成于康熙二十六年（1687），其卷一《沿革》甚为简略，且不言两汉前之归属。后者修成于道光二十八年（1848），其卷二《沿革志》述秦置岭南三郡之前，以相对较长一段文字述遂溪地归属，并引史料为证：

> 按史迁《颛顼记》曰："北至幽陵，南及交趾，莫不底属。"遂邑在交趾之东，与中土较近，可知五帝时已通声教，特地处边缴，未尝专为置吏，故无可考耳。陶唐属南交。《书》曰："申命义叔，宅南交。"《注》谓南交，南方交趾地也。虞夏属荆扬南裔，按之地舆，属扬州较多，当时僻壤边隅，禹迹所未至。商周仍之。春秋时在楚越之交。战国时越王无疆为楚所灭，属楚而地在边缴。越诸族子奔居岭南，各称君长，号百粤（粤与越通）。⑤

这段话前半部分不过是对《雍正广东通志》《嘉庆雷州府志》相应表述的变相重复，其异者是改"三代荆扬之南裔"而为"虞夏属荆扬南裔"。虞乃夏之前的朝代，虞之时天下是无所谓九州之概念的，故"虞夏属荆扬南裔"便是一个常识错误了。后半部分所谓"春秋时为楚越之交""战国时……属楚而地在边缴"，则又是一个常识问题。遂溪县地所在的雷州半岛在春秋时期何以成为楚越之交呢？这种表达的义旨是很确定的，意即遂溪既可称作楚之南

① 阮元修，陈昌齐，等. 道光广东通志 [M]. 道光二年刻本//广东省地方史志办公室. 广东历代方志集成·省部（十四）. 广州：岭南美术出版社，2009：97.
② 欧阳保，徐应乾. 万历雷州府志 [M]. 明万历四十二年刊本，日本藏中国罕见地方志丛刊本.
③ 吴盛藻，洪泮洙. 康熙雷州府志 [M]. 康熙十一年刻本//广东省地方史志办公室. 广东历代方志集成·雷州府部（一）. 广州：岭南美术出版社，2009：328.
④ 雷学海，陈昌齐. 嘉庆雷州府志 [M]. 嘉庆十六年刻本//广东省地方史志办公室. 广东历代方志集成·雷州府部（二）. 广州：岭南美术出版社，2009：122.
⑤ 喻炳荣，朱德华，蔡平. 遂溪县志 [M]. 北京：方志出版社，2017：28.

界，又是越之北界，雷州半岛是中国大陆最南端，越在哪里？难道指海南岛？还是指雷州半岛之外的大海？至战国时，更明确为"属楚"，这里属楚，哪里属越呢？难道越尽为楚所有？加上前半部分有"遂邑在交趾之东，与中土较近"，不能不说这段以按语形式出现的文字基本无一句可信之言，即便是引文也多查无出处。

历代地理总志亦有从地理归属称述者，但较少。《皇舆表》卷十二："雷州府，唐虞，《禹贡》扬州之南裔；夏，扬州之南境，为南越地；商，扬州之南境，为南越地；周，扬州之南境，为南越地。"① 洪亮吉《乾隆府厅州县图志》卷四十二："雷州府，《禹贡》扬州南境。"② 《大清一统志》卷四百五十一："雷州府，《禹贡》扬州南境。"③ 这是为数不多的几家地理总志之说。从上述正史之地理志、地方旧志、历代地理总志记述看，其共同点是将遂溪县地之归属与《禹贡》扬州扯上关系。不过它们在关系用语上是有差别的，这些用语包括"扬州之域""扬州之南境""扬州之南裔""扬州缴外""属扬州""荆扬之南裔"等。这些用语之表义大致可分三个层次：一是"属"，即在《禹贡》扬州境内，也可理解为一定程度上是实际控制的部分；二是"南境""南裔"，二者都是南部边境的意思，但有细微差别，前者相对后者显得与中心稍紧密，而后者则相对疏远；三是"缴外"，意即边界以外、域外、国外，与《禹贡》之扬州不构成地缘关系。对此，杜佑等《通典·州郡十四·古南越》说得十分明白：

　　自岭而南，当唐、虞、三代为蛮夷之国，是百越之地，亦谓之南越，古谓之雕题，非《禹贡》九州之域，又非《周礼·职方》之限。《晋书》《隋书》并谓交、广之地位《禹贡》扬州之域。今稽其封略，考其镇薮，则《禹贡》《职方》皆不及此，故列于九州之外。在天文，牵牛、婺女则越之分野，兼得楚之交。汉零陵、桂阳，今

① 喇沙里，揆叙，等.皇舆表［M］.康熙四十三年内府刻本//李勇先.中国历代地理总志珍本文献汇刊：第三辑第六册.上海：上海科学技术文献出版社，2016：131.
② 洪亮吉.乾隆府厅州县图志［M］.乾隆五十三年至嘉庆八年刻本//李勇先.中国历代地理总志珍本文献汇刊：第四辑第八册.上海：上海科学技术文献出版社，2016：473.
③ 穆彰阿，潘锡恩，等.大清一统志：第十册［M］.上海：上海古籍出版社，2008：671.

始安之北境及始兴，皆宜属楚。①

　　杜佑等明确指出包括遂溪县地所在雷州半岛在内的岭南绝大部分地区，不在《禹贡》九州和《周礼·职方》之阈限，但亦有少部分除外，那就是"得楚之交"的桂阳郡。《汉书·地理志》："桂阳郡，高帝置，莽曰南平，属荆州。县十一：郴、临武、便、南平、耒阳、桂阳、阳山、曲江、含洭、浈阳、阴山。"② 桂阳以下各县分属于今广东韶关、清远，于明清则分属韶州府、南雄府、英德府、连州。《同治桂阳直隶州志》卷二《疆域》："元鼎六年，平南越，分南海郡北地三县来属。元封五年，立十三部刺史，郡隶荆州。十城：郴、便、耒阳、临武、南平、桂阳、阳山、曲江、浈阳、含洭。"③ 所谓"分南海郡北地三县"，是说汉武帝平南越国后，分原南越国之南海郡中处于北部的三县入桂阳郡。据后晓荣所考，"秦南海郡置县可考证者有番禺、龙川、揭阳、博罗、南海5县"④，这五县均不在桂阳郡内的岭南诸县境，故五县之外必然至少还有处于岭南北部的三县，三县为何，今不可考。桂阳郡虽为汉高帝时所置，汉武帝元鼎六年南海郡三县来属，但本在岭南而属桂阳郡桂阳、阳山、含洭、曲江、浈阳诸县，秦置岭南三郡前已为楚国所属，是楚国之南境⑤。五县中桂阳（今连州）、阳山、含洭（今连江下游）均为连江流经之地，曲江（今韶关）、浈阳（今英德）则是北江所流经之地。可以说汉之桂阳郡是兼跨南岭南北的一郡，汉荆州刺史部有二郡跨南岭南北，另一个是零陵郡。战国中后期楚之疆域向南延伸过岭至连江流域，秦始皇平百越五路大军中"处番禺之都"一路，即由此沿北江下番禺。对于这支秦军，《中国珠江文化史》一书作如此解释：

　　这支秦军从湖南出发，通过九嶷要塞，翻过五岭，顺珠江流域的北江而下，一路上几乎没有遇到太大的抵抗，很快达到珠江三角

① 杜佑，王文锦，王永兴，等．通典：第五册 [M]．北京：中华书局，1988：4910.
② 班固，颜师古．汉书：第六册 [M]．北京：中华书局，1962：1594.
③ 王闿运，王敛灏，等．同治桂阳直隶州志 [M]．长沙：岳麓书社，2011：17.
④ 后晓荣．秦代政区地理 [M]．北京：社会科学文献出版社，2009：437.
⑤ 蔡平．先秦岭南的政区归属 [J]．齐鲁学刊，2012（3）：46－52.

洲的腹地，并占领了番禺。五路大军以这支秦军进军最为顺利。①

　　这支秦军确实是进军相对最为顺畅的一支，但所谓从湖南出发，所过之九嶷、五岭已是秦灭楚时从楚手里接过的，不存在百越人的抵抗问题，故显得十分顺利。如果一定要说秦置岭南三郡前，岭南何地已不属越人而属楚国，那只有汉桂阳郡南岭以南各县。遂溪县距离连江流域距离尚远，无论称其《禹贡》扬州云云，还是《禹贡》荆州云云，都是不着边际的。如果一定要将其与《禹贡》拉上关系，只能说"遂溪县，秦置岭南三郡前在《禹贡》荆州之缴外"。

　　再从越族族群分布地看，称述象郡前的遂溪县地，用语主要有"古越地（古粤地）""古百越之地"等，历代地理总志中绝大多数以此相称。称"古越地（古粤地）"者有：清缪荃孙辑《元和郡县志阙卷逸文》卷二："雷州，古越地也。"② 宋王象之等《舆地纪胜》卷一百十八："雷州，古越地也。"③ 宋祝穆等《方舆胜览》卷四十二："雷州，古越地，牵牛、婺女之分野。"④ 元刘应等《大元混一方舆胜览》卷下："雷州路，古越地。"⑤ 明刘基等《大明清类天文分野之书》卷七："雷州府，古粤地，牛女之分。"⑥ 明陈循《寰宇通志》卷一百六："雷州府，古粤地，天文牛女分野。" 明李贤《天下一统志》卷八十二："雷州府，古粤地，天文牛女分野。" 明张天复《广皇舆考》卷八："雷州府，古粤地，星躔牛女分野。" 另外，又有明廖世昭《志略》、明程道生《舆地图考》、明陆应阳《广舆记》、明程百二《方舆胜略》、明潘光祖《汇辑舆图备考全书》、清程晴川《广舆古今钞》等，均称雷州府"古粤地"。"古粤地""古百越之地"之内涵是相同的，只是称谓不同而已。但二者相较，还是有细微差别的，称"百越"似乎更具体，称"越"则相对模

　　① 黄伟宗，司徒尚纪.中国珠江文化史：上［M］.广州：广东教育出版社，2010：430.
　　② 缪荃孙.元和郡县志阙卷逸文［M］//李吉甫撰，贺次君点校.元和郡县图志：下.北京：中华书局，1983：1086.
　　③ 王象之，李勇县.舆地纪胜：第七册［M］.成都：四川大学出版社，2005：3797.
　　④ 祝穆，祝沐，施和金.方舆胜览：中［M］.北京：中华书局，2003：759.
　　⑤ 刘应，李原，詹友谅.大元混以方舆胜览：下［M］.成都：四川大学出版社，2003：708.
　　⑥ 刘基，等.大明清类天文分野之书［M］.明洪武年间刻本//李勇先.中国历代地理总志珍本文献汇刊：第一辑第一册［M］.上海：上海科学技术文献出版社，2016：424.

糊，而且会存在歧义。① 称"百越之地"者有：宋欧阳忞《舆地广记》卷三十七："雷州，古百越之地。"清顾祖禹《读史方舆纪要》卷一百四："雷州府，古百越地。"清茹铉《王会新编》："雷州府，古百粤地，牛女分野。"称"百越之地"肇自《通典》，如前所引；称"粤（越）地"，始于《元和郡县图志》。二者几乎同时而以杜佑年岁稍长，书成亦早。比较诸家之说，仍以《通典》"是百越之地，亦谓之南越"为最可取。

称遂溪县地于先秦为"越地"或"百越之地"都是正确的表述，但总嫌笼统。这里有两点需要指出：一是"百越不是一个单一的民族名称，而主要是泛指我国东南和南部地区众多民族的泛称"②；二是"百越所居之地甚广，占中国东南及南方，如今之浙江、江西、福建、广东、广西、越南或至安徽、湖南诸省"③。"百越"一名，首见于《吕氏春秋·恃君览》，其云："扬汉之南，百越之际，敝凯诸、夫风、余靡之地，缚娄、阳禺、驩兜之国，多无君。"④ 何光岳对"敝凯"等国名一一作了对应今地的解释，认为"杨、汉即今湖北房县杨子及汉水以南。百越当时分布于汉水下游南至湘江流域一带，海遍布于长江以南及岭南、滇黔各地"⑤。这是一个几乎遍布今南半部中国的广大区域。《汉书·地理志》颜师古注引臣瓒之语曰："自交趾至会稽七八千里，百越杂处，各有种姓。"⑥ 此说在百越分布地域上较之《吕氏春秋》似更具体明确了，且在范围上也小了许多。但侯方岳、李景煜《滇越、掸、傣源流》一文又说："（百越）在地域上是从现在的云南西部及越南北部经广西、广东、福建到浙江绍兴几乎尽长江以南这样一个弧形地带，都是百越集团居

① "越""百越"含义是否相同，要看具体的语境。蒋炳钊认为"史书上出现的越（于越）与百越含义不同，越（于越）仅是百越中的一支，它是单一的族称，百越之称则包括了东南和南方地区的众多民族，是一个泛称。因而在百越这个广阔地区的众多民族，可以说都是来于一个源头——从越国（于越）迁去的。百越是同源的。"蒋炳钊. 关于百越民族来源问题的思考 [M] //东南民族研究. 厦门：厦门大学出版社，2002：30 - 31.

② 蒋炳钊. 百越族属中几个问题的探讨：兼论南越及其来源 [M] //中国百越民族史研究会. 百越史研究. 贵阳：贵州人民出版社，1987：21.

③ 林惠祥《中国民族史》之语. 蒋炳钊，吴绵吉，辛土成. 百越民族文化 [M]. 上海：学林出版社，1988：32.

④ 陈奇猷. 吕氏春秋校释：下 [M]. 上海：学林出版社，1984：1322.

⑤ 何光岳. 百越源流史 [M]. 南昌：江西教育出版社，1989：9.

⑥ 班固，颜师古. 汉书：第六册 [M]. 北京：中华书局，1962：1669.

住的地区。"① 这个划定的区域实际上已是五岭以南了。《汉书》中多有提及百越，但所指范围不一，《地理志》所谓"粤地，牵牛、婺女分壄也，今之苍梧、郁林、合浦、交趾、九真、南海、日南、皆粤分也"，则全指岭南，更确切地说是指汉置岭南七郡之地，即秦始皇平百越所置岭南三郡地。徐松石又认为越属于"海族"，乃分布东南近海地区。其曰：

> 《越绝书》说越人呼海为夷。夷即指海，越亦显然同义。古代以"夷"字称呼东方和东南方的人，即因他们属于海族。当时东方的海族称呼水为"阿夷越"，所以越字指水亦即指海，越人就是水上人或水滨人的意思。古代岭南土人称为南粤、扬粤和骆粤，表明他们每族只是百粤大家庭中的一部分而已。古代九夷百越的分布，均在近海近江的地区。②

如此则进一步将百越之居地范围缩小了。无论百越分布范围是指整个长江以南广大地域还是特指秦汉岭南之地，抑或是南方滨海之地，遂溪县地都毫无争议地位处其中。

对于百越究竟包括哪些民族，宋罗泌《路史》曰：

> 南越、越裳、骆越、瓯越、瓯隍、瓯人、且瓯、供人、海阳、目深、扶催、禽人、苍吾、蛮扬、扬越、桂国、西瓯、损子、产里、海葵、九菌、稽余、仆句、比带、区吴、所谓百越也。③

罗香林《古代百越分布考》一文分述于越、瓯越、闽越、东鳀、扬越、山越、南越、西呕、骆越、越裳、掸国、腾越、滇越、越巂、僰国、夜郎、夔越十七族。④ 蒙文通则据扬雄《方言》所载百越地区之不同"方言"，"合

---

① 侯方岳，李景煜．滇越、掸、傣源流［M］//百越民族史研究会．百越民族史论丛．南宁：广西人民出版社，1985：70.
② 徐松石．泰族僮族粤族考［M］//徐松石民族学研究著作五种：上．广州：广东人民出版社，1993：474.
③ 转引自李艳峰，曾亮．中国南方古代僚人源流史［M］．昆明：云南大学出版社，2016：26.
④ 罗香林．古代百越分布考［M］//中南民族学院民族研究所资料室．南方民族史论文选集（一）．武汉：中南民族学院民族研究所，1982.

百越各地之不同习俗论之，百越民族略可分为吴越（包括东瓯、闽越）、南越、西瓯、骆越四族"①。近现代民族史和民族学著述中，凡涉及百越者几乎都是分族而论：林惠祥《中国民族史》将"百越系"视为汉族来源之一，分于越、瓯越、闽越、南越、骆越、杨越、山越等②；陈国强等《百越民族史》分百越为句吴、于越、东瓯、闽越、南越、西瓯、骆越、山越等③；江应樑《中国民族史》分百越诸族为于越、句吴、瓯越、闽越、西瓯、南越、骆越、乌浒蛮等④；何光岳《百越源流史》分百越为于越、瓯越、闽越、干越、扬越、越章、骆越、滇越、越嵩、南越、山越、越裳等⑤；蒋炳钊等《百越民族文化》分百越诸族为句吴、于越、东瓯、闽越、南海、南越、西瓯、骆越、滇越、山越等⑥；王文光《百越的源流与分布》分百越为闽越、东瓯、西瓯、南越、骆越、越裳、滇越、掸、夜郎、山越等⑦。那么今遂溪县地在先秦时期究竟为百越中哪一支的分布区域呢？对此，正史之地理志、历代地理总志、地方旧志等几类可能涉及今雷州半岛地区为哪一支越人分布地的文献均未提及，倒是近现代学者著述中多有所指。概括起来，遂溪县地（外及整个雷州半岛地区）于秦汉以前究竟为百越的哪一支越人的分布之地，诸家大致有如下几种说法：

一是直言今雷州半岛地区为古骆越人分布之地。罗香林《古代百越分布考》：

> 骆越亦百越之一支，其居地殆东自广西南宁西南，下及广东雷州半岛，及海南岛，以达安南东北部中部，种人之盛，可知也。⑧

李艳峰等《骆越源流史》第一章"先秦和秦汉时期的骆越"之第三节

---

① 蒙文通．百越民族考［M］//越史丛考．北京：人民出版社，1983：17.

② 林惠祥．中国民族史［M］//蒋炳钊，吴春明．林惠祥文集：中．厦门：厦门大学出版社，2012：49－53.

③ 陈国强，蒋炳钊，吴绵吉，等．百越民族史［M］．北京：中国社会科学出版社，1988：76－324.

④ 江应樑．中国民族史：中［M］．北京：民族出版社，1990：268－284.

⑤ 何光岳．百越源流史［M］．南昌：江西教育出版社，1989：21－181.

⑥ 蒋炳钊，吴绵吉，辛土成．百越民族文化［M］．上海：学林出版社，1988：34－90.

⑦ 王文光．百越的源流与分布［M］．南宁：广西民族出版社，1993：10－28.

⑧ 罗香林．古代百越分布考［M］//中南民族学院民族研究所资料室．南方民族史论文选集（一）．武汉：中南民族学院民族研究所，1982：34.

"秦汉时期骆越的分布"引秦观《雷阳书事三首》（其一）"骆越风俗殊，有疾皆勿药。束带趋祀房，用史巫纷若"之诗句，以证"雷阳"（雷州）为骆越之地。① 蒋炳钊等《中国东南民族关系史》第三章"秦汉时期东南民族关系"认为：

> 骆越的分布地应在今广西西南部，广东雷州半岛，海南岛和越南北、中部。而贵县和茂名两地则是西瓯、骆越的杂居地。②

由覃彩銮编著的《壮族史》所持观点与蒋炳钊一致：

> 今南宁、横县、贵港、玉林、茂名一带为西瓯与骆越的错居之地，海南省、广东省的雷州半岛和广西的东南部，即今茂名至南宁的铁路线以南至越南中部，为骆越人居住区。③

《壮族史》据《旧唐书·地理志》"潘州"条所载"茂名，州所治。古西瓯、骆越地"，极为明晰地在西瓯和骆越之间划出了一条分界线，这条分界线就是今自广东茂名至广西南宁的铁路线以南，具体而言即东起茂名，向西经化州、廉江、陆川、玉林、兴业、贵港至南宁，除廉江为西瓯、骆越错杂区域外，今湛江所属其他地区均是骆越分布区域。所谓"古西瓯、骆越地"，意即茂名之地既有西瓯人又有骆越人分布，而这条线以北为西瓯人分布地，则比茂名更偏南、偏西的便只能是骆越人分布地。《旧唐书·地理志》此处揭示的信息是唯一与雷州半岛之地接近的族属分野之说，近现代学者主要据此展开考证和推测。徐杰舜等《岭南民族源流史》亦云："骆，又作雒，是百越中原住今广西、广东雷州半岛、海南岛，越南东北部、中部的重要一支，因开垦雒田而得名。"④ 又有学者认为骆越族分布之中心区域是在越南北部，雷州半岛是骆越的分布区之一："骆越族除在越南北部外，还散布在我国广西境内

---

① 李艳峰，赵永忠，阳举伟. 骆越源流史［M］. 昆明：云南大学出版社，2020：76.
② 蒋炳钊，吴绵吉，辛土成. 中国东南民族关系史［M］. 厦门：厦门大学出版社，2007：167.
③ 覃彩銮. 壮族史［M］. 广州：广东人民出版社，2002：51.
④ 徐杰舜，李辉. 岭南民族源流史［M］. 昆明：云南人民出版社，2014：162.

右江、邕江以南入海处及广东省的雷州半岛、海南岛一带。"①

　　二是今广东西南部是骆越的分布区域。从《中华人民共和国地图》和《广东省地图》来看，广东省的西南部主要指今湛江所在的雷州半岛地区，亦当包含今茂名市地。仅就广东省而言，今省内从地理方位上一般分为粤中、粤东、粤北、粤西几个片区，唯独没有"粤南"之称，雷州半岛地区更准确地应称为"粤西南"。如果将茂名指为粤西南，则处于茂名西南方的湛江更是名副其实的粤西南了，故诸家所说骆越分布于广东西南者，首先必定是指雷州半岛之地。林惠祥《中国民族史》谓："骆越亦称瓯越或西瓯，在今广东西南及安南。"② 该书林惠祥序于民国二十五年（1936）九月，书之完成至迟在这个时间，此时今广西北部湾沿岸地区为广东省政区所属，具体而言包括民国时期的钦县、灵山县、防城县、合浦县，又包含整个海南岛，查此时的民国地图，广东西南部应包括今海南岛、雷州半岛、广西北部湾地区。③ 陈国强等《百越民族史》说得更具体：

　　　骆越地理位置位于南越西部，西瓯南部，即今广西南部和西南部，广东西南部和海南岛以及越南北部。秦置象郡大抵包括了骆越分布的范围。郁江两岸的贵县和郁林等地被认为是西瓯和骆越的杂居地。④

　　此说较之林惠祥之说相对更准确、更明晰。王文光《百越的源流与分布》一书所言与此相近："骆越的分布地在南越之西，西瓯之西南，即今广西南部、西南部，广东西南部，海南省及越南北部。"⑤ 李艳峰、曾亮《中国南方古代僚人源流史》亦称："骆越的分布地当在南越之西，西瓯之西南，即今天广东省西南部、广西壮族自治区南部和西南部、贵州省东南部、海南岛，以及中南半岛东北部。"⑥《百越民族史》指出了骆越分布的北界在今广西玉林、

　　① 范勇.试论骆越非越［J］.贵州社会科学，1986（6）：57-62.
　　② 林惠祥.中国民族史［M］//蒋炳钊，吴春明.林惠祥文集：中.厦门：厦门大学出版社，2012：52.
　　③ 傅林祥，郑宝恒.中国行政区划通史［M］.上海：复旦大学出版社，2007：69-89.
　　④ 陈国强，蒋炳钊，吴绵吉，等.百越民族史［M］.北京：中国社会科学出版社，1988：251.
　　⑤ 王文光.百越的源流与分布［M］.南宁：广西民族出版社，1993：15.
　　⑥ 李艳峰，曾亮.中国南方古代僚人源流史［M］.昆明：云南大学出版社，2016：54.

贵港一线，由玉林向南延伸，由贵港向西延伸，便是张声震划定的西瓯、骆越边界。周宗贤述骆越地理之分布，则将广西柳江以西广大地区亦视为骆越分布之地："骆越部落的地理分布，是在广西柳江以西和郁江以南的广阔地带，也就是包括了现在的广西南部和西南部，广东的西南部和海南岛以及现在越南的北部地区。"① 柳江自北向南与红水河相汇曰黔江，再向南于广西桂平注入郁江，柳江—黔江一线大致将广西分为东西两半，这是将广西境内邕江以北、柳江以西的范围均作为骆越区域。黄启臣则将越南北部作为骆越的核心区域、广东西南部为骆越族的延伸区域。其曰："骆越国地主要是在交趾，即今天越南红河三角洲地区，但延伸到海南岛、广西南部和广东的西南部分地区。"②

另外，又有称今广东西部为骆越的分布区域者。如吴永章《黎族史》："骆越、骆民、瓯骆，属西越的一支，分布在今广东西部、海南岛、广西及越南北部一带。"③ "广东西部"与"广东西南部"虽只是一字之差，在所指范围上却有很大差别。以今之广东版图看，广东西部至少包括湛江、茂名、阳江、云浮四市以及肇庆、江门的西半部，实际上这个区域的东半部已是秦汉以前南越人和西瓯人的错居之地了。杨豪《岭南民族源流考》一书将此范围进一步拓宽至"广州以西的粤西"："今广州以西的粤西、桂东南与桂中、西地方暨海南岛和越南全境，也都明显是秦汉前后该骆越族人所聚居的基地。"④ 今广州以西包括佛山、江门、肇庆全境，这里大部分地区是南越的核心区域，既不是西瓯、骆越的错居地，也不是骆越的分布区，而称"是骆越族人所聚居的基地"，就更难使人知其所以然了。

仍有将骆越之分布地更为笼统地称及广东者，如石钟健《试证越与骆越出自同源》一文称"骆越分布在岭南和交趾"⑤，陈睿《论骆越与其后裔的文

① 周宗贤. 南方民族论稿 [M]. 南宁：广西民族出版社，1986：21.
② 黄启臣. 先秦岭南古越族土邦小国的社会性质 [M] //中国百越民族史研究会，广西壮族自治区文物局，广西文物考古研究所. 百越研究：中国百越民族史研究会第十三届年会论文集. 南宁：广西科学技术出版社，2007：82.
③ 吴永章. 黎族史 [M]. 广州：广东人民出版社，1997：7.
④ 杨豪. 岭南民族源流考 [M]. 珠海：珠海出版社，1999：76.
⑤ 石钟健. 试证越与骆越出自同源 [M] //百越民族史研究会. 百越民族史论集. 北京：中国社会科学出版社，1982：200.

化源流关系》一文称"骆越分布在广西、广东、贵州、海南岛及越南北部"①等，这些提法对于考察如遂溪县地这样某一个岭南具体地区秦汉以前之族属没有任何参考意义。

三是上古时期雷州半岛地区有损子、产里、临越等骆越人建立小方国。邱立诚《对雷州石狗文化研究的几点认识》一文认为，壮族（僮族）从古越族中的罗恩月人演变而来，其所保留的一些民风、风俗多少会带有古骆越人的历史印迹。商时期，雷州半岛一带已形成相当数量的古国、方国，"《逸周书·王会解》所载'损子、产里'即今湛江（含雷州半岛）、茂名与钦州、玉林一带，周时当属骆越，东汉时为乌浒"②。对于《逸周书·王会解》所提到的古方国分布地域，历代百越史研究著述多有不同解释，今雷州半岛地区为"损子、产里"等方国之地，只能存为一说。谭元亨认为，被秦灭国的蜀王制辗转南迁至骆越地，其子蜀泮称安阳王：

> 其后，安阳王吞并其南之交阯（在今越南北部），其东之不死（北朐、补遂、白州，今广西博白）、临越（雕题、黑齿近海外，今广东湛江、茂名、阳江等市以及云浮、江门两市一部分）、儋耳（今海南省）等小国逸民。秦以其地立象郡，但未能控制安阳王。③

此书注曰："诸小国均见《山海经》。"然《山海经》并无"临越"之名，不知出自何处。称今湛江之地的一部分为"临越"，大约也是一种推测。

四是今湛江一带是西瓯、骆越杂居之地。徐杰舜等将史籍中西瓯、骆越连称之地看作瓯、骆杂居区域："今广东雷州半岛、海南岛和广西东南的陆川、博白、玉林、贵港、灵山、合浦一带应是瓯骆（西瓯）和骆越两个部族的交错杂居地区。"④既然今两广及越南中北部为秦汉以前南越、西瓯、骆越之地，且各族所居均有一个核心地带，有两族甚至三族交错混居地带，为何

① 陈睿.论骆越与其后裔的文化源流关系［M］//中国百越民族史研究会，广西壮族自治区文物局，广西文物考古研究所.百越研究：中国百越民族史研究会第十三届年会论文集.南宁：广西科学技术出版社，2007：68.

② 邱立诚.对雷州石狗文化研究的几点认识［M］//陆勤毅，吴春明.百越研究：中国百越民族史研究会第十四次年会论文集.合肥：安徽大学出版社，2011：286.

③ 谭元亨.封开—广信岭南文化古都论［M］.广州：广东高等教育出版社，2004：29.

④ 徐杰舜，李辉.岭南民族源流史［M］.昆明：云南人民出版社，2014：164.

民族史家所论仅提西瓯与骆越的边界区（杂居地带），而无南越与骆越、西瓯的边界地带呢？又有一个疑问，通常情况下，两个族群相交地带往往呈线型分布，如何今偌大的雷州半岛、海南岛、广西东南部的团块区域也成为两族杂居之地呢？《旧唐书·地理志》所谓"古西瓯、骆越地"，莫非紧邻茂名的茂名东部地区亦是西瓯之地？此地将今雷州半岛地区与南越完全隔开？谢日万、何安益《桂南大石铲应是骆越人先民的文化遗存》一文也认为湛江一带是西瓯、骆越杂居之地：

> 历史文献记载中的西瓯、骆越属越族的不同支系，都有自己的地理活动空间，且部分相互重合。西瓯分布在今桂江流域和西江流域，骆越则在今左右江流域和越南红河流域，而广东西南部的湛江一带和广西南部的合浦、钦州一带则是西瓯、骆越杂居之地。……骆越人活动地域大致在广西南部、广东西南部、海南岛、越南北部地区，其中邕江、左右江流域一带应是骆越人的心腹地带，广西东南部、柳江东岸、广东西南部为西瓯、骆越杂居地。[1]

桂江流域在广西东北部柳江流域以东；西江在广西梧州至广东肇庆段，西江流域至少涵盖今广东肇庆市、云浮市地。那么，照此说法，广东境内西江流域以南的佛山、江门、阳江西部地区便应是西瓯与南越的交错之地，西江流域西南部的茂名便是西瓯与骆越的交错之地。在广西境内，桂江由北向南在梧州注入西江，其南为浔江—郁江流域，再往南就是玉林地区、钦州地区。柳江和桂江以大瑶山为分水岭，上述引文大致划定了西瓯、骆越的分界线，西瓯之西界为柳江东岸的大瑶山，大瑶山向西南延伸，过郁江南岸，铜鱼山东北—西南走向，大瑶山—铜鱼山以东恰是引文所划定的西瓯、骆越交错线地带。这一交错线与东部广东境内类似，将骆越地区与雷州半岛地区隔断了。由此可见，今雷州半岛西、北、东三面都是西瓯和骆越的错居之地，那么相对茂名、陆川、博白、合浦、钦州更南的雷州半岛便当然应是骆越之

---

① 谢日万，何安益. 桂南大石铲应是骆越人先民的文化遗存［M］//中国百越民族史研究会，广西壮族自治区文物局，广西文物考古研究所. 百越研究：中国百越民族史研究会第十三届年会论文集. 南宁：广西科学技术出版社，2007：159.

地了。然而，雷州半岛和海南岛与骆越中心区域的左右江流域、越南红河流域相距甚远，其族属是否骆越便令人生疑了，莫非骆越族有两个核心区域，另一个就是今雷州半岛和海南岛？

五是由地名判断今雷州半岛之地为古骆越人的分布区域。何光岳《百越源流史》云：

> 至今广东西部及广西分布着众多的冠以六、渌、禄、菉、绿、陆等地名，即雒之转音，当系骆人分布的遗迹，如云南有陆良，广东台山有六合、禄马，封川有六田、渌水，阳江有六平山，茂名有六双，德庆有绿滚等。此类地名，在广西几乎各县皆有，尤其密集于桂西、桂南、桂中一带，正与骆越水所分布的骆越人相一致。①

徐松石《粤江流域人民史》列出了更多的粤语地名："那""都""思""古""六（渌、逯、绿、菉、缘、陆）""罗""云""兰""布""摩""怀""麻""骂""容""利""梭""楞""夏""吞""吉""达""播"等。② 实际上这些古越语地名用字在整个岭南地区都有分布，甚至长江以南广大区域都能找到它们的痕迹。这就带来一个问题：难道上古南方越族各支系本是同源，后来不断融合分化，因居住地不同而出现语言上的差别，但一些基本词汇仍在不同区域的汉语方言和南方民族语言中有所保留？

仅从何光岳所列一组地名用字看，据《湛江市地名志》③，"六"字地名在湛江地区还是比较多的，如"六坑"（麻章区太平镇）、"六余"（雷州市白沙镇）、"六尾"（雷州市客路镇）、"坡六"（雷州市唐家镇）、"边六"（雷州市英利镇）等，其中的"六"字多为"山地""山坡"之义，且多由"禄"而转，说明"六""禄"二字同音同义。又有"六环"（廉江市塘蓬镇）、"六深"（廉江市塘蓬镇）、"下六"（遂溪县下六镇）、"六黎"（徐闻县城南乡）等，《湛江市地名志》未视之为古越语地名，而是作其他解释，这些地名

① 何光岳. 百越源流史［M］. 南昌：江西教育出版社，1988：103.
② 徐松石. 粤江流域人民史［M］//徐松石民族学研究著作五种：上. 广州：广东人民出版社，1993：189.
③《湛江市地名志》编纂委员会. 湛江市地名志［M］. 广州：广东省地图出版社，1989.

多集中于雷州半岛地区，大多当为古越语地名。"禄（菉、绿、渌、碌）"字地名在湛江分布也较广，包括"禄齐"（徐闻县前山镇）、"禄家"（徐闻县下桥镇）、"保禄"（雷州市英利镇）等，《湛江市地名志》均解释为"古越语为山村"。仍有"禄寿"（徐闻县曲界镇）、"禄切"（雷州市调风镇）、"禄高"（廉江市覃斗乡）、"凌禄"（廉江市营仔镇）、"禄地"（廉江市车板镇）、"梅菉"（吴川市梅菉镇）、"碌西"（吴川市王村港镇）等，当与"六"字地名情况一致，大部分应为古越语地名用字。张声震主编的《广西壮语地名选集》①，虽名为"选集"，但也选入广西除桂林等少数地区以外的大多数市县之壮语地名，应该说是具有代表性的，书中"六"字地名有 100 多个，除个别作其他解释外，其他均释"六"为"山谷"义，这与《湛江市地名志》中"六"字地名的解释应该是比较一致的。《壮语地名选集》中有"禄""绿""渌""碌"字地名近 30 个，无一例外地都释为"山谷"，分布于河池、百色、南宁、崇左、钦州等地，其中百色地区最多。由于"壮族是由春秋战国时期的西瓯、骆越发展而来，其间经过了不断地分化、重组，并融合了其他一些民族成分而形成的"②，故从壮语地名可以推知古西瓯、骆越的大致分布区域。从《广东省今古地名词典》看，今肇庆市高要区有"禄步镇"，该书释为"古越语'禄''六'音通，意为山地"③，高要在西江流域，应属西瓯之地。这是除湛江以外广东唯一被解释为古越语地名的个例，虽然亦有几例"禄"字地名，相比湛江地区和广西则显得微不足道。由此可见，"六""陆""禄"等地名集中分布于骆越和西瓯，而尤以骆越地区为多。

　　谭元亨《封开—广信岭南文化古都论》一书除了提到"六"字地名外，还提及"那"字地名，他将这些字看作是"非汉语因素"："百越语究竟是什么样子，现在已经难以考证。惟一的'化石'，是一部分地名中所保存的非汉语因素。"④《湛江市地名志》中收"那"字地名近 70 条，是该书中所有含古越语因素地名中最多的。"那"字地名在《广西壮语地名选集》中有 449 条，也是壮语地名中数量最多的。对照两本地名工具书可以发现，其中有不少地

---

①　张声震. 广西壮语地名选集［M］. 南宁：广西民族出版社，1988.

②　张声震. 壮族史［M］. 广州：广东人民出版社，2002：50.

③　《广东省今古地名词典》编委会，《广东省今古地名词典》编辑部. 广东省今古地名词典［M］. 上海：上海辞书出版社，1991：600.

④　谭元亨. 封开—广信岭南文化古都论［M］. 广州：广东高等教育出版社，2004：96.

名是相重的，既有一省之内的相重，也有两省之间的相重。如湛江本土地名相重者为"那良"，有3个，分属麻章区湖光镇、廉江市石城镇、吴川市吴阳镇。广西亦有多个"那良"村，分属于河池地区大化县、河池地区河池市、百色地区田东县等。二书释"那"之义均为"田"。在广东境内，湛江以外其他地区也有"那"字地名，《广东省今古地名词典》收录13条，其中只有2例释作古越语地名，即"那伏"（新会）、"那务"（化州）。这些地名从地理分布上看，主要在今江门、阳江、茂名三市，而且多在沿海地带，粤中、粤北、粤东无一例。其中大部分应与雷州半岛和广西一致，作为古越语地名的非汉语因素。单从"那"字地名的分布区域看，还不能说这些地区均是古骆越、西瓯之地。

再看另外一个在岭南分布较广的"麻"字地名。《湛江市地名志》收编"麻"字地名21个，包括本为"麻"字地名而后改的"墨城"（由"麻城"改，雷州市白沙镇）、"韶山"（由"麻烈"改，雷州市附城镇）、"马铁"（由"麻铁"改，雷州市松竹镇）、"文亚"（由"麻亚"改，麻章区民安镇）、"文丹"（由"麻丹"改，麻章区民安镇）、"文参"（由"麻参"改，麻章区东山镇）、"文相"（由"麻送"改，遂溪县洋青镇）、"文车"（由"麻车"改，遂溪县黄略镇）等。这些地名除个别可能被曲解外，大多数释为"村"。其分布比较集中，主要位于今湛江城区的坡头区和麻章区、雷州市、遂溪县、徐闻县。坡头区明清时为吴川所属，"麻"字地名有"麻斜""麻弄""麻登""麻俸"等，除廉江市外各县市均有分布。《广西壮语地名选集》收录广西"麻"字地名相对较少，只有7个，且均在河池地区南丹县。南丹县在贵州省北部，北接贵州省正南部的独山县界，属红水河流域。虽然《广西壮语地名选集》所选广西壮语地名并不全，但是也大致反映了"麻"字地名在广西分布的现状。南丹县距离被认为是骆越主要分布区之一的右江流域尚远，这里不应是骆越的分布区，更不是西瓯的分布区。而右江流域的百色、南宁，左江流域的崇左均不见"麻"字地名。自南丹县至雷州半岛，更是远隔千山万水，中间亦无一例"麻"字地名，这是一个非常奇异的地名文化现象。相对广西壮族自治区，广东省内湛江以外地区也有一些"麻"字地名，《广东省今古地名词典》编录有十几例，却无一解释作"村"义，有的释为"密密麻麻"，有的解作"黄麻"，有望文生义之嫌，其中一些"麻"字必有古越语因素。这些地名的分布区域是没有规律的，自粤东的梅县，经河源、惠阳、增城、东莞、南海、顺德，至粤西的恩平、电白，与湛江地区的"麻"字地名相接。从两广地区的分布看，并不能视"麻"字为古越语地名用字。

还有一个"调"字地名，《广东省今古地名词典》湛江以外地区、《广西壮语地名选集》均不见有此类地名，可以说是今湛江地区独有的。《湛江市地名志》收录"调"字地名近 30 个，分布于湛江城区的赤坎、坡头、麻章，徐闻县，雷州市，遂溪县，吴川市，其中以麻章区和雷州市分布最多。其释义多样，古越语主要作"坡地"解。如果"调"确为古越语地名用字，为何仅仅分布在雷州半岛地区，这又是一个奇异之处，从这一类地名仍无法作出湛江之地秦汉以前的族属判断。

从以上分析或可形成这样的认识，即古越人有不同支系，这些不同支系的越人均有不同的主要分布区域。雷州半岛地区分布着一支越人，在历史发展过程中不断有外族内迁、本族外徙，民族融合也相应带来了语言的变异，今湛江地区众多的含有古越语因素的地名用字由此形成。这些古越语地名用字是在不同历史阶段产生的，有的与骆越发生关系，有的与西瓯发生关系，有的与南越发生关系，有的与西南族群（夜郎、滇越、越嶲等）发生关系。故指称今湛江地区秦汉以前的族属，不能断为属骆越还是西瓯，而应以古百越人为当。

六是称骆越的分布不涉及雷州半岛地区。蒋廷瑜《西瓯骆越青铜文化比较研究》一文的表述最有代表性，其曰：

> 骆越人活动的时代大致是从战国至东汉时期，活动地域包括汉代的郁林、珠崖、交趾、九真等郡。汉代郁林郡在今广西南部，珠崖郡在今海南，交趾郡在今越南北部红河流域，九真郡在今越南清化、义安地区。因此，骆越活动地域在西瓯之西，大体相当于左江流域、右江流域、邕江——郁江流域、海南以及越南北部红河流域。今广东的茂名，广西的陆川、博白、玉林、贵港、灵山、合浦一带应是西瓯、骆越的交错杂居地区。①

---

① 蒋廷瑜.西瓯骆越青铜文化比较研究［M］//桂岭考古论文集.北京：科学出版社，2009：71.

蒋廷瑜划定的西瓯、骆越错杂地区包括今广东茂名，广西东南部的玉林、钦州、北海三市地。这些地区东端为茂名，西端为合浦，恰在北纬21度8分线上，可又越过了这条线中部的化州、廉江，刚好越过了今整个湛江地区，他显然不认为今湛江之地为西瓯、骆越交错杂居地区。他在另一篇题为《先秦越人的青铜钺》的文章中又一次强调"骆越在西瓯的西南，主要是我国广西境内的左右江及西江流域，至越南的红河平原"[1]。这里划出的骆越主要分布区域大致是一个菱形地带，右江自西北向东南在南宁附近与西南—东北流向的左江汇流，自南宁向东直至广东虎门注入南海，其间分段为名，依次是邕江、郁江、浔江、西江、珠江，故称骆越分布于西江流域是不确切的，应为邕江、郁江流域，大致为贵港以西地带。左江源于越南高平省，在越南境内称"平江"，是广西境内唯一源于越南的河流。在左江流域及右江以南，自东向西依次是呈东北—西南走向的十万大山、四方岭、西大明山等，延伸到越南境内，成为左江、右江与越南红河中下游流域的分水岭。右江流域和越南红河流域之上源均出自我国云南省，应是滇越之地了。骆越分布的主要区域形状类似一片树叶，其根部为郁江—邕江河谷两侧，由左江和右江向外延展，而偏于越南一侧区域更广，偏于右江北侧则较狭。与右江大致同为西北—东南走向的红水河流域已不是骆越主要分布区了，至多也是骆越与夜郎或越嶲的交错杂居地带。而自南北流向的融江—柳江—黔江则是西瓯与夜郎、越嶲的错居地带。

吴春明《从百越土著到南岛海洋文化》一书的观点与蒋廷瑜之说是一致的："一般认为，西瓯活动于南岭以南、南越族以西，今广东东部的西江干流和北部的桂江流域，骆越活动于左右江流域所在的广西西南部和红河下游所在的越南北部。"[2] 另有不少学者将骆越分布范围更向南移，限定在广西左江流域至越南红河三角洲一带，张雄称海南岛也是骆越分布地区，夹在中间的雷州半岛不明所指，海南岛似乎成了骆越的一个飞地。[3] 今有关百越民族史或

① 蒋廷瑜.先秦越人的青铜钺［M］//桂岭考古论文集.北京：科学出版社，2009：97.
② 吴春明.从百越土著到南岛海洋文化［M］.北京：文物出版社，2012：77.
③ "骆越，其分布范围大致在今广西壮族自治区左江流域至越南红河三角洲一带地区，还包括海南省地区。"见胡绍华.中国南方民族发展史［M］.北京：民族出版社，2004：293."骆越的活动区域在汉郁林郡南部及交趾、九真郡地，即今我国广西左江流域至越南红河三角洲一带。"见张雄.中国中南民族史［M］.南宁：广西人民出版社，1989：32；蓝达居.百越海洋人文与福建区域人文模式［M］//中国百越民族史研究会，广西壮族自治区文物局，广西文物考古研究所.百越研究：中国百越民族史研究会第十三届年会论文集.南宁：广西科学技术出版社，2007：48.

中国南方民族史等著述中，论及岭南越族，往往南越单独立说，西瓯和骆越合在一起论述，今湛江地区被称作"中国大陆的最南端"，与南越无关，与西瓯的关系至多被表述为西瓯、骆越的交错杂居之地，既然将骆越分布之地说成越南北部、广西左右江流域、海南岛，看起来跟今雷州半岛地区都没有什么直接关系。然而，这样一个处于南越、西瓯、骆越之边地的雷州半岛，其秦汉之前居民也总该有个大致的族属，事实上指为任何一个百越支系都不太能够令人信服。

文人著述考论

张缙彦《依水园诗集》版本考述

刘　刚

　　张缙彦（1599—1670），河南新乡人，字濂源，以"坦公"号行，晚辈亦有尊称其"坦翁"者①。张缙彦在明代以进士入仕，是崇祯朝最后一任兵部尚书，入清后在顺治朝先后任山东右布政使、浙江左布政使和工部右侍郎，后被流放宁古塔。其热衷于文学、理学、佛学和图书刊刻事业，是顺治时期诗坛、文坛风气的主要引领者之一，在宁古塔地区亦是流放文人得以结社和雅集的核心系联者，从而成为清初庙堂文学、贰臣文学和东北流人文学研究领域的重要关注对象。张缙彦一生著述甚多，已刻和未刻的诗文集、注疏、奏疏等体式的各种自著文献多达 28 种。这些著述的存世、成书、版本等文献基本情况需要系统梳理，目前已有的相关研究成果尚停留在较窄的层面和较浅的层次，也存在不少史实和认知方面的讹误。本文拟就相关研究者尚未留意的《张氏族谱》所载《依水园诗集》进行考察。

　　《张氏族谱》对《依水园诗集》记载如下：

　　《依水园诗集》：
　　一集菉居　孟津王铎序、海上左懋第序
　　一集徽音　南州熊文举序

　　基金项目：2017 年度教育部人文社会科学研究一般项目"清初东北流人诗群的历史描述与分析"（项目编号：17YJC751019）；2020 年度广东省哲学社会科学规划学科共建项目"明清及民国《石城县志》纂修与版本系统研究"（GD20XTS08）。

　　作者简介：刘刚，博士，广东海洋大学文学与新闻传播学院副教授，主要研究方向为清代流人文学与文献。

　　① 王士禛. 读坦翁先生燕笺，短歌纪之［M］//《清代诗文集汇编》编委会. 清代诗文集汇编：第 12 册. 上海：上海古籍出版社，2010：627.

一集归怀 三原韩诗序、匡山黄国琦跋

一集燕笺 安丘刘正宗序、蜀仙井胡世安序

一集明湖 钱塘戴京曾序

一集适越 李长祥序、梁溪顾宸序①

《依水园诗集》全书今已不见，在清代官、私目录书中亦未见著录，但其内各集除《适越诗集》亡佚，《菉居诗集》《徵音诗集》《归怀诗集》《燕笺诗集》《明湖诗集》均尚传世，为孤本或稀见本。寓目《菉居诗集》《徵音诗集》《归怀诗集》《燕笺诗集》后，发现这些诗集的书序存在数量与《张氏族谱》所载不能一一对应、内容与诗集的文献性质不完全匹配、改动文字后在张缙彦文集中重复使用等问题，令人疑窦丛生。

一、《菉居诗集》

《菉居诗集》，国家图书馆中华古籍资源库有刻本（下称"国图本"），刊刻时间题为明末，此本又有《清代诗文集珍本丛刊》影印本。该集不分卷，卷首依次为王铎序、黄文焕序、方拱乾序和于重寅《读菉居诗》，除黄文焕序落款题"癸未（崇祯十六年，1643）夏至"，其余各篇落款皆未题撰写时间。正文首页题"河北张缙彦坦公著、盟津觉斯先生定"。从诗作内容看，《菉居诗集》所收诗当作于崇祯十四年（1641）至十六年（1643）张缙彦丁忧居乡时期。乾隆《新乡县志》亦载为一卷本，并录有海上左懋第序②。

《菉居诗集》的几篇序颇有可疑之处：

其一，《张氏族谱》载《菉居诗集》只有"孟津王铎序、海上左懋第序"，而国图本《菉居诗集》有王铎序、黄文焕序、方拱乾序三篇序和于重寅《读菉居诗》短评。

其二，新乡市图书馆藏顺治刻本张缙彦《菉居文集》卷首依次为黄文焕、方拱乾、韩诗所作三篇序③，其中黄文焕序、方拱乾序亦见于国图本《菉居诗

---

① 张氏族谱（1916年五修本）[M]//河南省新乡县小宋佛村村志编纂委员会.小宋佛姓氏志：村志分册.[出版地不详]：新风出版社，2000：475–476.

② 赵开元.新乡县志：卷二十一[M]//中国方志丛书：华北地方第四七二号.台北：成文出版社有限公司，1976：821.

③ 张缙彦.菉居文集[M].[出版地不详]：[出版者不详]，1644—1661（顺治年间）.

集》卷首。可见，黄、方二序在《菉居文集》和《菉居诗集》中存在一序二用的情况。

其三，国图本《菉居诗集》王铎序、黄文焕序、方拱乾序存在同样的疑点，似皆系为诗文集而作，并非为诗集而作。

兹对国图本《菉居诗集》的三篇序和于重寅《读菉居诗》作逐一考察。

王铎序的疑点有二：

一是序文的对象与诗集不完全匹配。一般而言，为诗集所作序仅就诗集主人之诗发表议论，为文集作序仅就文集主人之文发表议论，只有为诗文集作序才同时对诗文集主人的诗文发表议论。从行文看，王铎此序不像为一部诗集而作，而像为一部诗文集而作。最能体现王铎此序疑点的是序中的三句话：一是"苟可善仕，于书有不暇者，能不诎诗与古文辞乎"；二是"坦公平日于书皇皇不暇，故其诗、古文辞不从流连云月，恒发其中所悱恻，瘁人愁国之情殷纶焯起"；三是"苟于善仕而好诎文者，厚得天之阴，附权阃，奔走罔赂，夙夜以其小慧斗捷匪僻，何遑见诗与古文辞也？即偶见之，亦眯目螫口，懵然掉臂去耳"。① 然而奇怪的是，此序在王铎《拟山园选集（文集）》卷二十九中的题目作《张坦公文集序》②，明确可知王铎的作序对象是文集。是则王铎该序究竟是为诗集而作，为文集而作，还是为诗文集而作？

二是王铎《拟山园选集（文集）》中的《张坦公文集序》被用作《菉居诗集》序时，有语句、词语的删节和改动。其关键者有：①《菉居诗集》中"而坦公则不然，贫吏徙史官，又徙兵垣"之"坦公"上，《拟山园选集（文集）》有"左司马"三字。②《菉居诗集》中"欲以兴先王之业，非五经之效欤"后，《拟山园选集（文集）》有"今多事，牙蘖未殄，皇帝念之，特陟以左司马，其精以默沃乾元，出其绪，将见扫清虺莽，蝎蜂自息"一句。③ 王铎《贺张坦公陟兵部左侍郎序》称："天子践祚之十五年……兵部尚书慈溪冯

① 王铎.《菉居诗集》序［M］//张缙彦.菉居诗集：卷首.［出版地不详］：［出版者不详］，1643（崇祯十六年）.
② 王铎.拟山园选集（文集）：卷二十九［M］//《四库禁毁书丛刊》编委会.四库禁毁书丛刊：集部87册.北京：北京出版社，1997：450.
③ 王铎.拟山园选集（文集）：卷二十九［M］//《四库禁毁书丛刊》编委会.四库禁毁书丛刊：集部87册.北京：北京出版社，1997：450.

公以公沉毅，首推毂焉，天子喜，嘉公平日言中利病，遂陟公兵部左侍郎。"①由此可知，张缙彦任兵部左侍郎是在崇祯十五年（1642），而他于崇祯十六年（1643）十月超擢为兵部尚书，故王铎《张坦公文集序》当作于此间。问题是，为何王铎此序出现在《箓居诗集》时要删改上述内容？

王铎序已考察完毕，接下来是国图本《箓居诗集》黄文焕序、方拱乾序的疑点。

黄文焕序系为诗文集而作的最明显证据是其中的四句话：一是"麟羽久隔，邮筒忽来，则坦公寄余诗文曰：吾未能弃其一也，其为我删定之"；二是"然则见坦公之诗文，追溯往忾，何忍思，何忍读也"；三是"味其文，巍巍然八大家之裁。味其诗，飒飒乎原本盛唐"；四是"以坦公之诗文卜之，玉者，犹玉酒者，犹酒汔可鸠乎"。②

方拱乾序系为诗文集而作的最明显证据莫过于其中的两句话：一是"今年夏，公乃自集诗文若干卷，遣门人刘东表嘱余叙。予始得而尽读之。嗟乎！公于诗文何其深，又何其谦乎"；二是"天之所以益公诗文者，良在是；而合论公之诗文者，不独在是也"。③此外，方拱乾序中另有一可疑之处：此序在《新乡县志》中载为《依水园文集二卷》之序④，而现存《依水园文集》分前后两集，共四卷，皆无方拱乾序，是则《箓居诗集》与《依水园文集》的关系颇值得探讨，本文不就此展开讨论。

前面提到，新乡市图书馆藏顺治刻本张缙彦《箓居文集》卷首的韩诗、黄文焕、方拱乾三序中，黄序、方序亦见于国图本《箓居诗集》卷首。此处需要附带说明的是，《箓居文集》的韩序亦见于张缙彦《归怀诗集》卷首，且韩序的疑点更大，其在用于《归怀诗集》和《箓居文集》时不仅一序二用，而且文字有关键性改动，为一序二用而"改头换面"的痕迹十分明显。韩序的问题详见下文对《归怀诗集》的考述，在此不展开讨论。

---

① 王铎. 拟山园选集（文集）：卷三十二 [M] //《四库禁毁书丛刊》编委会. 四库禁毁书丛刊：集部87册. 北京：北京出版社，1997：482.

② 黄文焕.《箓居诗集》序 [M] //张缙彦. 箓居诗集：卷首. [出版地不详]：[出版者不详]，1643（崇祯十六年）.

③ 方拱乾.《箓居诗集》序 [M] //张缙彦. 箓居诗集：卷首. [出版地不详]：[出版者不详]，1643（崇祯十六年）.

④ 赵开元. 新乡县志：卷二十二 [M] //中国方志丛书：华北地方第四七二号. 台北：成文出版社有限公司，1976：796.

截至目前，有关《菉居诗集》的各序，只剩左懋第序和于重寅《读菉居诗》尚未考察。左懋第序载于《新乡县志》，亦有疑点。现部分移录如下：

菉居诗集一卷　张缙彦撰

海上左懋第序：余辛酉（天启元年，1621）读大隐制义而钦其爽深之气，辛未（崇祯四年，1631）同进士，识大隐于朱子美邸。大隐、子美与余俱馆试，副呈而子美伯，子美疏请肆其学于金马之门，大隐出为清涧令，余亦令韩城，未几而大隐为三原令。皆为秦令，益骧，乃得读大隐《芜城集》而叙之。芜城，谓清涧也。余尝怪诗之无所感而作者，……徐子可谓善疏兴观群怨矣。尝读大隐《危城纪事》一书，大隐初至清涧，值贼充斥，将士霞集，杀贼头颅不可胜数。其间大隐观贼虚实，上当事者书，授将士略，完孤城，蕲成功。嗟乎！登彼旌愁径仄之城，黄沙漠漠，圆水奔流，听鼓角声与铁骑相杂，塞上悲风来吹鬐发，大隐其能已于此哉？《芜城》之诗，大隐有所感也夫。然大隐令三原，又值贼大扰于嵯峨之间。盖以嚣军日呶呶不可止，大隐皆有以御之，不至乱。然则有感之言与有本之气相将而并行，余又欲观大隐华池（按：三原古称）之诗矣。①

由其内容可知，此序当系为《芜城集》而作。《芜城集》所收诗皆作于张缙彦任清涧县令期间，其时为崇祯四年（1631）至崇祯七年（1634）之间。而《菉居诗集》诸诗系崇祯十四年（1641）至崇祯十六年（1643）张缙彦丁忧期间所作。显然，《新乡县志》将左懋第此序隶于《菉居诗集》，有张冠李戴之嫌。今所见《张氏族谱》系1916年五修本，其初修本则出自张缙彦过继子张欲合之手②。今所见《新乡县志》是乾隆十二年（1747）修本，其前尚

---

①　赵开元. 新乡县志：卷二十三［M］//中国方志丛书：华北地方第四七二号. 台北：成文出版社有限公司，1976：821－823.

②　乾隆版《张氏族谱》张资汉序："六叔祖贞子虑族人涣散，不能联属，于是考先世之所自而为之谱，渊源相承，不至先世之失传者，公之功固大也。"《张氏族谱·族贤列传》："欲合，字贞子，司空公嗣子。"见张氏族谱（1916年五修本）［M］//河南省新乡县小宋佛村村志编纂委员会. 小宋佛姓氏志：村志分册.［出版地不详］：新风出版社，2000：451，515.

有康熙二十九年（1690）修本、顺治十七（1660）年张缙彦修本。两相叠加，此处倾向于采信左懋第曾为《蒹居诗集》撰过序。出现张冠李戴的现象，疑系康熙本或乾隆本《新乡县志》的编纂者失考所致。

于重寅《读蒹居诗》则无上述各序的疑点，其曰：

> 从来文家快境，必有水淡山苍、花酣月大之致方称绝胜，论诗亦然。如先生《蒹居集》中"月魂兼去雁，山意带平村"、"涧声远若接，林气淡还生"诸佳句，即起王孟、钱刘于今日，亦应以折。昔曾读阎审令《义史》，见先生忠肝义胆，可矢天地，质鬼神，不觉匣中之青萍欲啸，而《蒹居集》复驾青莲、玉局而上之。气节文章，吾师实兼之矣。谨评。①

明显可以看出，这篇短小的评论性文字通篇就诗谈事，是专为一部诗集而作的，置于《蒹居诗集》卷首并无不妥。

二、《徵音诗集》

《徵音诗集》，一卷，顺治刻本，今有《清代诗文集汇编》影印本，卷首有熊文举序，与《张氏族谱》所记相符。正文首页题"河北张缙彦坦公著、侄欲含萝月录"，卷末题"西湖隐民孙从龙校"。正文首页大题为"徵音诗集"，下有小序："自甲申（崇祯十七年，1644）以后丙戌（顺治三年，1646）以前，流离间关，痛遭贼虐，偶记于衿袂间。迨归命大清，山高海旷，痛定而思，涓滴未答，聊存岁月焉。"②该序指明了该集所收诗的写作时间，甲申（崇祯十七年，1644）三月明亡，张缙彦在京城被李自成军俘虏。丙戌（顺治三年，1646）二月是张缙彦赴江宁投诚的时间。从此小序看，该集所收诗可分为两部分：一是"归命大清"前"偶记于衿袂间"者，二是"归命大清"后"痛定而思"的写作，即序中所言"聊存岁月"者。从该集诗作看，

---

① 于重寅. 读蒹居诗［M］//张缙彦. 蒹居诗集：卷首.［出版地不详］：［出版者不详］，1643（崇祯十六年）.
② 张缙彦. 徵音诗集［M］//《清代诗文集汇编》编纂委员会. 清代诗文集汇编：第12册. 上海：上海古籍出版社，2010：587.

所记多为赴江宁投诚之前被俘、逃亡、集义旅、赴江宁投诚诸事，偶有顺治四年（1647）作于京中者。

熊文举序曰："公之文浩瀚铿轰，有昌黎之险势；公之诗高泓萧瑟，有少陵之奇情；即至内典诸家，莫不究极杳渺，是皆公之绪余。"①"公之文""公之诗""内典诸家"并举，是则熊文举此序与国图本《菉居诗集》王铎序、黄文焕序、方拱乾序存在同样的疑点，似亦系为一部含有文、诗、佛学论说的诗文集而作，并非为一部单纯的诗集而作。内容上与此相匹配的张缙彦诗文集，只有今所见《菉居文集》和《依水园文集》，是则《徵音诗集》（《依水园诗集》）的编纂与《菉居文集》《依水园文集》必有关联。

此外，"马西奔，金盘北望。宵遁晋阳，大类信公之京口；誓师河朔，宁殊蜀相之祁山。乃道晦时违，顺天知命，抱此悠悠，水寒山瘠，十载青灯，壮夫皓首。盖不佞与公壬辰晤对长安，俯仰当年，尽成陈迹，宜乎握手而心酸，吞声而哽咽也"这段话，先后写了张缙彦被李自成军裹挟西去后乘机遁逃、回新乡入山寨、壬辰于北京会晤的事情，是则张缙彦委托熊文举写序的时间当在顺治九年（1652）二人于北京晤会之后。

三、《归怀诗集》

《归怀诗集》，一卷，顺治刻本，今有《清代诗文集汇编》影印本，卷首如《张氏族谱》所言，有韩诗序和黄国琦跋。正文首页题"河北张缙彦坦公著、渠丘刘正宗宪石定"，卷末为张缙彦《宪石先生为余定〈归怀〉谬以诗许奉酬》，并附录刘正宗的回赠诗《附原韵坦公以〈归怀〉三十首见示赆谢》。卷末题"门人刘源洁校"。

前文在考察《菉居诗集》时提到，韩诗序在《菉居文集》和《归怀诗集》中存在一序二用的情况，并且韩诗序用于诗集和用于文集时文字有差异，"改头换面"以一序二用的痕迹十分明显。但对此现象并未详述，兹加以考察。韩诗此序，《归怀诗集》之"诸类汇其大凡，总曰《菉居集》，已行世。及应召而来燕邸三载，恳期归葬，黄冠故里，苦雨凄风，形为咏叹，曰《归

---

① 熊文举.《徵音》序［M］//《清代诗文集汇编》编纂委员会.清代诗文集汇编：第12册.上海：上海古籍出版社，2010：583.

怀》，命小子诗也而叙之"① 一段，《箓居文集》作"诸类汇其大凡，总曰《箓居集》以行，众体美备，琳球纵横，命小子诗也而叙之"②。《归怀诗集》之"日暮叮咛，告诫忧叹之形粲诸歌咏"③，《箓居文集》作"日暮叮咛，告诫忧危之形粲诸论列"④。《归怀诗集》中"中州灵灏，首翼膺腹，兹得公诗文，振裘诎指复顿，增而伍焉"⑤ 之"诗文"，《箓居文集》作"集出"⑥。另有《归怀诗集》中"必于我公焉取"⑦，《箓居文集》作"必于我《箓居》焉取"⑧；《归怀诗集》中"《归怀》而外"⑨，《箓居文集》作"《箓居》而外"⑩。凡此种种，不一而足，皆为韩诗序在《箓居文集》和《归怀诗集》中一序二用时"改头换面"的痕迹。

尤其值得注意的是，韩诗序一序二用时，《归怀诗集》中的"以"与《箓居文集》中的"已"的问题。《归怀诗集》作："曰赋，曰奏疏，曰序，曰记，曰传志尺牍。诸类汇其大凡，总曰《箓居集》，已行世。及应召而来燕邸三载，恳期归葬，黄冠故里，苦雨凄风，形为咏叹，曰《归怀》，命小子诗也而叙之。"⑪《箓居文集》作："曰赋，曰奏疏，曰序，曰记，曰传志尺牍。

① 韩诗．《归怀》序 ［M］//《清代诗文集汇编》编纂委员会．清代诗文集汇编：第12册．上海：上海古籍出版社，2010：598.

② 韩诗．《箓居文集》序 ［M］//张缙彦．箓居文集：卷首．［出版地不详］：［出版者不详］，1644—1661（顺治年间）．

③ 韩诗．《归怀》序 ［M］//《清代诗文集汇编》编纂委员会．清代诗文集汇编：第12册．上海：上海古籍出版社，2010：599.

④ 韩诗．《箓居文集》序 ［M］//张缙彦．箓居文集：卷首．［出版地不详］：［出版者不详］，1644—1661（顺治年间）．

⑤ 韩诗．《归怀》序 ［M］//《清代诗文集汇编》编纂委员会．清代诗文集汇编：第12册．上海：上海古籍出版社，2010：600.

⑥ 韩诗．《箓居文集》序 ［M］//张缙彦．箓居文集：卷首．［出版地不详］：［出版者不详］，1644—1661（顺治年间）．

⑦ 韩诗．《归怀》序 ［M］//《清代诗文集汇编》编纂委员会．清代诗文集汇编：第12册．上海：上海古籍出版社，2010：598.

⑧ 韩诗．《箓居文集》序 ［M］//张缙彦．箓居文集：卷首．［出版地不详］：［出版者不详］，1644—1661（顺治年间）．

⑨ 韩诗．《归怀》序 ［M］//《清代诗文集汇编》编纂委员会．清代诗文集汇编：第12册．上海：上海古籍出版社，2010：598.

⑩ 韩诗．《箓居文集》序 ［M］//张缙彦．箓居文集：卷首．［出版地不详］：［出版者不详］，1644—1661（顺治年间）．

⑪ 韩诗．《归怀》序 ［M］//《清代诗文集汇编》编纂委员会．清代诗文集汇编：第12册．上海：上海古籍出版社，2010：598.

诸类汇其大凡，总曰《菉居集》以行，众体美备，琳球纵横，命小子诗也而叙之。"① 按《归怀诗集》的行文，韩诗此序乃为一部诗集而作，且为该诗集作序之前已有文集《菉居集》行世。然而，按《菉居文集》的行文，韩诗此序乃为一部拟刊刻的文集而作。

韩诗序称"及应召而来燕邸三载，恳期归葬，黄冠故里，苦雨凄风，形为咏叹，曰《归怀》，命小子诗也而叙之"，则可据此考知该集所收诗作的写作时间和主要内容。张缙彦至京师是在顺治三年（1646），迁继母枢归先君故丘合葬是在顺治六年（1649）底至顺治七年（1650）初，则该集所记皆为此间事。据其目录中各诗的排列顺序，该集所收诗分别为应召赴京途中诸什、至都后诸什、返新乡归葬途中及至乡后诸什。

另外，韩诗序曰："公司驳兵垣，抗申边徼，情状并矫，掌列如条，督抚大将军以下军政，连坐刺罚，一旦井井。是时，东壤之不绝若绳，倚公言。谁敢度，后数月适太夫人忧去。"② 此处"适太夫人忧"令人困惑。张缙彦《先考别驾公行述》称："公卒于崇祯十四年十月……先是，娶李母，无所出，早殁，追赠孺人。先母王氏……生于隆庆四年八月初七日，卒于万历四十四年八月初五日。"③ 是则张缙彦父原配早卒，其母为继配，亦早卒。张缙彦《胡母太安人墓志铭》称："太安人胡母，京师人，……吾母王太安人厌世，先君子闻其娴内则，克中馈，娶焉。……卒于乙酉年九月初九日。"④ 是则张缙彦继母卒于顺治二年（1645）。而明崇祯十二年（1639）正月张缙彦始任兵科都给事中，故此处"适太夫人忧"明显存在史实讹误，实际情况是此时张缙彦丁父忧。

黄国琦跋曰：

① 韩诗.《菉居文集》序［M］//张缙彦.菉居文集：卷首.［出版地不详］：［出版者不详］，1644—1661（顺治年间）.
② 韩诗.《归怀》序［M］//《清代诗文集汇编》编纂委员会.清代诗文集汇编：第12册.上海：上海古籍出版社，2010：598.
③ 张缙彦.依水园文集［M］//《清代诗文集汇编》编纂委员会.清代诗文集汇编：第13册.上海：上海古籍出版社，2010：83.
④ 张缙彦.依水园文集［M］//《清代诗文集汇编》编纂委员会.清代诗文集汇编：第13册.上海：上海古籍出版社，2010：77.

午春，余滞京师，坦公张先生远致书，集著之外，并寄示《归怀》诸什，且委弁前。……先生以穿天拔地之名贤，负旷古空今之学识，当其中枢甫柄，大运旋移，挟正气而南翔，胜何蕃之独贞沝变；为苍生而北向，类王通之特著元经。至其结幽垒隐，负俗乖时，质优面以疑神，测巫肠之尽鬼，夫岂得志于世者之所期？然先生退而定色，澹然远怀，指趵突泉之新水，以湛谢朓词源；借华不注之孤峰，以作徐陵笔架。①

此跋中言"然先生退而定色，澹然远怀，指趵突泉之新水，以湛谢朓词源"，可见此时张缙彦已赴任山东右布政使。张缙彦任该职的时间是顺治十年（1653）二月至顺治十一年（1654）八月，则跋中首句所言"午春，余滞京师，坦公张先生远致书，集著之外，并寄示《归怀》诸什，且委弁前"之"午春"当系甲午之春，即顺治十一年（1654）春。是则此书的刊刻时间亦可定在此年。

四、《燕笺诗集》《明湖诗集》和《适越诗集》

《燕笺诗集》五卷，顺治刻本，今有《清代诗文集汇编》影印本。《张氏族谱》载《燕笺诗集》有"安丘刘正宗序、蜀仙井胡世安序"，《新乡县志》载《燕笺诗集》有"胡世安序、济南王士禛诗"②，并录其全文。今所见《燕笺诗集》卷首依次为刘正宗序、胡世安序、丁耀亢序和王士禛《坦翁先生燕笺短歌纪之》。其中，刘正宗、丁耀亢二序署撰序时间，分别是"顺治癸巳""顺治甲午仲春"，则该集当刻于顺治十一年（1654）。卷一首页题"河北张缙彦坦公著、河阳薛所蕴行屋定"，卷二首页题"河北张缙彦坦公著、江右熊文举雪堂定"，卷三首页题"河北张缙彦坦公著、琅琊丁野鹤耀亢校"，卷四首页题"河北张缙彦坦公著、白下白仲调梦鼐校"，卷五首页题"河北张缙彦坦公著、巨鹿杨思圣犹龙选"。卷一卷末题"门人杨毓兰馨生校"，卷二卷末

① 黄国琦.《归怀诗集》跋［M］//《清代诗文集汇编》编纂委员会.清代诗文集汇编：第12册.上海：上海古籍出版社，2010：601－603.
② 赵开元.新乡县志：卷二十二［M］//中国方志丛书：华北地方第四七二号.台北：成文出版社有限公司，1976：803－805.

题"石发校",卷三卷末题"侄如兰校",卷四卷末题"甥杜于芘校",卷五卷末题"弟蔚彦校、西湖隐民孙从龙监梓"。集中诸序,皆为论诗之文字,无关文献考证,兹不赘录。从诗题看,《燕笺诗集》所收诗约作于顺治四年(1647)至顺治十年(1653)张缙彦居京时期。

《明湖诗集》,《张氏族谱》载其有"钱塘戴京曾序",《新乡县志》中则未见著录。《明湖诗集》今已不易见,上海图书馆古籍数据库有《燕笺诗集五卷隶居诗集一卷归怀诗集一卷明湖诗草一卷》,题为顺治十年(1653)刻本,共三册,惜暂未经眼。

《适越诗集》,《张氏族谱》载其有"李长祥序、梁溪顾宸序",《新乡县志》中亦未见著录。其书今不可见,当已亡佚。

五、结语

对《张氏族谱》所载张缙彦《依水园诗集》版本相关问题的考述已结束,兹稍作总结:

第一,《张氏族谱》所载《依水园诗集》共由《隶居诗集》《徵音诗集》《归怀诗集》《燕笺诗集》《明湖诗集》《适越诗集》六部诗集构成,其中《适越诗集》已亡佚,余皆传世。传世者皆不以"依水园诗集"为名,已非全帙。

第二,《依水园诗集》内各集所收诗均具时段性。《隶居诗集》所收诗作于张缙彦崇祯十四年(1641)至十六年(1643)丁忧居乡时期,《徵音诗集》所收诗作于崇祯十七年(1644)明亡后至顺治四年(1647)入都时期,《归怀诗集》所收诗作于顺治三年(1646)入都后到顺治七年(1650)初迁继母柩归先君故丘合葬时期,《燕笺诗集》作于顺治四年(1647)至顺治十年(1653)张缙彦居京时期。以此编纂体例为据,并结合诗集的名称,可推知《明湖诗集》所收当系张缙彦任山东右布政使时所作诗,其时为顺治十年(1653)二月至顺治十一年(1654)八月;《适越诗集》所收当系张缙彦任浙江左布政使时所作诗,其时为顺治十一年(1654)八月至顺治十五年(1658)正月。

第三,国图本《隶居诗集》共有王铎序、黄文焕序、方拱乾序三篇序和于重寅《读隶居诗》短评,新乡市图书馆藏顺治刻本张缙彦《隶居文集》有韩诗序、黄文焕序、方拱乾序三篇序。其疑点有：①王序、黄序、方序皆疑系为诗文集而作，并非为诗集而作。②黄序、方序在《菉居诗集》和《菉居文集》中一序二用，方序甚至在《菉居诗集》《菉居文集》和《依水园文集》（《张氏族谱》所载二卷本）中一序三用；韩序则在《归怀诗集》和《菉居文集》中一序二用，而且存在改动关键性文字的"改头换面"现象。③《张氏族谱》载《菉居诗集》有"孟津王铎序、海上左懋第序"，而国图本《菉居诗集》有王铎序、黄文焕序、方拱乾序、于重寅《读菉居诗》。④王序在王铎文集和《菉居诗集》中存在较多由删脱导致的词句差异。此外，《张氏族谱》载《燕笺诗集》有刘正宗序、胡世安序，《新乡县志》载《燕笺诗集》有胡世安序、王士禛诗，而今所见《燕笺诗集》卷首依次为刘正宗序、胡世安序、丁耀亢序和王士禛诗。从《菉居诗集》《归怀诗集》《菉居文集》之序的众多疑点和《燕笺诗集》之序的问题看，《菉居诗集》《归怀诗集》乃至整部《依水园诗集》的编纂与《菉居文集》和《依水园文集》必有关联。此中隐含的《依水园诗集》内部各集是否曾独立刊刻、缘何出现同一篇序在不同的集子中重复使用这一现象、诗集和文集之间以及不同文集之间是否存在拆解重编现象等问题，尚需进一步考察。

大历才子卢纶诗歌体式特点
与唐诗盛中之变

彭洁莹

宋代严羽在《沧浪诗话》中将唐代诗歌分为唐初体、盛唐体、大历体、元和体和晚唐体[①]，而大历体是继盛唐之后出现在唐代宗大历时期的诗人所形成的诗歌体式及艺术倾向，以"大历十才子"为代表。《四库全书总目钱仲文集提要》："大历以还，诗格初变，开宝浑厚之气渐远渐漓，风调相高，稍取浮响，升降之关，十子实为之职志。"卢纶是唐"大历十才子"中的主要人物，他的诗歌题材广泛，风格俊朗，独树一帜。元代吴师道《吴礼部诗话》引时天彝《唐百家诗选》认为卢纶在"大历十才子中号为翘楚"[②]；清代潘德舆《养一斋诗话》认为"大历十才子，卢纶第一"[③]；而就整个大历时期的诗人而言，清代贺裳《载酒园诗话》认为"刘长卿外，卢纶为佳"[④]，这样的评价大抵是中肯的。本文试图通过论述卢纶诗歌的体式特点来透视唐诗诗体由盛唐到中唐演进过程中的痕迹。

一、卢纶各体诗歌的风格特点

（一）律诗：五律写景流丽清空，抒情细腻真切，辞语洁净；七律萧散流利，洗练工稳

胡应麟《诗薮》论述律诗的发展变化时认为"大概中唐以后，稍厌精华，

作者简介：彭洁莹，硕士，广东海洋大学文学与新闻传播学院副教授，主要研究方向为中国古代文学。

① 何文焕. 历代诗话 ［M］. 北京：中华书局，1981：689.
② 丁福保. 历代诗话续编 ［M］. 北京：中华书局，1983：612.
③ 陈伯海. 唐诗汇评 ［M］. 杭州：浙江教育出版社，1995：1454.
④ 陈伯海. 唐诗汇评 ［M］. 杭州：浙江教育出版社，1995：1454.

渐趋淡净，故五七言律清空流畅，时有可观"①。"清空流畅"是大历时期五言、七言律诗的共同风貌，大致说来，卢纶的五律亦是写景流丽清空，抒情细腻真切，辞语洁净。如卢纶的《题兴善寺后池》："隔窗栖白鹤，似与镜湖邻。月照何年树，花逢几遍人？岸莎青有路，苔径绿无尘。永愿容依止，僧中老此身。"周珽《唐诗选脉会通评林·中唐五律》赞曰："赋景语带感情。微言隐义，发幽人遁月逐思多矣。"

总体而言，"大历十才子"写得最多、最好的是五律，胡震亨认为"大历十才子，并工于五言诗。卢郎中纶辞情捷丽，所作尤工"②。卢纶集中五律有141首，约占全集339首诗中42%的篇幅，亦时有佳句。例如，"淮浪参差起，江帆次第来"（《送魏广下第归扬州》）、"柳垂平泽雨，鱼跃大河风"（《送元赞府重任龙门县》）、"栈长山雨响，溪乱火田稀"（《送从舅成都丞广归蜀》）、"繁霜疑有雪，枯草似无人"（《过司空曙村居》）。如果说，卢纶的七言歌行多为咏物而七律多为叙述的话，其五律则多为赠别抒情，如《送李校书赴东川幕》《送李端》《送从叔程归西川幕》《送韩都护还边》等，尤以自抒胸臆为多，如"闲夜贫还醉，浮名老渐羞"（《元日朝回中夜书情寄南宫二故人》）、"故关衰草遍，离别自堪悲。路出寒云外，人归暮雪时。少孤为客早，多难识君迟。掩泪空相向，风尘何处期"（《送李端》）。这些诗，语似质直而意蕴深婉，情似平淡而低回郁结，"少孤"二句更被潘德舆《养一斋诗话》评为"皆字字从肝肺中流露。写情到此，乃为入骨"③。《落第后归终南别业》："久为名所误，春尽始归山。落羽羞言命，逢人强破颜。交疏贫病里，身老是非间。不及东溪月，渔翁夜往还。"全诗把名士落第后还家言之羞惭、笑之勉强和贫病交加之难堪处境描写得极为细腻真切，诗以对远离是非的东溪渔翁月夜往还自由的隐逸生活的羡慕来结尾，感慨遥深但怨而不怒。这种思想状况在大历诗人中是很普遍的。

卢纶有七律48首，约占集中11%的篇幅，虽然数量上远不及其五律，但是卢纶集中最引人注目的也是"大历十才子"中写得较好的七律作品。就题材内容而言，卢纶的七律或奉和应制，如《春日喜雨奉和马侍中宴白楼》；或

---

① 胡应麟. 诗薮［M］. 北京：中华书局，1958：76.

② 胡震亨. 唐音癸签［M］. 上海：古典文学出版社，1957：53.

③ 郭绍虞. 清诗话续编［M］. 富寿荪，校点. 上海：上海古籍出版社，1983：2103.

酬唱送别，在相互赠答述说他人之事中诗人往往会不期然渗入身世之感，在对朋友与自己命运的回顾比较中表达自己对人生、世态的体验和对朋友的真挚深厚之情，反映与战乱时代密切相关的苦闷和烦恼，如《酬李端野寺病居见寄》；亦有咏物，如《陈翊中丞东斋赋白玉簪》《寒食》。杜甫等盛唐诗人的咏物七律多运用比兴寄托，把主观情感寄寓于客观物象，而卢纶的咏物诗，七律也好，七古也罢，多用赋体，绘物工巧细致，胜在形似，较少托寓比兴。

卢纶最为人称道的七律是写于安史之乱时期的《晚次鄂州》：

> 云开远见汉阳城，犹是孤帆一日程。
> 估客昼眠知浪静，舟人夜语觉潮生。
> 三湘衰鬓逢秋色，万里归心对月明。
> 旧业已随征战尽，更堪江上鼓鼙声。

诗人只截取了动乱之世漂泊生涯中的一个片段，却反映了广阔的社会背景、丰富的社会内容：个人的漂泊、家业的毁灭、社会的动荡……全诗以"归心"为诗眼，通过晚至鄂州时的见闻，诗人以腾挪跌宕之笔把其间包含着的思乡愁、离乱恨、忧时苦、家业殆尽之悲述说得迂徐从容、曲尽情致。赵臣瑗《山满楼笺注唐诗七言律》卷三说："禄山虽死，余孽未平，故四方尚尔戒严，身在万里之外，而家乡沦陷，道途梗塞，此时真何以为情乎！吾读之，益不禁掩卷三叹也！"可见感人。全诗格律韵调工稳流畅、结构严整，就中"估客"一联，曲尽江行之景，尤为被人称道，清代方东树《昭昧詹言》卷一八评曰："兴在象外，卓然名句。"[1] 又如《长安春望》：

> 东风吹雨过青山，却望千门草色闲。
> 家在梦中何日到，春来江上几人还？
> 川原缭绕浮云外，宫阙参差落照间。
> 谁念为儒逢世难，独将衰鬓客秦关。

---

① 陈伯海. 唐诗汇评［M］. 杭州：浙江教育出版社，1995：1466.

　　李攀龙《唐诗训解》卷五交代此诗的写作背景："此长安遭土蕃之乱，代宗幸陕，纶时在京而作。"① 春望长安，雨后之青山、闲淡寂寥之空城草色、斜阳下京城参差的宫阙、浮云缭绕的川原，一切于长安遭乱后尤显岑寂荒凉，而衰鬓独旅、乡关迢递、兵戈阻截，尤羡春归之客，"谁念为儒逢世难，独将衰鬓客秦关"写尽羁旅恨、不遇苦，凄怨悲慨，被沈德潜《唐诗别裁》认为"夷犹绰约，风致天成"。沈德潜在《唐诗别裁》中用这首诗作例子，对大历诗与盛唐诗进行了一番比较："诗贵一语百媚，大历十子是也，尤贵一语百情，少陵摩诘是也。"② 杜甫《春望》写国破之长安，卢纶《春望》则写世难之长安；杜甫沉郁，卢纶蕴藉，各臻其妙。卢纶的这首《长安春望》历来受到诗论家好评，王寿昌在《小清华园诗谈》卷下中论"唐人之诗，有清和纯粹、可诵而可法者"时即举此诗，在认为"七律发端倍难于五言"之后，又极力推崇"东风吹雨过青山，却望千门草色闲"之幽秀；黄生《唐诗摘抄》亦认为此诗"布格调律，盛唐不过也"③；清代洪亮吉《北江诗话》尤推颔联的活句对："（盛唐七律）门径始开，尚未极其变也。至大历十数子，对偶始参以活句，尽变化错综之妙。如卢纶'家在梦中何日到？春来江上几人还'……开后人多少法门。"④

　　卢纶的其他七律诗，如《洛阳早春忆吉中孚校书司空曙主簿因寄清江上人》一首，胡以梅《唐诗贯珠》卷一二评为"精思奇构之句"，又认为其中"莺声报远同芳信，柳色邀欢似故人"一联"闻莺声如同君等之芳信，见柳色一似相逢故人：因春乃隔年相别，今始见之，而温存生发，即两君与物为春之致耳。串合妙，而句法又圆，真作手"⑤。《酬李端公野寺病居见寄》为卢纶次韵李端《野寺病居喜卢纶见访》所作，是盛唐以来首次和诗又和韵的诗歌，在体制上有开创之功；而其风情韵致，周珽《唐诗选脉会通评林》认为："起调绝似嘉州（岑参）；中联新响，右丞（王维）不能多让，如此等诗，何分中、盛？"⑥ 凡此种种，可见卢纶在七律创作上的不俗表现。王夫之《唐诗

---

　　① 陈伯海．唐诗汇评［M］．杭州：浙江教育出版社，1995：1464.
　　② 陈伯海．唐诗汇评［M］．杭州：浙江教育出版社，1995：1464.
　　③ 陈伯海．唐诗汇评［M］．杭州：浙江教育出版社，1995：1464.
　　④ 陈伯海．唐诗汇评［M］．杭州：浙江教育出版社，1995：1465.
　　⑤ 卢纶．卢纶诗集校注［M］．刘初棠，校注．上海：上海古籍出版社，1989：304.
　　⑥ 陈伯海．唐诗汇评［M］．杭州：浙江教育出版社，1995：1467.

评选》谓"纶七言近体极富，乃全入伦父"①，"极富"之言，当指卢纶七律造语清丽工切，"全入伦父"云云，指责未免过苛。潘德衡《唐诗评选》卷下说卢纶的七律"情致深婉，有一唱三叹之音"② 当不为过。

（二）绝句：五绝意在言外，时作劲健语；七绝率性随意

卢纶有五绝 15 首，数量不多，却有脍炙人口的佳作，如雄浑刚健、历来受到诗家好评的《和张仆射塞下曲六首》：

其一

鹫翎金仆姑，燕尾绣蝥弧。独立扬新令，千营共一呼。

其二

林暗草惊风，将军夜引弓。平明寻白羽，没在石棱中。

其三

月黑雁飞高，单于夜遁逃。欲将轻骑逐，大雪满弓刀。

其四

野幕敞琼筵，羌戎贺劳旋。醉和金甲舞，雷鼓动山川。

其五

调箭又呼鹰，俱闻出世能。奔狐将迸雉，扫尽古丘陵。

其六

亭亭七叶贵，荡荡一隅清。他日题麟阁，唯应独不名。

这组五绝按顺序摹写了发令交敌、勇武射虎、敌酋夜遁、奏凯醉舞、游猎英姿、朝廷庆功等事件，生动地表现了将军的刚毅、果敢、杀敌报国的豪

① 陈伯海. 唐诗汇评 [M]. 杭州：浙江教育出版社，1995：1468.
② 陈伯海. 唐诗汇评 [M]. 杭州：浙江教育出版社，1995：1454.

情和安边的伟绩，从不同侧面展现了唐军军容的肃整和军威。全诗一改卢纶诗中常见之卑弱消沉，显得热情浪漫，句句挺拔，文字极其简练，风格苍劲雄放、铿然有力、气魄非凡，于中唐边塞诗厌战思归的主旋律中独拔高举，被认为"气魄音调，中唐所无"①"独此绝雄健，堪入盛唐乐府"（李攀龙《唐诗训解》）②；甚至可以和以雄奇豪放诗风著称的盛唐边塞诗人岑参相媲美："唐人善边塞诗者，推岑嘉州。卢之四诗，音词壮健，可与抗手。"（俞陛云《诗境浅说续编》）③同是边塞题材，高适、岑参擅长七言歌行和律绝，却无卢纶这样开朗明快、平易流畅、古朴劲健的五绝短章。这些五绝短章篇制虽小，但多选取某一特定镜头加以巧妙剪辑，语言凝练，极富表现力。如第一首，"鹫翎金仆姑，燕尾绣蝥弧"，以铺陈手法精心刻画将军外在形象之威武矫健；将军内在之威严及军事地位之重要在"独立扬新令"与"千营共一呼"的对比中呼之欲出，全诗收放自如、气势奔涌。"独立"与"千营"，"千营"而"共一呼"，山呼海啸般的呐喊整齐而雄壮，充分体现了军队纪律严明、训练有素及高昂的战斗激情，从侧面体现军队无坚不摧、攻无不克的战斗力。五言绝句能有如此风格体制，不仅中唐少见，即便整个唐代诗坛，以五绝作《塞下曲》者也极少，卢纶的这组五绝可谓以《塞下曲》写边塞诗的新品。

卢纶的另一首五绝《赠李果毅》亦写得劲健挺拔："向日磨金镞，当风着锦衣。上城邀贼语，走马截雕飞。"以"磨""着""邀""截"等一系列动词将富于跳跃性的画面连接，目不暇接的意象转换让诗歌富于动感，具有语短声促而气不苦的特点，从而成功塑造了一位果敢威勇的将军形象。

"卢纶、李益善为五言绝句，意在言外。"（刘克庄《后村诗话》）④如果说卢纶的《和张仆射塞下曲六首》《赠李果毅》的浑雄劲健之气不减盛唐绝句，卢纶的其他一些五绝，如《与畅当夜泛秋潭》《同李益伤秋》《酬李益端公夜宴见赠》《白发叹》《赠别司空曙》《春游东潭》等，句式工整、妥帖安稳、体情入微、善于表现瞬间情态，表达的内心感受逐渐悲凉，渗透着寂寞

---

① 许学夷．诗源辨体［M］．杜维沫，校点．北京：人民文学出版社，1987：233.
② 陈伯海．唐诗汇评［M］．杭州：浙江教育出版社，1995：1459.
③ 陈伯海．唐诗汇评［M］．杭州：浙江教育出版社，1995：1460.
④ 陈伯海．唐诗汇评［M］．杭州：浙江教育出版社，1995：1453.

冷落的情思，明显具有大历五绝常见特点。如被邢昉《唐风定》评为"悲凄含蓄"①的《酬李益端公夜宴见赠》："戚戚一西东，十年今始同。可怜歌酒夜，相对两衰翁。"其他如《同李益伤秋》："岁去人头白，秋来树叶黄。搔头向黄叶，与尔共悲伤。"《白发叹》："发白晓梳头，女惊妻泪流。不知丝色后，堪得几回秋。"《与畅当夜泛秋潭》："萤火飐莲丛，水凉多夜风。离人将落叶，俱在一船中。"这些绝句语言婉转流利，却情思哀婉、气象萧飒，风骨大减，具有中唐气息。

卢纶创作的七绝不少，有42首。五绝、七绝因体裁殊异，内在差异十分明显。胡应麟《诗薮》内编卷六即云："五言绝尚真切，质多胜文；七言绝尚高华，文多胜质。五言绝昉于两汉；七言绝起自六朝；源流迥别，体裁自殊。"卢纶的七绝不能算高华雍容，有时甚至于太过俚俗，如《王评事驸马花烛诗》，竟被王士禛（即王士祺）认为是"唐绝句有最可笑者"②；《河中府崇福寺看花》"老僧无见亦无说，应与看人心不同"，与口语无异，显然亦是缺乏锤炼。对于《送畅当还旧山》"常逢明月马尘间，是夜照君归处山。山中松桂花尽发，头白属君如等闲"，钟惺《唐诗归》卷二六亦评曰"调古甚，入绝句尤难"③。

如果按沈德潜《说诗晬语》"七言绝句，以语近情遥，含吐不露为主。只眼前景口头语，而有弦外音味外味，使人神远"④，杨载《诗法家数》"绝句之法，要婉曲回环，删芜就简，句绝而意不绝"⑤的标准来判断的话，卢纶的这些绝句就显得太过率性随意。其一，从卢纶本身的态度来看，他就不甚着意于七绝。他的那些带游戏性质的"戏赠"之作，就大多选择七绝来完成。如《苦雨闻包谏议欲见访戏赠》《偶逢姚校书凭附书达河南郏推官因以戏赠》《浑赞善东斋戏赠陈归》《玩春因寄冯卫二补缺戏呈李益》。其二，选材杂芜，太过率性随意。这些七绝多为赠别酬唱之作，如《赴虢州留别故人》《送畅当还旧山》《酬灵澈上人》《雨中酬友人》；亦有咏史怀古之作，如《过玉真公主影殿》《题伯夷庙》《华清宫》；有反映现实的作品，如《逢病军人》《村南

---

① 陈伯海. 唐诗汇评［M］. 杭州：浙江教育出版社，1995：1457.
② 王士禛. 唐人万首绝句选·凡例［M］. 沈阳：辽宁教育出版社，2000：3.
③ 陈伯海. 唐诗汇评［M］. 杭州：浙江教育出版社，1995：1456.
④ 王夫之，等. 清诗话［M］. 上海：上海古籍出版社，1963：542.
⑤ 何文焕. 历代诗话［M］. 北京：中华书局，1981：732.

逢病叟》；有咏物诗：《裴给事宅白牡丹》《小鱼咏寄泾州杨侍郎》《题念济寺》《过仙游寺》；有即兴抒怀之作，如《春日忆司空文明》《出山逢耿湋》《春日登楼有怀》《渡浙江》。主观的随意、选材的率性、语言的不着意，就使得卢纶七绝所作虽多，但平平无奇。

和其他写得较好的大历七绝一样，卢纶七绝之佳处，在于善于烘托、渲染气氛。如《山店》："登登山路行时尽，决决溪泉到处闻。风动叶声山犬吠，一家松火隔秋云。"诗人描写山间行人的所见所闻，同时采取或虚或实的手法，将人物的行动贯串其间，通过结合人物行动和颇具特色的景物，巧妙地刻画出人物心理和情绪的变化，给人一种身历其境、情随境迁之感。诗题"山店"，全诗却无一字写及，仅以隔着山叶的一声犬吠和秋云外的一家松火为引领，将山店展现在视野之外，这种"可望而不可置于眉睫之前"的空灵蕴藉，大有"婉曲回环，删芜就简，句绝而意不绝"的想象和回味。《山中一绝》："饥食松花渴饮泉，偶从山后到山前。阳坡软草厚如织，因与鹿麛相伴眠。"写山间隐沦之趣，倒也令人神往。其《春日登楼有怀》："花正浓时人正愁，逢花却欲替花羞。年来笑伴皆归去，今日晴明独上楼。"晴明花浓春艳，却是人愁花羞，孤独登楼之愁苦在明媚之春光下亦给人一种欲说还休之感。

（三）七言歌行：开阖有致、跌宕有格

卢纶共有 15 首七言歌行，多为咏物，如《难缩刀子歌》《宴席赋得姚美人拍筝歌》《慈恩寺石磬歌》等，这些诗利用歌行体自由铺排的特点，绘物赋形，形容摹写，极具形似。管世铭《读雪山房唐诗钞》说："大历诸子兼长七言古者，推卢纶、韩翃，比之（王）摩诘、（李）东川，可称具体。"[①] "可称具体"不仅道出卢纶这些赋物歌行之妙，还指其写景状人皆以准确而精练的语言，或表达复杂的情感，或描写人物的特定处境，或刻画人物的特定性格特征。

卢纶的 15 首七言歌行中，有两首在内容和形式方面各有新意。其中，《腊日观咸宁王部曲娑勒擒豹歌》：

---

① 陈伯海. 唐诗汇评 [M]. 杭州：浙江教育出版社，1995：1454.

山头瞳瞳日将出，山下猎围照初日。
前林有兽未识名，将军促骑无人声。
潜形踠伏草不动，双雕旋转群鸦鸣。
阴方质子才三十，译语受词蕃语揖。
舍鞍解甲疾如风，人忽虎蹲兽人立。
欻然扼颡批其颐，爪牙委地涎淋漓。
既苏复吼拗仍怒，果协英谋生致之。
拖自深丛目如电，万夫失容千马战。
传呼贺拜声相连，杀气腾凌阴满川。
始知缚虎如缚鼠，败房降羌生眼前。
祝尔嘉词尔无苦，献尔将随犀象舞。
苑中流水禁中山，期尔攫搏开天颜。
非熊之兆庆无极，愿纪雄名传百蛮。

  诗歌写壮士擒豹显整饬军威，题材极为少见。整首诗气势宏大，笔力挺拔。杨载《诗法家数》认为："七言古诗，要铺叙得好，要有开合，要有机势，有风度，要迢递险怪、雄伟铿锵；忌庸俗软腐。须是波澜开合如江海之波，一波未平，一波复起。"① 卢纶的这首诗颇有开合跌宕之势，诗歌借歌行体自由铺写的特点，将擒豹前紧张的环境气氛、壮士出场时的飒爽风神、人兽搏斗过程中的惊心动魄、壮士得手后万人欢腾的场面表现得有声有色、扣人心弦。如"舍鞍解甲疾如风"诸句，三十岁的"阴方质子"娑勒擒豹时的沉着冷静、勇武矫健，在与"万夫失容千马战"的场面对比下尤显震撼，清代沈德潜《唐诗别裁》卷七赞叹曰："中间搏兽数语，何减太史公叙巨鹿之战！"② 在"巨鹿之战"中，司马迁写项羽率楚军击秦时是破釜沉舟、一以当十、呼声动天，而诸侯军此时却是作壁上观，项羽西楚霸王叱咤风云的气概与英武在诸侯军"无不人人惴恐"的烘托映衬中表现得酣畅淋漓。而卢纶写娑勒擒豹后亦是用"传呼贺拜声相连"的场面对比烘托。此诗浓厚的叙事色彩、壮观的场面、丰富的内涵，是盛唐诗向中唐诗转变的标志。

---

① 何文焕.历代诗话 [M].北京：中华书局，1981：731-732.
② 陈伯海.唐诗汇评 [M].杭州：浙江教育出版社，1995：1458.

而《赋得白鸥歌送李伯康归使》则在语言句式上显示特色："积水深源，白鸥翻翻。倒影光素，于潭之间。衔鱼鱼落乱惊鸣，争扑莲丛莲叶倾。尔不见波中鸥鸟闲无营，何必汲汲劳其生。柳花冥濛大堤口，悠扬相和乍无有。轻随去浪杳不分，细舞清风亦何有。似君换得白鹅时，独凭阑干雪满池。今日还同看鸥鸟，如何羽翮复参差。复参差，海涛澜漫何由期。"诗以四个四言句起笔，这在唐代歌行中极为少见，中间杂以三言、七言，显示歌行运用句式的极大自由度。

卢纶个人抒情歌行《冬日登城楼有怀因赠程腾》则抒发了贫贱失意的悲愤，笔墨酣畅："谁知白首窗下人，不接朱门坐中客。""如今万乘方用武，国命天威借貔虎。穷达皆为身外名，公侯可废刀头取。""当风看猎拥珠翠，岂在终年穷一经。"穷达贵贱之叹，既慰程腾又抒己愤，再和对朝政的批判相结合，使个人抒情的内容显得严肃而深刻，又显示卢纶七古豪迈雄放的特点。

二、从卢纶诗歌的体式特点看唐诗盛中之变

就整个大历诗坛而言，诗人们普遍重视近体诗。蒋寅认为"他们写得最好的是五律，其次是七律、五绝，七绝也有些出色的作品，乐府和古体诗较一般"①。在各种诗歌体式中，卢纶写得较好的也是近体诗，其中五律 141 首，约占其诗篇总数的 42%；七律 48 首，约占 11%。虽然在数量上其七律远少于五律，但是卢纶的七律诗是他所有诗歌中最让人耳目一新的一类作品，也是"大历十才子"中写得较好的诗。七律成熟稍晚于五律，故在盛唐前尚不为诗人们熟练掌握和普遍使用。大历以前，尽管已有七律大家名篇，但他们创作量并不大，沈佺期 16 首、杜审言 3 首、孟浩然 4 首、李白 3 首、李颀 7 首、崔颢 7 首、王维 20 首、岑参 11 首，杜甫 151 首为最多。"大历十才子"中，钱起有七律 46 首、李端 24 首、司空曙 18 首、韩翃 34 首、耿湋 16 首，卢纶 48 首是"大历十才子"中数量最多的，就大历诗人而言，卢纶在创造数量上也仅次于刘长卿 63 首，可见其七律赋咏之多、着力之重。

就七律发展而言，施补华《岘佣说诗》认为："七律至中唐而极秀，亦至中唐而渐薄，盛唐之深厚，至中唐日散；晚唐之纤小，自中唐日开。故大历

---

① 蒋寅. 大历诗风［M］. 上海：上海古籍出版社，1992：237.

十才子七律，在盛衰关头，气运使然也。"① 毛张健《唐体肤诠》："此体虽倡于初盛诸公，然篇什无多，如古诗之汉魏，其气浑然，未可遽以法论也。……至大历诸子兴而优柔敷愉，绵密丽切，穷锻炼之力而一归自然，极穿插之功视若无有，盖七律之准则必以是为归。"② "大历十才子"的七律诗不但比盛唐诸家多，而且造对精工，声律稳帖，结构绵密，章法优柔婉转，为后世学七律者所遵循。管世铭《读雪山房唐诗钞》："大历诸公，善于言情，工于选料，学为七律者，从此进步，可以涤去尘俗。"③ 循循教人以大历诸子为法。卢纶在使律诗形式完全规范化、整齐化的过程中起到了重要作用，在律诗由盛唐的浑成洪亮向中唐的清空流畅到晚唐的绮丽绵邈的转变中，亦起到了促进作用。

七古在盛唐诸家笔下已大放异彩，内容上融入广泛丰富的社会生活而一扫初唐的宫闱金粉；形式上打破初唐四句一韵、平仄相间的体式，恣肆纵横，挥洒自如；艺术上更崇尚踔厉风发的个性张扬。总体而言，大历诗人并不擅长七言歌行。胡应麟评大历七言古诗和歌行所谓"神情未远，气骨顿衰"④，表现在形式上意脉相连而缺少跳跃起伏，大多一韵到底，匀停有余而纵横开阖不足。然而，卢纶七言歌行颇显豪迈跌宕。许学夷认为"卢（纶）、韩（翃）七言古尚有可采者""七言古卢（纶）气胜于刘（长卿），才胜于钱（起），故稍为跌荡而有格"⑤。卢纶的歌行亦有流利华美、渐趋繁复的一面，其《慈恩寺石磬歌》辞藻瑰丽，想象奇特，开李贺先河。卢纶的这些歌行，一方面显示了中晚唐歌行求实求尽的趋势，另一方面透露出中晚唐歌行绮艳华美的动向，而卢纶歌行开阖有致、跌宕有格，其叙事色彩又标志着盛唐诗向中唐诗转变的契机。

卢纶喜于在诗歌形式上作多方面的尝试，他的诗集中有四言诗《和马郎中画鹤赞》，有六言律诗《送万巨》："把酒留君听琴，难堪岁暮离心。霜叶无风自落，秋云不雨空阴。人愁荒村路细，马怯寒溪水深。望断青山独立，更知何处相寻。""六言诗难工"，洪迈《容斋三笔》卷十五就感叹："予编唐

① 陈伯海．唐诗汇评［M］．杭州：浙江教育出版社，1995：3299．
② 陈伯海．唐诗汇评［M］．杭州：浙江教育出版社，1995：3289．
③ 郭绍虞．清诗话续编［M］．富寿荪，校点．上海：上海古籍出版社，1983：1554．
④ 胡应麟．诗薮［M］．北京：中华书局，1958：48．
⑤ 陈伯海．唐诗汇评［M］．杭州：浙江教育出版社，1995：1454．

人绝句，得七言七千五百，五言二千五百，合为万首，而六言不满四十，信乎其难也！"而卢纶的这首六言诗语言明白晓畅，节奏顿挫，韵律近似骈文又带有歌调之味，是对诗体创新的一种可贵尝试。五言六句的三韵诗《同吉中孚梦桃源》写梦境之梦幻离奇，被周珽《唐诗选脉会通评林》赞曰："此诗寥寥数语，景物幽美，兴致慨切，简秀清远，幻化高华，何初、盛、中之有分也。"① 甚至认为可以和李白的《梦游天姥吟留别》相媲美，可见赞誉之甚。卢纶还曾尝试写词，如《天长久词》与所附的《宫中乐》。词曲是卢纶所创始，他是中唐较早尝试写词的文人。

---

① 陈伯海．唐诗汇评［M］．杭州：浙江教育出版社，1995：1456.

《陈与郊年谱》补正（下）

闫 勖

陈与郊（1544—1611），字广野，号禺阳，浙江海宁人。万历二年（1574）进士，历任推官、给事中、太常寺少卿。有传奇《樱桃梦》《鹦鹉洲》《麒麟罽》《灵宝刀》和杂剧《昭君出塞》《文姬入塞》《袁氏义犬》传世。徐朔方的《陈与郊年谱》（以下简称《年谱》）材料翔实，本文一方面补充《年谱》没列入的行事、人际关系，另一方面用新材料使已列入的行事、人际关系更明晰，并纠正《年谱》的失误。对《年谱》中出现的人和事，本文一般不作介绍、考证。徐朔方指出："进士出身的文人则多半在入仕之前或退出仕途之后，才放手地编写戏曲。晚明戏曲作家很少出于上述情况之外。"[1] 这种情况在陈与郊身上尤为明显。万历十八年（1590），他依附王锡爵等内阁大臣，在政治斗争中占据上风，可终因舆论压力告假省母，中途得到讦告。未及服阕，他便因御史弹劾而被迫退休，结束了自己的政治生涯。[2] 陈与郊所有的戏曲和学术著述，都完成于万历十九年（1591）之后的退休时期。其剧作"人生皆梦"（《樱桃梦·开宗》）的立意，以及对世态炎凉的感慨，无不表明他对仕途失意难以释怀。他将这种心情发之于戏曲，以及用不甚严谨的态度从事学术研究并以此为乐，则可以让我们一窥晚明时期真实的文化氛围和治学风气。

作者简介：闫勖，博士，广东海洋大学文学与新闻传播学院讲师，主要研究方向为明清文学与文献。

① 徐朔方. 晚清曲家年谱·郑若庸年谱·引论 [M] //徐朔方集：第二卷. 杭州：浙江古籍出版社，1993.

② 参本谱"万历二十年"。

万历十九年辛卯（1591） 四十八岁

二子秋试失利。

明沈德符《万历野获编》卷二十二《冯仰芹大参》："辛卯顺天乡试，冯宗伯琢庵（琦）时以谕德为正主考，即得陈祖皋《春秋》卷而置之者。时其尊人仰芹（子履）以山西参政，备兵易州。与管厂工部主事项元池（德桢）宴饮方洽，适京师人来，宗伯寄至试录及家报。方发封读数行，即大声呵詈，且叹恨曰：'冯氏从此不祀矣。'项怪问其故。仰芹曰：'吾儿书来云，以嫌疑易陈生榜首。若固自为功名地，其如此子功名何？'因咄咄不休，遂罢酒别去，大参未几亦以病谢事矣。此项亲为余言者。"

十一月八日，孙陈之佶生。

《宗谱》卷五《第七世传》："之佶字吉人，号钟厘，太学生，官西城兵马司副指挥。生万历辛卯十一月八日，卒顺治甲申正月二十日，年五十四。"

乐新炉造语被纠，下狱死。

沈德符《万历野获编》补遗卷三《山人蜚语》："山人乐新炉者，江西临川人。本监生也，来京师以捭阖游公卿间。多造口语，人多畏恶之。然颇有才智，以故士大夫亦有与之昵者。时为今上之辛卯冬，刑科给事中王建中，特疏纠之。内云新炉捏造飞语，以邹元标、雒于仁、李沂、梁子琦、吴中行、沈思孝、饶伸、卢洪春、李植、江东之为十君子，以赵卿、洪声远、张程、蔡系周、胡汝宁、陈与郊、张鼎思、李春开为八狗，以杨四知、杨文焕、杨文举为三羊，又为谣曰：'若要世道昌，去了八狗与三羊。'又与听补金事李珰改作参申阁下本稿，并与原任给事中罗大纮为同乡交好，讲究禅学，及他诸不法事。上命逮新炉于诏狱鞫之，具伏诸罪状。上命荷立枷戍之，寻死……新炉事先为东厂所发，已得旨讯鞫。王给事参疏继之，非王始祸也。新炉先年曾入大珰张宏幕下称契厚，冯保之得罪，宏授意新炉以转授言官论之，原任顺天通判周宏礿建言疏中曾发其事。盖新炉之倾险有素矣。"

沈德符《万历野获编》卷六《冯保之败》："至乙酉年，麻城周二鲁（宏礿）疏论李顺衡（植）。谓李之参保，繇大珰张宏授意门下山人乐新炉，转授李使击保去。宏因得掌司礼监，李以此与张宏为刎颈交。李自云受皇上异眷，每于内延呼李植为我儿，亦出张宏之力。"

万历二十年壬辰（1592） 四十九岁

　　正月，张应扬上《贪鄙铨省旧臣鬻选行私乞罢斥以清仕途疏》
劾陈与郊，免官。

疏见吴亮编《万历疏钞》卷十九，言："臣惟国家有行取之典，原以待卓异之才，非为奸人启幸进之路也；行取有台谏之选，原以重耳目之任，非为贪夫开贿赂之门也。乃己丑年来，则有大谬不然者。臣有慨于中久矣，然而未敢指摘暧昧，以伤雅道……昔何以进总之难，解于当日在事诸臣矣。当日在事诸臣果何人乎？吏部尚书则杨巍也，都察院都御史则吴时来也，文选司郎中则刘希孟也，吏科都给事中则陈与郊也，大都皆此数人主之也……闻之各官中，有以二千金得之者，有以一千金写票得之者，又以有数千金乞哀权门、换他人名字而得之者。人言啧啧，谭之污人齿颊。今大计处分已定，夫复何言？独怪当日在事诸臣奈何容魑魅魍魉公行白昼也？吴时来事定盖棺，品不足齿矣；杨巍晚节不终，老且乞休矣。即欲议处，法无可施。乃若物议沸腾，赃私狼藉者，非刘希孟，又非陈与郊乎？希孟在部，原碌碌无奇，杨巍以其同乡，竟以文选私之，事体一味含烟，人素有刘草包之号，名虽杨巍属官，实则与郊鹰犬。与郊曰某当选科，希孟亦曰科；与郊曰某当选道，希孟亦曰道。鸟之雌雄，茫然不知；水之淄渑，溷然莫辨。正如矮人观场，随人说其妍媸耳……与郊首列谏垣，耳目天朝，谓宜秉公，咨访荐贤，为国非为私，可也。胡为乎嗜利如蚁聚膻，招权如贾炫玉？钱神一入，则盗跖可以为伯夷；关节不通，则西子不免为嫫母。颠倒是非，淆乱黑白，不复知人间有羞耻事矣。尤可笑者，王遵训为广平推官，不检有闻，同官侧目，乃访单中所称最有议者，与郊乃荐之，旧阁臣曰'此异才也'。今遵训公论定矣，问之则曰'是曾用贿千金者，臣不知与郊力荐之何心也'。如此类难以枚举，皇上又以为与郊欺君耶不欺君耶？臣又思之，是年科臣员缺仅有八人，乃同选者则七十八人也，缺之所限，岂不谓难而贿之？所通抑又何易？且当是时，有以循良卓冠而竟置之劣选者，又有以治行殊尤而仅博一南曹者，此有所抑，彼有所伸，豪杰风闻，宁不解体犹未也……谁生厉阶，至今为梗，二臣之祸天下不小矣。臣尝就二臣评之，希孟木偶人也，而与郊则提木偶者也；选省台是希孟奇货也，而与郊则居奇货而求善价者也。传之四方，载之青史，不亦辱朝廷而羞天下士大夫耶？臣愤激于中，义不容默，相应参究参照……原任吏科都给事中今给假太常寺少卿陈与郊，职居掖垣，智昏垄断，巧足以成簧鼓，辨足以出雌黄。藉咨访为利媒，岂曰桃李私植？以清华为骗局，明是苞苴公行。此二臣者，均当罢斥以儆官邪者也。伏乞皇上大振乾纲，亟奋雷断，速将臣奏下部施行，庶仕途清、吏治饬，而真才亦不患于无阶上进矣。"年月据《实录》，参《年谱》万历二十年（1592）。

张应扬（1550—1600），字以言，休宁人。万历十一年（1583）进士，授兰溪令，擢御史，有直声，卒于官，年五十一。有《星轺草》。传见冯梦祯《快雪堂集》卷九《张御史传》。

会徐桂。

《蘋川集》卷三《徐茂吴郡宪》："不晤仁兄三年矣。弟以去春折骸，今岁病脾，性命虽存，形神两惫，以此不克时时起居。"陈与郊书系年参本谱万历二十三年（1595）。

万历二十一年癸巳（1593） 五十岁

王锡爵来书。

《蘋川集》卷一《王荆石座师》："去岁秋月，奉老师台札。"陈与郊书系年参本谱万历二十二年（1594）。

万历二十二年甲午（1594） 五十一岁

七月十六日，作《檀弓考工记辑注序》。

序见《檀弓辑注》卷首，自署日期。《隅园集》卷一收。

致书王锡爵言其还朝事。

书见《蘋川集》卷一《王荆石座师》，言："门生自遭横逆，闭户益深，实从水火中度日耳。未能免俗，遣二子赴试。"据《年谱》，万历二十二年（1594）陈祖皋第六次应举。

致书李廷机托照看陈祖皋。

书见《蘋川集》卷一《李九我太史》，言："十许年中，蒙阁下视不佞犹弟，则视小儿固犹子也。今儿祖皋赴监，学荒质鲁，望夫子加膝而诱进焉。"

《宗谱》卷二十四《第八世赠刑部郎区吴增城二公大传》："区吴公以廪生入太学，增城公亦由博士弟子从兄游雍。"

过庭训《本朝分省人物考》卷七十一："甲午，皇长子出阁，（李廷机，引者注）克侍班官，改右谕德，掌坊事。秋，典应天试，还充正史纂修官。时豫教方勤，秉烛讲读，每四鼓呼，长安门入，寒暑风雨不辍。"

李廷机，字尔张，号九我，晋江人。万历十一年（1583）进士，累官礼部尚书，入参机务，遇事有执，性廉洁，然刻深偏愎，不谙大体。言路以其与申时行、沈一贯辈密相授受，交章逐之，遂乞休，卒谥文节。有《李文节集》传世。传见《明史》卷二百十七。

致书刘日宁问候。

书见《蘋川集》卷五《刘云峤中允》，言："仆平生不甚病，病亦不数日，今春辄病五旬。"据《年谱》，万历二十二年（1594）伤足。

刘曰宁，字幼安，南昌人。万历十七年（1589）进士，授编修，累官右中允，值皇长子讲幄。时册立未举，外议纷纭，曰宁旁慰曲喻，依于仁孝，光宗心识之。时矿使四出扰民，曰宁发愤上疏，极言税监李道、王朝诸不法状，疏入留中。官至南京国子监祭酒，卒谥文简。传见《明史》卷二百十六。

万历二十三年乙未（1595）　五十二岁

病脾，致书徐桂乞正《文选章句》。

书见《蘋川集》卷三《徐茂吴郡宪》，言："不晤仁兄三年矣。弟以去春折骸，今岁病脾，性命虽存，形神两惫，以此不克时时起居……弟从吾丈，始知独推李善注《文选》，视五臣特优。退服吾丈绪言，欲求善注、善本，一付剞劂。今兹病废，久卧益无事，稍稍授刊其书。实奉教周旋，敢就正焉。吾丈以为支离，以为割裂，便望批抹削版。万一不大乖剌，许可苟存，虽鄙，愚公笑夸文者若累百，弟不惜矣。"

万历二十四年丙申（1596）　五十三岁

致书陈王庭问候。

书见《蘋川集》卷三《陈荩庵大参》。言："自颠踬以来，斋居两岁。"
陈王庭，字惟献，号荩庵，仁和人。万历二年（1574）进士，授贵溪令，改金溪，擢兵部主事，官至江西副使，迁云南参政，未赴卒。传参冯梦祯《快雪堂集》卷十七《陈公墓表》。

万历二十五年丁酉（1597）　五十四岁

三月三日，作《文选章句序》。

序见《文选章句》卷首，自署日期。《隅园集》卷一收。

致书邢侗求字。

书见《蘋川集》卷三《邢子愿太仆》，言："家弟在成都三岁，索得二纸，乞仁兄随意为弟一书，欲分挂斋阁，正不烦对待也。"据《年谱》，陈与相万历二十二年（1597）任成都知府。

再致书邢侗求《文选章句》序，谢《世说广钞》序，附家刻新书两种相赠。

书见《蘋川集》卷三《邢子愿太仆》其二，言："近以《文选》课儿子辈习读，以删注太略，六臣注太烦，辄用李善注，稍章句焉。间有舛伪，又稍稍订正数字，尚未脱稿。先写骚内三四章，呈教皇甫公。肯为一序，此书赆后，岂减《三都》？姑取一团托重意耳，不必笑老伧妄拟太冲也。前惠《世说》序，极荷提携。新刻《韵语阳秋》《酉阳杂俎》二种寄上，如云邮架，恐不免辽东豕耳。"据《年谱》，万历二十二年（1597）（始作《文选章句》），因伤足废。邢侗《来禽馆集》卷六收《刻世说新语钞引》。

致书邵墟莲问候。

书见《蘋川集》卷四《邵墟莲兵部》，言："昨岁周父母下车，即出华缄重贶。"据《（民国）杭州府志》卷一百三，周廷参万历二十四年（1596）至万历二十六年（1598）任海宁知县。邵墟莲，名不详。

十二月，会王稚登，言邢侗病愈。

《蘋川集》卷三《邢子愿太仆》其三："力还，知仁兄寒疟至四十五日，惊诧欲狂。细玩手书，神气奕奕，计冬月平善久矣。腊尽，会王百谷相向告语，互道仁兄。时百谷犹忧，弟特喻知之。"陈与郊书系年参本谱万历二十六年（1598）。

万历二十六年戊戌（1598）　五十五岁

致书邢侗求字。

书见《蘋川集》卷三《邢子愿太仆》其三，言："所乞《文选章句》序，万望留神。"当在万历二十五年（1597）求序后。又言"腊尽"，似作于年初。

万历二十七年己亥（1599）　五十六岁

致书潘元和问候。

书见《蘋川集》卷二《潘寅所旧尹》，言："伏惟琴鹤之去高邦，二十年矣。"据《（民国）杭州府志》卷一百三，潘元和万历六年（1578）至万历七年（1579）任海宁知县。

致书陈所见问候。

书见《蘋川集》卷四《陈忠宇户部》，言："庚寅晤别，倏尔九年。"

秋，至上海。

《蘋川集》卷三《李师弦别驾》："去秋曾一至上海。"陈与郊书系年参本谱万历二十八年（1600）。

万历二十八年庚子（1600）　五十七岁

致书王锡爵问候。

书见《蘋川集》卷一《王荆石座师》其二，言："盖居蓬荻八年。"

致书王衡借书。

书见《蘋川集》卷一《王辰玉太史》，言："村居无事，拟仿《新唐书纠谬》，一驳正两野史。苦无天缘，恐发此便宜，谇险不尽。邺架副本，可少借迭更一证乎？"《年谱》万历二十八年（1600）："修订史籍，不详何书。"当即此。

致书唐鹤征问候。

书见《蘋川集》卷一《唐凝庵少卿》，言："别如昨日，倏尔十年。"参本谱万历十八年（1590）。

唐鹤征，字凝庵，武进人。隆庆五年（1571）进士，历官太常卿，以博学闻。尝疏劾珰殴属丞，得旨严治，人忌之，遂病免。有《周易象义》《皇明辅世编》《宪世编》《南游》《北游》二稿。传见《明史》卷二百五。

致书汪尹问候。

书见《蘋川集》卷二《汪□□武康尹》，言："不佞屏迹山中，相将十载。"汪尹，名不详。

致书蔡国炳问候。

书见《蘋川集》卷三《蔡拱朋大参》，言："往隶都门，蒙翁丈昵如骨肉，何怀不吐，何事不追随？倏尔十年，飞沉顿隔。"

致书李师弦问候。

书见《蘋川集》卷三《李师弦别驾》，言："从宣武门与台下执别，又遂十年往矣。"李师弦，名不详。

万历二十九年辛丑（1601） 五十八岁

作《谢季太尊送扁启》。

启见《隅园集》卷十一。《年谱》万历二十九年（1601）："据《杭州府志》，季东鲁万历二十四年任杭州知府，下任今年来代。"误。据《（民国）杭州府志》卷一百，季东鲁嘉靖二十四年（1545）至嘉靖二十九年（1550）任杭州知府。时杭州知府为朱正色，万历二十六年（1598）至万历三十一年

（1603）任。季太尊，名不详。

作《贺邢太仆太公太夫人偕寿序》，寿邢侗父九十。

序见《隅园集》卷四。邢侗《来禽馆集》卷十八《先侍御史府君行状》："府君生正德壬申十月十四日，卒万历壬寅十月初二日，得寿九十有一。"

王稚登告知邢侗母丧，作《哭邢太夫人辞》吊。

辞见《隅园集》卷十四。邢侗《来禽馆集》卷十八《累敕封孺人先妣万太君行状》："太君生嘉靖甲申八月初七日，卒万历辛丑正月十四日，未登八帙者裁二年。"

致书杨洞岳问候。

书见《蕑川集》卷一《杨洞岳□□》，言："仆更二年即六十。"杨洞岳，名不详。

致书尤应鲁问候。

书见《蕑川集》卷二《尤弦室旧尹》，言："台下舍我黎庶而北，已八载于兹矣。"据《（民国）杭州府志》卷一百三，尤应鲁万历十五年（1587）至万历二十一年（1593）任海宁知县。

致书江铎，附代作《送司理丁公晋擢司农序》。

《年谱》万历二十九年（1601）："作《送司理丁公晋擢司农序》。见本集卷四……题下原注：'代督抚江公作。'或指前贵州巡抚江东之。"似误。陈与郊曾因寿宫事劾江东之等［参本谱万历十三年（1585）］，且江东之为万历五年（1577）进士，陈与郊当不会代有过节的后辈作序。书见《蕑川集》卷三

《江缵石经略》其三，言："承兄命勉拟一序，奈握管有三难焉。荒陋之肠不易写富贵神仙之境界，其难一；亟亟焉辰濡墨而午授苍头，内不及思，外不及订讹舛，其难二；言欲出当世钜公之口，而入名阀阅之耳，非其人也，惴惴乎转若黜聪而窒明，其难三。有三难而辄赧颜上大方，则窃谓末弟之分，在奉令唯谨，不问堪使令不堪使令也。幸仁兄菲采而郢斫之，不肖弟受教侈矣。敢随藁申露以闻。"所作序当即此。

致书杨德政问候。

书见《蘋川集》卷三《杨楚亭太史》，言："不佞弟九年耕牧。"

杭州舟中会李维桢。

李维桢《大泌山房集》卷七十八《太常寺少卿陈公墓志铭》："岁己丑……又十二年，余自武林入觐。公时以奉常里居，特越疆顾余，舟中数言而别。"

万历三十年壬寅（1602） 五十九岁

致书张珍所问候。

书见《蘋川集》卷一《张珍所给谏》，言："丁酉得奉清光，喜逾望外。骤逢骤别，又复五年。"张珍所，名不详。

致书郑汝璧问候。

书见《蘋川集》卷三《郑崑岩奉常》，言："不佞弟十年草莽。"

致书徐元虚问候。

书见《蘋川集》卷五《徐元虚侍御》，言："仆十年荒谷，远谢除书，遂不知□朝著音尘。故儿子入京，未奉寸函。"陈祖皋此次应举中应天副榜，参本谱万历三十一年（1603）。徐元虚，名不详。

云松大师来书，复。

陈与郊书见《蘋川集》卷八《云松大师》。言："万里辱惠书，珍念笃矣。回头旧梦，已破十年。"

万历三十一年癸卯（1603） 六十岁

陈祖皋中应天副榜。

据《宗谱》卷二十。

致书邢侗问候。

书见《蘋川集》卷三《邢子愿太仆》其四，言："此月中，正拟差仆兄门，且便走修太原师两岁之阙。"据《年谱》，万历二十九年（1601）往太仓谒王锡爵，贺王衡进士及第。

朱国祯来书，复。

陈与郊书见《蘋川集》卷五《朱平涵谕德》，言："昨暮自太仓还，尊牍俨然在于案头矣……即昨太仓往还，吴门不上涯，檇李不泊船。"据《年谱》，万历三十一年（1603）往太仓寿王锡爵七十。

朱国祯，一作国桢，字文宁，乌程人。万历十七年（1589）进士，天启初拜礼部尚书，兼文渊阁大学士。魏忠贤窃国柄，国祯佐叶向高多所调护。及向高、韩爌相继罢去，国祯为首辅，累加太子太保，为逆党李蕃所劾，遂引疾去，卒谥文肃。著有《大政记》《涌幢小品》。传见《明史》卷二百四十。

万历三十二年甲辰（1604） 六十一岁

致书洪有声问候。

书见《蘋川集》卷三《洪穆庵工部》，言："忆与翁丈初隶司空曹，契分独深，殷殷昆弟欢也。虽去之三十载，意貌宛然。"参本谱万历二年（1574）。

冬，葬母。

李维桢《大泌山房集》卷七十八《太常寺少卿陈公墓志铭》："甲辰冬，启赠公兆祔母日者，言是犯公本命，公不顾。浃岁，祖皋遭祸。"

邢侗作《陈母严太恭人诔》，遣仆代奠。

诔见《来禽馆集》卷十七，言："广野汍澜而请曰：'孤至不肖，辱不鄙夷。而兄视之先夫人倘亦犹母也，其一言哀之。'余谊不获辞，乃询葬期，爰束帛炙鸡，属家童裹粮往告焉。佐以诔辞，文不文，何暇计哉？"

致书韩振西问候。

书见《蘋川集》卷四《韩振西工部》，言："兹年逾六十，二子三孙。"当在家难前。孙陈之爽已夭，据《宗谱》卷六，陈祖皋有"女一，适仁和太学生许鸣岐"。韩振西，名不详。

万历三十三年乙巳（1605） 六十二岁

致书王锡爵问候。

书见《蘋川集》卷一《王荆石座师》其三，言："客冬极拟驰候师门，缘修亡母墓，遂尔耽阁。"当在家难前。

致书余孟麟问候。

书见《蘋川集》卷三《余幼峰太史》，言："先人即世四十年，颇修微节，细行于乡。"据《年谱》，嘉靖四十四年（1565）父卒。当在家难前。

余孟麟，字伯祥，号幼峰，祁门人，著籍江宁。举万历二年（1574）进士第二，授编修，历官至南京国子监祭酒。有《幼峰学士集》。传参顾起元《懒真草堂文集》卷十八《余学士先生集跋》。

致书林恭章乞救陈祖皋。

书见《蘋川集》卷二《林静宇令君》其二，言："唯是不爱，引手投足，从陷阱中夺出冤民，则日夜焚香告天，何足报万分一？子弟在水火，望救于父母台。"据《（民国）杭州府志》卷一百三，林恭章万历二十七年（1599）至万历三十三年（1605）任海宁知县。

再致书林恭章吊其母丧。

书见《蘋川集》卷三《林静宇令君》其三，言："与郊跧伏省城陋巷一室，竟不知老父母之罹大故也……闽越阻修，遂不克裹足而叩头台下。谨上瓣香束帛，祈祝史者，奏之太母几筵。"据《（民国）杭州府志》卷一百三，林恭章福建莆田人。林母卒于家，林恭章即以母丧去职，时陈与郊在杭州为陈祖皋打点。

万历三十六年戊申（1608） 六十五岁

致书郭一轮问候。

书见《蘋川集》卷二《郭仁宇令君》，言："固不啻耳提面命者三年矣。"据《（民国）杭州府志》卷一百三，郭一轮万历三十三年（1605）至万历三十九年（1611）任海宁知县。

万历三十八年庚戌（1610） 六十七岁

会客于杭州，别后回海宁，途中卒。

参《年谱》万历三十八年（1610）。万历三十三年（1605）已言"跧伏省城陋巷一室"，似五年来多数时间都在杭州。

海洋传媒研究

印度尼西亚主流媒体涉南海问题报道的新闻话语分析

——以《雅加达邮报》关于纳土纳群岛争议海域的报道为个案

毛家武　朱笑微

一、问题的提出：纳土纳（Natuna）群岛问题

纳土纳群岛位于印度尼西亚（以下简称"印尼"）西北部，由 154 个岛屿组成，以最大岛屿纳土纳岛命名，距离南沙群岛最南端约 500 千米，分布在 26.2 万平方千米的水域内。岛上人口约 9 万。

1980 年，印尼宣布设立专属经济区，与中国南海"九段线"有 50 000 平方千米的重叠海域。为了使重叠海域合法化，在 20 世纪 80 年代中期，印尼把重叠部分海域改名为"纳土纳海"。随后，我国与印尼关于纳土纳重叠海域的纷争拉开序幕。

1996 年 5 月，我国发表《关于中华人民共和国领海基线的声明》，对所谓"纳土纳海"重叠海域表达了反对意见。印尼官方坚持的基本观点是，中国的南海"九段线"坐标不明确，违反了 1982 年《联合国海洋法公约》。自 2009 年起，印尼多次向联合国表达其立场。中国向来承认纳土纳群岛属于印尼，但声称纳土纳群岛附近海域是中国渔船的"传统渔场"。印尼历届政府一直担心，中国宣称拥有的南海海域与印尼在纳土纳群岛的专属经济区有重叠，

基金项目：广东海洋大学 2024 年文科学院平台提升项目"广东省雷州文化研究基地"（校科技〔2024〕2 号）；2020 年度国家社会科学基金项目"'一带一路'背景下我国在东盟投资企业邻避风险的传播策略研究"（20XXW005）；广东海洋大学博士科研启动费资助项目"南海问题的东盟国家新闻舆论分析与对策研究"（R17043）。

作者简介：毛家武，博士，广东海洋大学文学与新闻传播学院教授，主要研究方向为国际新闻；朱笑微，广东海洋大学文学与新闻传播学院编辑出版学专业学生。

加上当地海域蕴藏了丰富油气资源，所以该海域可能成为未来的冲突热点之一。2015 年 1 月，印尼在纳土纳争议海域扣留了数艘中国渔船，接着又单方面废止 2014 年 10 月与中国签署的渔业协议，试图通过改变相关国际协议来加强印尼对纳土纳重叠海域的法律地位。武力打击争议海域的捕鱼活动，客观上可以保证印尼渔民的利益，也是对外宣示领海主权、突出印尼作为海洋强国的国际形象的举措之一。

2020 年 6 月 12 日，印尼议会副发言人阿齐兹·西阿姆苏丁表示，中国对纳土纳争议海域的要求是单边主义行为，印尼政府理应拒绝，1982 年《联合国海洋法公约》已经确认纳土纳争议海域是印尼领海，印尼政府不需要再同中国就争议海域进行谈判，以免出现任何有损印尼海洋主权的妥协空间。在印尼政府看来，纳土纳争议海域属于印尼的 200 海里专属经济区范围，是印尼自然具有的海洋主权。在对纳土纳争议海域的声索权方面，印尼政府依据其单方面理解的《联合国海洋法公约》及菲律宾单方面推出的南海仲裁案，忽略南海海域及纳土纳争议海域的主权历史。

2020 年 6 月，印尼政府再次向联合国提出申诉，要求联合国从国际法角度承认其对纳土纳争议海域的合法地位。同时，印尼政府成立印尼海域部队，加大对争议海域的武装压力。当前印尼对纳土纳争议海域的不断索取，既是佐科政府构建海洋强国的重要体现，也是其建设中等强国之路的重要一环。

印尼政府认识到纳土纳群岛附近海域的资源对印尼经济发展的重要性，这里还拥有非常丰富的海洋资源，渔业资源富集，但目前仅开发其潜能的 8.9%；岛上和离岸海域油气资源丰富，已发现 16 个油气田，其中 5 个正在开采，7 个正在勘探，4 个尚未触及。此外，纳土纳海域具有重要的地缘战略意义，被印尼政府视为加强传统安全和非传统安全的"前门"。佐科当选印尼总统后提出建设海洋强国的目标，其中一大具体步骤是在纳土纳争议海域打击外国捕鱼活动。纳土纳争议海域问题长期困扰印尼政府的对外政策，特别是当其作为一个东盟领导角色来调停南海争端时，印尼的中立和公正性也面临考验。印尼要求南海争端国通过和谈消除分歧，而自己对纳土纳争议海域的态度却非常强硬，拒绝妥协和谈判，显然佐科政府的"全球海洋支点"战略进一步促进了印尼的强硬姿态。而且，佐科政府也想通过对纳土纳争议海域的强硬姿态来消除国内反对派的质疑，提升自己的威望。

随着南海问题的发酵，印尼国内新闻舆论开始关注南海局势的发展变化，担心中国对纳土纳群岛附近海域提出主权声索，呼吁印尼政府制定针对性策略，以确保纳土纳群岛及其海域安全。

事实上，印尼政府也正响应其国内舆论的关切。2018 年 12 月 22 日，印尼在纳土纳群岛建设的军事基地正式投入使用。该基地军港、机库、医院等军用设施齐备，部署有地对空导弹，人员规模在数百左右。印尼国民军总司令哈迪表示，该基地是为应对来自海洋的全方位威胁而建。

该基地其实主要是瞄准中国而建，印尼声称的纳土纳群岛北部海域专属经济区与我国划定的南海"九段线"有重合。早在 2016 年，印尼总统佐科就视察纳土纳群岛警备情况，印尼人民协商会议批准纳土纳群岛军事基地设施建设预算。2017 年 7 月，印尼政府将纳土纳群岛北部海域的名称从"南中国海"改为"北纳土纳海"，并强调该海域属于印尼专属经济区和领海。

在外交、政治问题上，媒体的角色极为重要。伯纳德·科恩认为"媒体是具有重大影响力的政治行为体"。他认为，在外交关系领域，媒体的主要角色有三个：一是外交政策新闻的观察者；二是外交政策制定过程的参与者；三是国外信息的媒介物。[①] 想要了解印尼在纳土纳群岛附近争议海域问题上的政策和立场，媒介是一个很好的观察窗口。

《雅加达邮报》（*The Jakarta Post*）是印尼发行量最大的英文报纸，是了解印尼外交政策的重要窗口，有"印尼头号英文日报"之称，内容涵盖了商业、政治和综合性新闻，目标受众是印尼商人、知识分子和外国人。该报曾被印尼记者联盟称为"最遵守新闻职业道德和标准的印尼报纸之一"；2009 年，《雅加达邮报》被授予亚当·马利克奖。

本文以《雅加达邮报》关于南海问题的报道为语料，分析印尼舆论在纳土纳群岛附近争议海域问题上的主张及立场，解读印尼的利益诉求，希冀有利于我国对症下药，为解决南海问题寻找有效对策和建议，促进中国、印尼两国的合作与发展和中国东盟命运共同体建设。

---

① 甘莅豪. 媒介话语分析的认知途径：中美报道南海问题的隐喻建构［J］. 国际新闻界，2011，33（8）：83-90.

二、文献回顾：印尼涉南海问题报道研究文献综述

在检索到的文献中，研究主题比较一致，大都从政治、经济、文化、社会、军事、外交等方面综合分析印尼媒体所建构的中国国家形象，对华文报纸和英文报纸均有涉猎；也有从南海争端着手研究的。2011 年以前的文献研究显示，印尼媒体最为关注的是中国内政，对南海局势的报道非常少。2011年，时任印尼总统苏西洛曾说印尼与中国在南海问题上无争端。印尼也不想卷入这场争端中，故将南海争端边缘化。

2012—2013 年的文献资料显示，印尼媒体关于南海问题的报道逐渐增多，议题主要围绕"和平解决争端，谋求区域发展"展开，主张以东盟为平台协商对话，和平解决争端。此时，印尼更多扮演中国与南海声索国之间的调停者角色。

到了 2014—2015 年，有文献提到印尼开始担忧纳土纳群岛与中国所主张的南海海域有重叠之处。为了维持平衡，印尼支持美国介入南海问题。此时，印尼媒体在有关南海争端的报道中多采用西方信源，比较负面。

大体来说，印尼媒体对中国经济贸易、社会文化方面的报道比较客观中立。印尼重视与中国的经贸合作，但是随着中国经济和军事实力的增强，以及中国在处理南海争端时维权力度的加大，东盟内部针对南海问题意见不统一，印尼开始担忧中国会采取武力解决南海问题，加上近几年纳土纳群岛海域与中国主张的南海"九段线"有重合的争议愈演愈烈，印尼日益不安，很谨慎地保持与中国、美国、日本等大国的距离，以求利用大国之间的矛盾和竞争，谋求自身利益最大化。①

还有研究认为，印尼媒体的涉华报道倾向大多与语种、媒体背景及其资金来源挂钩，即印尼文和英文涉华报道以负面议题居多，华文媒体涉华报道则以正面议题居多，也不乏一些持中性立场的媒体。全球最大的政治事件开放数据库 GDELT 的数据显示，印尼媒体涉华报道的"褒贬指数"为 -0.848，即印尼媒体涉华报道总体负面新闻较多。

回顾以往研究，有关印尼媒体涉华报道的文献也存在一些不足：研究主

---

① 黄里云. 印度尼西亚的中国观探究：以《雅加达邮报》的涉华报道为例 [J]. 学术论坛，2016（3）：125 – 129.

题较单一，基本是印尼媒体关于中国国家形象的建构，角度过于宽泛，研究不够深入，有关南海问题报道的研究更少；即便有，取样时间也缺乏新鲜度，有关印尼涉南海问题报道的相关研究最新取样时间是 2014—2015 年，之后基本处于停滞状态，大多数文献还都停留在 2011 年前后。南海问题变幻多端，各国的立场和南海政策也在不断变化，及时更新南海问题的相关研究显得尤为必要。

三、研究方法及理论工具

在 Factiva 报纸数据库中，以《雅加达邮报》为检索对象，以 "South China Sea & Natuna Islands" 为关键词，搜索《雅加达邮报》2016 年 1 月 1 日至 2017 年 12 月 31 日为期两年的有关纳土纳群岛争议海域的报道，剔除重复数据，共得到相关文章 107 篇，以框架理论为理论工具进行话语分析。

四、话语分析

（一）话语内容分析

对某一主题的报道量能反映出该报对这一主题的关切程度。《雅加达邮报》在 2016 年 1 月 1 日至 2017 年 12 月 31 日的两年时间里发表涉及纳土纳群岛争议海域的报道 107 篇，即每月至少有一篇，说明《雅加达邮报》始终关注其发展态势。

报道主要集中在 2016 年的上半年，3 月、4 月、6 月和 7 月报道量最大，分别为 12 篇、12 篇、16 篇和 24 篇。2016 年 7 月之后至 2017 年底，报道稍有减少，除了 2016 年 12 月有一个小高峰外，其余时间平均一个月 2 ~ 3 篇，比较平稳。

有代表性的报道内容如下：

2016 年 3 月 19 日，中国渔船在纳土纳群岛附近的海域作业，印尼方面认为中国渔船 "非法捕鱼"，扣押了一艘渔船，但随后被中国海警救出。该事件引起舆论对印尼和中国在纳土纳群岛附近海域争议问题的关注。

2016 年 4 月 24 日，印尼海军捕获了一艘渔船，该船由 25 名中国人和 4 名印尼人经营，曾在阿根廷专属经济区捕鱼并交易，被阿根廷当局查获，之后进入印尼海域继续"非法活动"，直至被截捕。

2016 年 5 月 27 日，印尼海军再次逮捕了一艘"非法捕鱼"的中国渔船，中国海警再次试图阻止，但未成功。

2016 年 6 月 14 日，基于印尼与中国的海上争端事件，就中国南海"九段线"话题发表印尼学者和国际海事法律专家的观点、评论，呼吁印尼在南海问题上态度要坚定一致。

2016 年 6 月，印尼海军称可能会沉没最近捕获的一艘中国渔船，再加上六、七月是菲律宾诉中国南海仲裁案的结果公布时间，使得《雅加达邮报》这两个月关于南海问题的报道达到最高峰。之后少有发生促使局势紧张的事件，因而报道量下降。

2016 年 12 月又出现了一个小高峰，从报道内容来看，大部分是关于纳土纳群岛防护建设、经济发展以及印尼政府的外交政策等。

在 107 篇报道中，有 6 篇是读者来稿，如菲律宾驻印尼大使所写的一篇文章 "Why Arbitration Matters"（《为什么仲裁很重要》）提出，仲裁是一种友好行为，是解决争端的和平手段。还有印尼学者来稿称，中国渔船在纳土纳群岛附近海域的多次作业是"intrude（闯入、侵入）"，是"grave violation"（严重违法行为）。其他来稿涉及捕鱼活动、中国海警、印尼主权、南海局势及印尼应对策略等。来稿对这些敏感话题态度明确、用词尖锐、立场鲜明，都比较负面。如有篇来稿写道："中国声称，纳土纳群岛周围的海域是中国渔民的传统渔场。这是一种严重的侵犯行为，是企图侵犯印尼主权。这些'传统'渔场只基于一种历史记载，古代文物不能作为确认领土的基本参考。"[①]

综上，《雅加达邮报》涉纳土纳群岛争议海域问题的报道量主要受当时的热点事件、争议事件影响。

《雅加达邮报》在报道争议海域的相关事件时，首先用消息报道，并刊登民众对此事的反映、评论，再对此事的发展、政府的应对策略以及中国的态度等进行后续报道，分析事件的态势走向，邀请相关专家学者发表评论。这种整合报道使得事件备受关注，从而凸显事件的重要性，提高事件在受众心目中的地位，也影响了受众的认知和判断，强化了印尼政府的立场和态度，

① WIRANTO S. Struggling for national sovereignty in South China Sea [N]. The Jakarta Post, 2016 - 06 - 30.

即印尼要坚定捍卫领海主权，打击"非法捕鱼"，不接受中国"传统渔场"的说法。

(二) 话语关键词分析：以"说"为例

在 107 篇报道中，12 个词出现频次较多，如在表示"说"这个动作时，正常语气"say"（说）出现频次最多。除此之外，运用不同的词汇表达不同的语气态度，如"claim"（提出要求）、"against"（反对）、"accused"（指责、控告）、"warned"（警告）等态度强烈、偏负面的词汇运用较多，占 12 个高频词汇中的一半。联系报道上下文及"说"的主体，能够获取到以下讯息：

印尼民众对中国"非法捕鱼、阻挠执法"的行为反应强烈，民族主义情绪高涨。事件之后，一方面，印尼政府强硬发声、严正抗议，多次致函中国外交部要求解释，甚至威胁要把中国送到国际海洋法庭。

但是另一方面，印尼政府又加紧与中国领导人会晤，商讨经济领域的合作，并努力挖掘其他潜在的合作领域。被问及与中国的纳土纳群岛附近海域争端时，印尼政府称中国承认印尼对该海域的完全主权，事情已经解决，并多次表示相信"非法捕鱼"活动不会影响印中良好的双边关系，可见印尼政府并不想将与中国的南海争端扩大化、复杂化。

(三) 话语倾向性分析

新闻话语既是表达事实的手段，也是说话者主观态度的表达方式。它包括强调新闻事件真实性的描述性话语、建立事实之间联系的建构性话语和提供情感、态度、观点等信息的暗示性话语。

通过词汇检索和分析，《雅加达邮报》涉南海问题报道的新闻话语的关键词主要有"合作对话""强势竞争""质疑不确定"。

1. 合作对话

报道中谈及印尼与中国的经贸关系时，多以"cooperation"（合作）、"mutual benefits"（互利）等积极的词语描述，主张双方保持良好的合作关系和对话机制。但这种对话合作主要体现在经贸领域，是一种很现实的利益考量。

报道谈及南海问题时，则呼吁东盟各国团结起来，根据国际法和平解决南海争端；还呼吁印尼与澳大利亚、马来西亚、新加坡等国一同开展海上联合巡逻，联合东盟各国在纳土纳群岛附近海域进行军事演习；提议与日本合作，加强对争议海域的监视。看来，《雅加达邮报》声称的"合作对话"既有与中国合作对话（经贸领域），也有与其他国家抱团抗中的考量。

2. 强势竞争

在涉纳土纳群岛争议海域问题的报道中，《雅加达邮报》用"obstructing law enforcement"（阻挠执法）、"several times encroached"（多次入侵）、"arrogant"（傲慢）等词凸显中国不尊重印尼，如"Of late, Chinese fishing vessels have several times encroached into Indonesia's Natuna waters to catch fish illegally"（最近，中国渔船多次侵入印度尼西亚纳土纳海域非法捕鱼）[①]。

作为回应，印尼总统佐科访问纳土纳群岛，并在一艘军舰上主持内阁会议，讨论相关海域争端，声称印尼不会接受中国对该地区提出的任何要求，以示印尼维护领土完整的决心。

2017年7月印尼发布新版地图，将包括争议海域在内的部分区域改名为"北纳土纳海"。在"强势竞争"框架下，《雅加达邮报》多次报道所谓的中国"无理侵入"行为，同时展示印尼维护海域主权的决心，暗示中国应尊重其主权。

3. 质疑不确定

报道中多使用"questioned"（质疑）、"blur"（模糊）等词来描述中国在南海问题的立场及言行模棱两可，充满不确定性。例如，报道质疑中国"传统渔场"的主张，认为这是中国单方面的说辞，并没有国际法依据，认为中国的"九段线"定义模糊，对国际社会的质疑不正面回应等。

（四）话语框架分析

1955年，人类学家格里高利·贝特森提出了"框架"这一概念。1974年，社会学家欧文·戈夫曼将其引入社会学领域，提出了框架分析（frame analysis）的理论与方法，创立框架理论。

---

① PARLINA I, FADLI. Jokowi marks RI's turf [N]. The Jakarta Post, 2016-06-24.

到了 20 世纪 70 年代末，社会学和心理学的框架理论被应用于新闻传播学领域，逐渐成为传播学的主流理论之一。在新闻传播学研究中，框架理论主要关注由传播者信仰体系和传播文本构成的媒介框架、接受者认知的受众框架以及二者之间的关联。[①]

关于媒介框架，戈夫曼认为框架是赋予新闻事件意义、使之联系起来的核心组织理念或故事主线。恩特曼则认为框架是选择被感知现实的某些方面，将其凸显在传播文本当中，以对其进行问题定义、因果解释、道义评估和处理建议诸方面的过程。[②] 他曾指出："新闻框架是由新闻叙事中所强调的关键词、隐喻、概念、符号和视觉图像来构造和体现的。"[③] 记者在选取信息、研究新闻角度、撰写报道时，其实就已为此新闻事实设定了框架，而框架的建构又主要体现在新闻文本中。因此，对新闻文本的框架分析意在追踪语言、修辞、语料运用的策略。研究文本内容，既能探索文本本身的框架，也能从中探究和寻找文本背后隐藏的意识形态和价值观念。

媒体报道所形成的虚拟现实，正是媒体从某种特殊的角度或视角描绘出的大概印象，或从特定的角度看到的部分现实，不能等同于真正的现实。也就是说，大众传播媒介在报道特定对象时，不是漫无目的的，而是遵循着某个特定的观察角度与框架，而这观察的角度往往代表了他们的立场。[④]

《雅加达邮报》涉纳土纳群岛争议海域的报道可大致分为五大主题，分别为领海主权与安全、外交关系与事务、国内政治、岛屿资源和岛礁建设以及军事活动，在每一个主题之下又细分为多个议题。一篇实际报道会涉及多个议题，这些议题主要通过三大框架来建构，分别是冲突框架、解释框架和措施框架。

1. 冲突框架

冲突框架的新闻报道突出事件双方的冲突和对立。[⑤]《雅加达邮报》用了

① 袁红梅，汪少华. 框架理论研究的发展趋势和前景展望 [J]. 西安外国语大学学报, 2017, 25 (4)：18-22.
② 袁红梅，汪少华. 框架理论研究的发展趋势和前景展望 [J]. 西安外国语大学学报, 2017, 25 (4)：18-22.
③ 杜骏飞. 框架效应 [J]. 新闻与传播研究, 2017, 24 (7)：121.
④ 曾慧岚. 媒介框架下印尼《罗盘报》中的国家形象 [D]. 南京：南京师范大学, 2016：6.
⑤ 张昆，陈雅莉. 东盟英文报章在地缘政治报道中的中国形象建构：以《海峡时报》和《雅加达邮报》报道南海争端为例 [J]. 新闻大学, 2014 (2)：73.

很多篇幅来报道印尼与中国在纳土纳群岛附近海域的争端问题。一方面，印尼极力向外界表明争议海域是印尼的领土，印尼主权不容侵犯，并大力打击"非法捕鱼"船只，特别是多次进入该海域的外国（包括中国）渔船；另一方面，中国称争议海域是中国的"传统渔场"，中国渔民可以在此处捕鱼，并在印尼扣押渔船之后多次试图将其救走。双方意见不同，对此目前还是没找到合适的解决办法。

2. 解释框架

解释框架的报道集中对事件的各个方面进行解释和评述、讨论原因，并对事件进行道德评价。[①]

《雅加达邮报》邀请相关领域的专家、学者对事态的复杂性、潜在风险和发展趋势进行多角度解读和评述，表达和阐释印尼在争议问题上的立场与期望。如2016年6月20日的报道，作者首先就南海问题的发展以及中国对纳土纳争议海域的"干预"事件揭示印尼作为非声索国的局限性，建议印尼放弃非声索国立场，随后对放弃非声索国后的南海政策的特点进行阐释，提出放弃非声索国的立场不等同于在南海争端中提出索取，相反这是放弃中立的中立；这也并不意味着印尼将停止扮演中间调解人的角色，它一直在主导着进程；放弃非声索国的立场，印尼就可以实行双边谈判，在法律上强制中国宣布对其海域的具体要求，结束中国的模糊性战略。

3. 措施框架

措施框架的新闻报道着重探讨事件处理的方法和策略，以及处理的进展情况等。《雅加达邮报》主要针对如何维护印尼的领海主权、缓解与中国在争议海域的紧张局势、处理印尼与中国的双边关系，以及解决外国船只的"非法捕鱼"问题等进行探讨。

对于涉中国的海事事件，印尼海军西部舰队认为，此事应先交由渔业部门解决，专家也呼吁政府不要有过激反应，建议启动公开和全面的对话，进一步讨论传统的捕鱼做法。该事件的争议在于捕鱼权，印尼并不希望其发展为领土争端。中国、印尼双方都重视全面战略伙伴关系，并不希望因捕鱼活动而影响双边关系。一些专家建议总统缓解最近与中国的海上争端的紧张局

---

① 张昆，陈雅莉. 东盟英文报章在地缘政治报道中的中国形象建构：以《海峡时报》和《雅加达邮报》报道南海争端为例［J］. 新闻大学，2014（2）：73.

势，并呼吁其政府成员不要采取任何可能危及两国关系的情绪化行动。①

五、印尼涉南海问题话语动向

(一) 在与中国的海域争端问题上，印尼表现出日益主动的强势态度

印尼不论是联合澳大利亚、马来西亚开展海上巡逻，还是与日本合作，升级海上监测系统；不论是扩大岛屿基地建设、重视开发油气资源、大力发展经济，还是总统访问纳土纳岛、召开内阁会议以及为相关海域改名；不论是大力打击外国船只的捕鱼活动，逮捕、沉没外国渔船，还是多次抗议，甚至提出将争端问题提交国际法庭处理……都表明了印尼在与外国（包括越南、菲律宾、中国）的海域争端问题上日益主动的强势态度。就中国而言，印尼的这种态度转变有三重原因：一是向中国宣示主权，展现印尼实力，希望中国有所顾忌，不要小觑这个国家；二是因为近几年印尼政府致力于将印尼建设成为"全球海洋轴心"，为实现这一目标，印尼将努力重树海洋文化，保护和管理海洋资源，发展海洋外交，加强与战略伙伴的海上合作，减少非法捕鱼等海上纠纷；三是改革印尼国内政局的需要，学者曾蕙逸认为，佐科在2014 年总统选举中仅以微弱优势获选，却肩负着超乎寻常的人民期待上任，反映出印尼社会寻求改革的深层心理。② 而面对现下高度政治化的南海问题，主流意见倾向以国际法为尊，对抗借着强大国力"欺负"东盟国家的中国。佐科政府正好借着南海问题，借以主流意见坐大民粹思想，凝聚民众力量以激发社会动能，影响国内政局。佐科政府应不会继续在南海问题上持强硬态度，因为其重点在于改革内政，而不是真的要在南海问题上与中国针锋相对。③

---

① HALIM H. Jokowi urged to ease tensions over Natuna［N］. The Jakarta Post，2016－03－29.

② 曾蕙逸. 印尼对南海问题需重视支点式思考［EB/OL］. (2016－07－10)［2023－12－30］. http：//m. guancha. cn/zenghuiyi/2016_07_10_366936.

③ 曾蕙逸. 南海问题上，印尼可能摆错了位置［EB/OL］. (2016－07－10)［2023－12－30］. http：//m. guancha. cn/zenghuiyi/2016_07_10_366936.

（二）淡化冲突，强调是经济上的海洋资源争端，不是政治上的领土主权争端

与中国的海上冲突发生之后，印尼虽然多次致函中国外交部，抗议、指责中国的作为，并要求中国为此澄清，但之后只是等待中国回应，并没有做出过激举动：即便扬言将中国送到国际法庭，最后也只是选择通过外交渠道解决危机；声称可能会沉没中国渔船，最后也并没有关于沉船的相关报道。另外，印尼政府多次与中国领导人会晤，商讨经贸及海上合作事宜，《雅加达邮报》也多次强调"北京承认印尼对该地区的完全主权"。

以上事实表明，在该海域争端上，印尼虽然在态度上表现得主动、强势，但事实上并不想向中国"公开宣战"，不想将冲突扩大化，不希望捕鱼问题影响双方良好的战略伙伴关系。印尼政府更愿意将此争议问题视为经济上的海洋资源争议，而不是政治上的领土主权争端，希望双边和平谈判解决，不要过激应对。

印尼这样做的原因在于印尼的经济发展仍需要中国的支持。中国作为世界第二大经济体，目前被普遍认为是印尼最大的外国投资者。2016 年，印尼要争取从中国引进 300.7 亿美元的直接投资，比 2015 年上涨了 30% 以上，那时中国与印尼还在洽谈"中资高铁项目"。另外，中国日益增强的综合国力和军事实力，对印尼而言，也是一种压力。与中国公开正面交锋，对印尼并没有任何益处。不采取对抗路线、不做过激举动，而是坚定维护国际法原则的立场，有利于印尼赢得国际海事组织的支持，以便更好地处理与中国的关系。

进入 21 世纪以来，随着南海问题不断发酵，印尼以东盟领导者身份扮演着调停者角色，主张越南、菲律宾、马来西亚和文莱等国家与中国和谈。与此同时，印尼基于东盟领导者和中等强国的身份定位，在加强海洋主权和应对南海争端等问题上通过在大国间玩平衡术来制衡中国。

作为大国平衡战略的重要内容，印尼积极拉入域外大国在纳土纳群岛附近海域投资，以在此问题上增加对中国的压力。例如，印尼积极争取日本持续增加在纳土纳群岛的投资，也说服美国加入，皆已获得正面回应。2020 年 1 月 10 日，印尼海洋与投资统筹部长卢胡特宣称，日本计划增加在纳土纳群岛的投资，美国也有意参与，共同协助印尼推动纳土纳群岛的发展。从发展

趋势上看，印尼今后可能引入更多的域外大国在纳土纳争议海域投资，以此来制衡中国。

（三）双轨宣示海洋主权，逐步偏离中立的南海政策

印尼不是南海直接的声索国，但基于中等强国和东盟领导者的身份定位，印尼长期乐于在中国与其他东盟国家的海域争端中充当"中立的调停者"。但随着纳土纳群岛附近海域争议的日益突出，印尼认为，中国在南海日益增长的影响力对其纳土纳争议海域的主权构成威胁。加上对中国日益崛起的不安，印尼在南海问题上的角色正在从"调停者"向"争议国"转变，争取纳土纳群岛附近海域争议国际化，寻求国际承认。

印尼虽然是东南亚综合实力最强的国家，但要通过武力解决这一争议显然力不从心，在面对南海问题时始终存在矛盾心理。为更好对冲来自中国的压力和免受域外大国的战略绑架，印尼将争议诉诸联合国等国际组织，使争议国际化，以寻求国际承认。

印尼积极开展二轨外交，通过非官方渠道定期举办"处理南中国海地区潜在冲突研讨会"，邀请中国、东盟国家和中国台湾地区的民间代表，讨论海洋保护、海上搜救和水文监测等议题。印尼通过组织这种非正式多边研讨会，将南海问题相关各方都纳入其中，增加其在南海问题中的话语权。

2020年5月26日，印尼再次致函联合国秘书长，指出中国主张的"九段线"缺乏国际法依据，违背《联合国海洋法公约》。与之前将南海问题提交国际机构不同的是，此次印尼还公开重提2016年中菲南海仲裁案，并支持该仲裁结果，称中国在南海提出的约90%的水域主权声索没有法律基础。这表明印尼在应对南海问题时已经明显偏离传统的态度，进而将问题扩大化，利用南海问题，借助东盟集体力量、国际机构和《联合国海洋法公约》等国际制度来谋求印尼对纳土纳争议海域的声索权益。

有研究认为，除了受冷战思维和历史遗留问题等因素的影响，印尼的"中国威胁论"与媒体宣传不无关系。而印尼媒体很大程度上也受西方媒体的宣传影响，如英国广播公司和美国有线电视新闻网与印尼当地媒体长期合作，西方大国媒体的视角间接影响着印尼国内媒体的报道倾向。同时，随着中国综合国力的不断提升和"一带一路"建设的推进，中资企业不断入驻印尼，某些印尼媒体受政党控制，轻易操纵涉华负面报道，煽动民众情绪，通过议程设置和框架效应制造现实与认同，引导印尼民众对中国产生误解，进而实现其背后政党的政治目的。

六、应对策略与建议

在新加坡尤索夫伊萨东南亚研究所 2017 年的民调中，92.2% 的印尼民众认为南海问题是国家安全问题。佐科提出的"全球海上支点"构想和"海洋强国"宏愿更强调印尼本国的海洋主权与利益，因此佐科在南海问题上立场坚决、手腕强硬，这从印尼击沉中国渔船、在纳土纳争议海域与中方爆发一定程度的正面冲突、纳土纳群岛更名及迅速建立"纳土纳国家公园"并争取将其列入联合国教科文组织全球地质公园等措施中可见一斑。

然而，在看似强硬的态度背后，印尼在南海问题上的立场实则基本无变化。一方面，中国、印尼已建立全面战略伙伴关系，中国"一带一路"倡议与印尼"全球海洋支点"战略契合度较高，两国各领域合作包括海洋合作都在日益增加，印尼在南海问题上的立场转变将直接影响两国良好的外交关系与经济合作。另一方面，印尼正处于经济转型期，在积极寻求外商投资，而经济稳定发展的中国正是助力其经济发展、转型和基础设施建设的重要资金来源，中国、印尼的贸易伙伴关系和投资关系会对印尼在南海问题上的立场产生重要影响。这些因素都会对印尼在南海问题上的基本立场形成制约，也影响着印尼在处理纳土纳群岛附近海域争议上的态度。

印尼作为东盟最大的国家，在东盟中有着极大的影响力，在南海问题上一直充当"诚实的经纪人"和中国与声索国之间的"和平润滑剂"角色。印尼地理位置重要，地处西太平洋并直接参与控制马六甲海峡的航海安全，中国的能源进口和产品出口比较依赖马六甲海峡。因此，双方都不想将捕鱼问题扩大化，影响良好的双边关系。在大方向上，印尼和中国还是倾向于和平与合作，但是纳土纳群岛附近海域的争端真实存在，而且因为印尼在这个问题上已经拉拢了外部势力，其介入使问题国际化和复杂化，如果处理不当，很可能升级为严重的政治争端。因此，如何正确处理冲突、化解中国与印尼关系中确定与不确定的风险，显得日益重要。

南海问题是中国长期存在的边疆安全风险问题。要解决南海问题必须以更高的格局、更大的战略选择来应对，以保证南海稳定。以习近平总书记提出的构建人类命运共同体理念推进南海命运共同体的建立，是根本解决之道。南海命运共同体符合历史的发展逻辑和各国人民的意愿，有利于南海命运共同体主体国家思考人类发展的根本问题，有利于周边兄弟国家的共同发展。在推进南海命运共同体建设的过程中，中国可以从以下几个方面入手：

一是利用好经济外交的优势，同时重视与印尼的文化交流和民间外交，以一种潜移默化的方式促使两国国民民心互通、增信释疑。印尼民众对中国的印象还是比较负面的，一个重要原因是他们主要是通过媒体报道认识中国，渠道单一。中国应加强与印尼经济、文化、社会方面的交流与合作，多方面呈现中国友好、积极的形象。作为信息传播者的媒体要提高政治站位，着眼南海整体大局；积极宣传报道我国关于南海问题的政策和外交战略，凝聚各方共识；讲好中国故事，也讲好双方友谊和文化交往的共同故事。

二是采取和平而温和的方式协商解决问题。公开和坦率的讨论可以减少怀疑和不信任。近几年，中国军事实力和综合国力不断增强，在纳土纳争议海域问题上的作为也比较积极，中国应加强与印尼和平、坦率的沟通与交流，增强彼此的信任。

三是理性对待"制衡者"身份，反对外部大国势力的介入。印尼对中国的崛起很忧虑，为了牵制中国，才会拉拢域外势力介入以维护本国利益。因此，中国在南海问题上积极作为的同时，应审慎、克制、理性地解读印尼的利益诉求，避免南海问题进一步复杂化。

四是谨慎选择外交话语，并坚持"言行一致"，提高中国外交话语的接受度与可信度。话语要产生话语权，很重要的一点是要得到受众的认同。中国可以通过中国领导人、精英学者以及主流媒体传达的讯息来分析研究国际社会对中国外交话语的认同和接受程度，寻找有效外交话语。同时，话语与行动应尽量匹配，以提高可信度，促使国际社会更全面、客观、理性地看待和认识中国。

粤港澳大湾区海洋环境媒介化治理的
内涵与进路

许同文

一、引言

建设海洋强国是实现中华民族伟大复兴的重大战略任务。对于粤港澳大湾区来说，海洋是核心资源要素。"粤港澳大湾区因海而兴、因海而富、因海而强、因海而美，蓝色经济是粤港澳大湾区未来健康可持续发展的主要动力和重要支撑。"[①] 2023 年 7 月，习近平总书记在广东考察时强调："加强海洋生态文明建设，是生态文明建设的重要组成部分。""十三五"时期，广东省深入贯彻习近平生态文明思想，坚持生态优先、绿色发展，推动全省海洋资源高效利用、优化国土空间开发保护格局、海洋生态环境改善，有力促进海洋经济高质量发展。但正如《广东省海洋生态环境保护"十四五"规划》所言，对标美丽广东、美丽湾区的建设要求，广东在海洋生态环境保护方面仍存在一些突出问题，如"海洋环境质量持续改善任务艰巨""典型海洋生态系统功能亟待恢复""海洋生态环境治理体系和治理能力有待提升"等。粤港澳大湾区在发展过程中也面临着"自然岸线保有率较低、滨海湿地大面积丧失、海洋保护区及典型生态系统保护压力加大、生物多样性水平降低、近海水域

基金项目：2024 年度广东省教育科学规划课题（高等教育专项）"海洋强国背景下以《海洋传播概论》为基础的海洋传播课程体系开发研究"（2024GXJK609）；2024 年度湛江市哲学社会科学规划项目"湛江市海洋环境媒介化治理的现状与路径创新研究"（ZJ24YB86）。

作者简介：许同文，广东海洋大学文学与新闻传播学院讲师，主要研究方向为媒介理论、海洋传播、地理媒介与城市公共生活、新媒体与青年文化。

① 张晓浩，吴玲玲，石萍，等．粤港澳大湾区蓝色经济绿色发展对策研究［J］．生态经济，2021，37（1）：59 – 63.

富营养化、渔业资源退化、海上污染及生态灾害事件频发等方面的压力与问题"①。因此，海洋环境治理问题也成为粤港澳大湾区发展过程中的重要议题。为此，《广东省海洋生态环境保护"十四五"规划》也提出了海洋生态环境保护的基本原则，其中包括"生态优先，绿色引领""问题导向，精准施策""陆海统筹，系统治理""改革创新，多方共治"。此规划在最后一项原则中提到"坚持改革创新，完善统筹协调机制，引导各方力量参与海洋生态环境保护，形成多部门协同、多元化共治的现代化海洋生态环境治理格局"。对于粤港澳大湾区的环境治理来说，如何动员与引导各方力量参与粤港澳大湾区海洋生态环境治理显然成为一个重要议题。

在环境危机不断升级的背景下，自20世纪末以来，环境传播已经成为传播学的一个重要分支。环境传播重点关注生态环境相关的信息在社会中的传播和致效过程。环境传播涉及环境意识和教育、环境信息传递、环境政策传播、环境倡导和环境沟通策略等，强调传播在推动环境保护、可持续发展和环境意识方面所起到的重要作用。信息的传播在环境治理过程中关系到不同利益主体之间的交流与沟通。有效的环境沟通有助于环境治理和保护的有效开展。在环境危机不断增加的当下，不同主体之间的有效沟通、相互监督尤其重要。当下，人们对于粤港澳大湾区海洋环境的保护和治理的讨论主要集中在管理学领域，讨论的治理主体也主要集中在政府、企业层面，鲜有从环境传播的视角，将媒体、公众纳入进讨论范畴。这与环境问题的发展现状和未来走向不契合。

在媒体融合的环境之下，海洋环境治理越来越多地涉及不同环境治理主体之间有效的信息传播和沟通，需要放置在环境传播的范畴加以讨论。为了推动"十四五"期间粤港澳大湾区的海洋生态文明建设，对粤港澳大湾区海洋环境的传播现状进行分析，进而对粤港澳大湾区海洋环境传播的有效路径进行讨论，对于粤港澳大湾区海洋生态文明和蓝色经济绿色发展的实施来说具有重大意义。

---

① 赵蒙蒙，寇杰锋，杨静，等.粤港澳大湾区海岸带生态安全问题与保护建议［J］.环境保护，2019（23）：29－34.

二、环境传播与环境风险沟通

作为传播学的一个分支，"环境"与"传播"的"结合"是风险社会语境下的一场"现代性后果"。① 自 20 世纪 70 年代以来，环境传播的研究已经得到了长足发展，并成为一个具有影响力的学科领域。② 学者们从不同维度对环境传播的概念进行了阐述，其中引用率较高的是罗伯特·考克斯（Robert Cox）在《假如自然不沉默：环境传播与公共领域》一书中对环境传播的定义。罗伯特·考克斯认为："环境传播是我们理解自然，以及理解我们与自然关系的实用性工具。它是象征性媒介，我们用它建构环境问题，并用它与社会中对环境问题的不同看法进行协商。"③ 在此，环境传播被分为实用性和建构性两种范式。实用性范式中的环境传播"强调的是回应环境问题的行动方式"，建构性范式中的环境传播"强调的是环境议题深层的符号世界与意义体系"④。黄河等认为"实用主义之维，环境议题涉及信息封装、传递、接受与反馈；而就建构主义维度而言，通过特定的叙述、话语和修辞等表达方式，环境传播表征或建构着环境议题背后所涉及的政治命题、文化命题和哲学命题"⑤。

大众媒体是环境信息的主要传播主体，能够影响公众的环境知识、环境风险感知和环境行为。⑥ 自环境议题进入传播研究领域以来，众多的研究已经证实了大众媒体在环境报道方面为受众设置议程的功能。⑦ 如 Khan 通过研究

---

① 刘涛."传播环境"还是"环境传播"？：环境传播的学术起源与意义框架［J］. 新闻与传播研究，2016（7）：110 – 125.

② SCHWARZE S. Environmental communication as a discipline of crisis［J］. Environmental communication，2007，1（1）：87 – 98.

③ 考克斯.假如自然不沉默：环境传播与公共领域［M］. 北京：北京大学出版社，2016：21.

④ 刘涛."传播环境"还是"环境传播"？：环境传播的学术起源与意义框架［J］. 新闻与传播研究，2016（7）：110 – 125.

⑤ 黄河，刘琳琳.环境议题的传播现状与优化路径：基于传统媒体和新媒体的比较分析［J］. 国际新闻界，2014（1）：90 – 102.

⑥ HANSEN A. Communication，media and environment：Towards reconnecting research on the production，content and social implications of environmental communication［J］. International communication gazette，2011，73（1 – 2）：7 – 25.

⑦ ADER C R. A longitudinal study of agenda setting for the issue of environmental pollution. Journalism & mass communication quarterly，1995，72（2）：300 – 311.

发现，在环境议题方面，媒介议题和公众议题高度一致。① 还有学者对媒体报道和公众的环境行为之间的关系进行了研究，认为媒体通过对环境问题的呈现，能够提升公众的环保观念和环保意愿。② 在媒体融合背景下，环境传播的主体、话语结构、传播路径、传播效果等均已发生了变化。③ 如漆亚林等通过对人民日报官方微博中环境新闻的分析发现，通过多元化的信息表达，微博能够发挥提高环境议题传播效果的作用。④

除了大众媒体的环境信息呈现和环境议题设置之外，公众参与也是环境传播的重要议题。这种民主实用主义的环境传播范式强调了民众在环境议题决策过程中的积极角色。⑤ 面对环境危机所带来的公共健康风险，公众一方面会寄希望于政府采取环保措施，另一方面自身开展以改善环境质量为目的的"亲环境行为"。这些亲环境行为整体上可以分为两种类型：一种是从自身做起，避免环境污染行为，如节约用水、垃圾分类等；另一种是参加讨论环境公共议题、推动环保进程等环境公民行动。⑥

网络新媒体因其去中心化的特性，在一定程度上降低了公共领域的准入门槛，提升了公众涉入公共领域的可能性，有益于平等化、多元化、网格化的社会参与和舆论监督，也为我国社会治理的民主化提供了一条有价值的路径。⑦ 以网络环境下环境保护的公共参与为例，在网络社会的背景下，经由信息在数字平台中自下而上的传播，公众可以参与到环境的监督治理过程中，与政府形成合力，约束企业的排污行为。这种数字化的公众环境参与行为能

① KHAN M A. A longitudinal study of agenda setting and environmental pollution. Journal of development communication, 2011, 22 (2): 52 – 70.

② TAKAHASHI B, TANDOC E C, DUAN R, et al. Revisiting environmental citizenship: The role of information capital and media use [J]. Environment and behavior, 2017, 49 (2): 111 – 135.

③ 张淑华，员怡寒. 新媒体语境下的环境传播与媒体社会责任 [J]. 郑州大学学报（哲学社会科学版），2015（5）：175 – 180.

④ 漆亚林，孙鸿菲. 新型主流媒体在环境传播中的话语建构：基于人民日报官方微博的话语分析 [J]. 中国记者，2022（9）：63 – 69.

⑤ 刘涛. 环境传播的九大研究领域（1938—2007）：话语、权力与政治的解读视角 [J]. 新闻大学，2009（4）：97 – 104，82.

⑥ 周全，汤书昆. 媒介使用与中国公众的亲环境行为：环境知识与环境风险感知的多重中介效应分析 [J]. 中国地质大学学报（社会科学版），2017（5）：80 – 94.

⑦ 李阳. 新媒体背景下公众参与社会治理体系的构建 [J]. 福建论坛（人文社会科学版），2019（5）：156 – 164.

够有效达到舆论监督目标。①

新媒体环境下，一方面网络中的环境议题会影响公众的环境认知和行为②，另一方面为环境保护的公共参与提供了渠道。公众线上的环保动员和行动能影响部分地方环境政策的制定过程，成为政治民主化的体现。③ 以已成为环境风险舆情形成和扩散的主要渠道——社交媒体为例，多元化的环境话语主体既扩大了环境议题的传播范围，也推进了环境风险议题的解决。④

三、海洋协同治理中的环境传播与公众参与

在全球范围内，现代社会的环境管理模式经历了由政府主导到多主体参与的转变⑤，在海洋环境问题的解决方面亦是如此。鹿守本认为，海洋环境管理是通过行政管理、经济手段、法律制度、科学技术和国际合作等方式，维持海洋环境的良好状况，防止、减轻和控制海洋环境破坏、损害或退化的行政行为，以达到海洋环境自然平衡和可持续利用的目的。⑥ 但随着环境风险的扩大化，海洋环境管理模式暴露出一定的问题，王琪、刘芳认为要建立高效的海洋环境管理体系，必须建立政府、企业、公众间权利共享、互相合作、共同治理的网络治理模式。⑦ 宁凌、全永波、Carollo 等国内外学者均认为海洋环境治理是政府、企业和公众为实现海洋环境的可持续发展而协商合作、共同治理海洋环境事务的过程，以达到科学合理调整的效果。⑧

---

① 寇坡，韩颖，王佛尘. 公众参与、政企合谋与环境污染：互联网的调节作用 [J]. 东北大学学报（社会科学版），2023，25（1）：47－54.

② 孙明源，王锡苓. 社会变迁视阈下的中国城市居民媒介使用与生态环境认知 [J]. 新闻与传播研究，2018（12）：21－41，126.

③ 纪莉，程筠瑶. 问题意识与知识自觉：环境传播研究发展脉络的回望与反思 [J]. 新闻与传播研究，2023（4）：34－49，126－127.

④ 王秋菊，仇悦颖，张凌然. 社交媒体中环境风险舆情传播动因及疏导策略 [J]. 传媒观察，2021（11）：58－62.

⑤ DODDS F. NGO diplomacy：The influence of non-governmental organizations in international environmental negotiations [M]. Cambridge：Mit Press，2007.

⑥ 鹿守本. 海洋管理通论 [M]. 北京：海洋出版社，1997：4－5.

⑦ 王琪，刘芳. 海洋环境管理：从管理到治理的变革 [J]. 中国海洋大学学报（社会科学版），2006（4）：1－5.

⑧ 宁凌，毛海玲. 海洋环境治理中政府、企业与公众定位分析 [J]. 海洋开发与管理，2017（4）：13－20；全永波，尹李梅，王天鸽. 海洋环境治理中的利益逻辑与解决机制 [J]. 浙江海洋学院学报（人文科学版），2017（1）：1－6；CAROLLO C，REED D J. Ecosystem-based management institutional design：Balance between federal，state，and local governments within the Gulf of Mexico Alliance [J]. Marine policy，2010，34（1）：178－181.

公众参与是现代化社会治理的重要特征，也是社会共治的关键。① 近年来，在环境治理方面，我国已经充分意识到公众参与的价值。作为环境污染事件的直接利益关联者，公众对于环境治理的参与有助于减少由市场和政府失灵造成的环境资源损失，成为提升我国环境治理水平的重要方式。② 涂正革等认为环境保护中的公众广泛参与对于打破并改进我国既往的环境治理模式意义重大，因此政府机构需要重视公众在环境治理中的智慧与作用。③ 张金阁等认为提升我国环境领域公众参与有效性的路径是构建协作型公众参与模式。④

海洋环境危机的根源是海洋治理危机。从既有的海洋治理过程和效果来看，其中存在着市场、政府和社会脱节的问题与风险，表现为"市场机制失灵、政府机制失灵和社会机制失灵"。其中，"社会机制失灵"指在海洋环境治理和保护过程中，对公众和非政府组织等参与主体的培育缺失，政府与公众之间的信息流通不畅导致公众参与的可能性减低，因此也就很难建立良性的协商以及协同治理机制。⑤

海洋环境保护是粤港澳大湾区发展过程中的重要问题。《粤港澳大湾区发展规划纲要》提出"绿色发展，保护生态。……实行最严格的生态环境保护制度"。但因为制度性和文化性的差异，粤港澳三地在海洋环境治理方面依然存在效能不高、关切点存异、民间力量动员度不够等问题，在一定程度上制约了粤港澳大湾区海洋环境治理水平和效果的提升。⑥ 对于粤港澳大湾区海洋环境治理，学者们从不同角度进行了讨论。张晓浩等提出了"开展海洋基线调查与评价、打造国际一流的美丽湾区、建设海洋与海岸带空间信息平台"

① 周文翠，于景志. 新时代公众参与社会治理的推进路径 [J]. 学术交流，2023（2）：130–141.
② 吴建南，徐萌萌，马艺源. 环保考核、公众参与和治理效果：来自31个省级行政区的证据 [J]. 中国行政管理，2016（9）：75–81.
③ 涂正革，邓辉，甘天琦. 公众参与中国环境治理的逻辑：理论、实践和模式 [J]. 华中师范大学学报（人文社会科学版），2018，57（3）：49–61.
④ 张金阁，彭勃. 我国环境领域的公众参与模式：一个整体性分析框架 [J]. 华中科技大学学报（社会科学版），2018，32（4）：127–136.
⑤ 沈满洪. 海洋环境保护的公共治理创新 [J]. 中国地质大学学报（社会科学版），2018，18（2）：84–91.
⑥ 李成，石宝雅. 粤港澳大湾区环境协同治理：机制、困境与对策 [J]. 特区实践与理论，2023（3）：94–99.

等举措。① 刘蕴芳等等认为"应基于粤港澳大湾区生态环境管理的现实需求，在'一国两制'的基础上，深化粤港澳生态环境合作，探索区域生态环境一体化协同管理模式"②。

但上述粤港澳大湾区海洋环境治理的讨论均未将媒介与传播的因素考虑在内。在社会深度媒介化的背景下，媒介也是社会治理的重要资源。推动媒介化治理深度嵌入国家治理体系和治理能力现代化进程，是时代的重要课题。媒介化治理是指在由多元主体构成的治理网络中发挥媒介重要作用的长期过程。③ 媒介化治理注重媒介逻辑与政治逻辑、媒介化社会结构的有机结合，强调治理体系与媒介逻辑的制度化互动。④ 作为一种现代化风险模态下的新型治理取向，媒介化治理试图通过社会治理网络的搭建，实现多主体协同参与、情感共通与共识达成。⑤

四、海洋环境媒介化治理的进路

现有研究中，对于海洋环境保护的公众参与，国内学者从管理学等角度已经做了大量论述，但是鲜有从传播学和媒介化的视角对其进行讨论。媒介作为不同治理主体之间信息流通的中介，无论是在理论方面还是在现实方面都具有重要价值。在海洋强国战略之下，对于海洋环境在国内的传播现状和媒介化治理的讨论和描述能够更好地推动海洋环境的保护和发展。对于粤港澳大湾区海洋环境的治理来说，不同话语主体之间更高效的信息沟通也能够促生高质量的治理体系。

在海洋环境危机事件频发的当下，随着自媒体参与渠道的增多，我国正在形成一个由政府、媒体、公众、专家、非政府环保组织等参与构成的海洋环境治理网络和共同体。此网络中的行动者发挥着不同的作用，形成多元互

① 张晓浩，吴玲玲，石萍，等.粤港澳大湾区蓝色经济绿色发展对策研究［J］.生态经济，2021，37（1）：59－63.
② 刘蕴芳，龙颖贤，蒋松华，等.粤港澳大湾区重大环保基础设施一体化发展战略研究［J］.环境保护，2019，47（23）：35－41.
③ 罗昕.媒介化治理：在媒介逻辑与治理逻辑之间［J］.湖南师范大学（社会科学学报），2022（5）：1－11.
④ 郭小安，赵海明.媒介化治理：概念辨析、价值重塑与前景展望［J］.西北师大学报（社会科学版），2023（1）：59－67.
⑤ 李春雷，申占科.媒介化治理：概念、逻辑与"共识"取向［J］.新闻与写作，2023（6）：5－12.

动的博弈关系。① 传统的海洋环境治理模式一方面忽视了信息传播在海洋环境保护方面的重要作用，另一方面忽视了公众在海洋环境保护方面的作用。传统的海洋治理模式基本是以政府主导、自上而下的模式为主，这种治理模式的问题在于路径单一、动员能力不足、风险应对不灵活。但是在自媒体传播的背景下，社会动员的模式和路径发生了重要的变化，公众的自我动员能力与海洋危机信息的获取、传播渠道发生了重要的转变，种类繁多的自媒体平台成为公众参与治理的主要路径。因此，从环境传播的视角讨论媒体、公众、政府如何经由信息的传播构成互动的治理网络，对于粤港澳大湾区海洋环境保护来说意义重大。

从环境传播的视角来研究粤港澳大湾区海洋环境传播的现状及公众参与路径具有重要的意义，可以帮助增进公众对海洋环境问题的认识，促进可持续的海洋管理和保护措施的实施。在海洋环境媒介化治理的过程中要注重多方力量之间的联合。

首先，粤港澳大湾区主流媒体在海洋环境话语生产方面发挥了重大的作用，极大影响了粤港澳大湾区居民的海洋环境知识、海洋环境认知和亲海洋行为。主流媒体通过传播海洋环境信息，可以提升公众对海洋环境问题的认知和意识，吸引更多人关注保护海洋环境的重要性。但粤港澳三地因为媒介体制的不同，在建构海洋环境话语方面呈现出一定的差异，这在海洋环境传播过程中需要得到足够的重视。

其次，自媒体平台成为海洋环境话语生产和传播的重要场域。自媒体平台中的海洋环境话语既影响了主流媒体的海洋呈现，也对政府海洋政策的制定产生一定的影响。自媒体平台的参与主体既包括互联网公司，也包括数量庞大的网民、非政府组织。作为一个环境公共领域，自媒体平台成为粤港澳大湾区居民参与海洋环境治理的重要场域，平台中个体的海洋环境话语既具备跨文化的属性，又具有公共属性。

最后，作为海洋环境的治理主体，政府机构需要考虑相关海洋政策的普及和实施过程中的媒介化因素，即不同传播渠道本身所固有的传播逻辑，将主流媒体和自媒体平台有效地结合起来，形成联动效应，充分动员公众参与

---

① 陈虹，潘玉. 从话语到行动：环境传播多元主体协同治理新模式 [J]. 新闻记者，2018（2）：90 - 94.

相关的海洋环境保护。研究公众参与路径可以帮助确定如何更好地引导公众参与海洋环境保护。有效的传播策略可以激发公众参与海洋保护活动的积极性，从而形成一个更广泛的环保社区。

五、结语

海洋环境风险传播与媒介化治理是一项综合性系统工程，需要政府、媒体与民众之间形成一个可沟通的、高效的行动者网络。粤港澳大湾区的海洋环境风险传播同样是一个复杂而多层次的问题。环境风险的传播不仅涉及污染物质的扩散，还包括政策决策、社会经济发展和全球气候变化等多方面因素的影响，而这些因素的相互关联与作用均已被置于一个媒介化的过程之中。因此，海洋环境治理不但需要跨部门、跨地区的协作和全社会的参与和支持，而且应该重视媒介在这一过程中运作逻辑的改变。媒介化在海洋环境治理中扮演着重要角色。传播途径的多样化和信息传递的快速性使得媒介成为引导舆论和推动政策变革的重要手段。新媒体平台、公众参与和科普教育能够有效地提高公众对海洋环境问题的认知和关注度，激发社会参与和行动。通过媒介手段，可以更好地传播环境保护理念，增强公众参与意识，推动治理工作开展。这是粤港澳大湾区海洋环境治理以及促进公众参与需要重视的问题。

新加坡联合早报网报道中的
"一带一路"话语分析

沈晓梅

在当今全球环境中，国际事务变得越来越复杂，而理解和表达这些复杂现象很大程度上依赖于话语的使用。在数字时代，除了传统的军事和信息战，还出现了认知和舆论战，以及话语和叙事的竞争，这显示出话语的重要性。话语是语言在特定社会环境中的应用和呈现方式。话语分析通过应用符号学、结构主义和语言学等方法去解析文本的结构和含义，揭示文本中的意义多样性和隐藏的意识形态。本文从政治学、传播学、语用学等多学科视角，选取海外知名华语媒体联合早报网有关"一带一路"的报道作为研究材料，分析报道的话语主体、环境、内容和表达方式，以探究中国及其"一带一路"倡议对新加坡和其他东南亚国家发展的影响。在此基础上，本文还将反观中国特色对外话语体系的构建与传播，并提出相应的策略。

一、联合早报网中"一带一路"相关的报道话语分析

《联合早报》是新加坡"规模最大、发行量最大、最具权威性的华文报纸"[①]，是当地极具影响力的华文媒体，其网站 http：//www.zaobao.com 自1995 年起服务于中国及东南亚读者。2016 年 3 月 8 日，联合早报网携手新加

基金项目：广东海洋大学 2021 年度人文社会科学研究国家社会科学基金培育项目"基于海外华语传媒的话语体系研究"（C21819）；2022 年度广东省普通高校特色创新类项目（教育厅）"基于海外华语传媒的中国特色对外话语研究"（2022WTSCX034）；广东海洋大学 2024 年文科学院平台提升项目"广东省雷州文化研究基地"（校科技〔2024〕2 号）。

作者简介：沈晓梅，博士，广东海洋大学文学与新闻传播学院副教授，主要研究方向为语言对比、对外汉语教学、华语研究等。

① 方长平，侯捷．华侨华人与中国在东南亚的软实力 [J]．东南亚研究，2017（2）：148.

坡工商总会推出了专注"一带一路"倡议的平台，为新加坡及区域企业提供深入洞察该倡议的窗口，并成为全球华文受众关注该倡议的重要信息源。

为解读和分析联合早报网对"一带一路"的认识，首先需要对其有关"一带一路"的报道进行统计分析。搜索联合早报网，发现与"一带一路"相关有效报道总共 877 篇，时间跨度从 2016 年至 2022 年，具体如表 1 所示。

表 1 "一带一路"相关有效报道

年份	2016	2017	2018	2019	2020	2021	2022
篇数	122	296	181	196	32	32	18

本文选取 2022 年的 18 篇报道作为样本，分别从话语主体、话语环境、话语内容和话语方式四个方面对其进行解读分析。

（一）话语主体

从公共话语表达的角度来看，政治认同是权威话语主体与大众话语主体不断互动、逐渐趋同的产物，两种话语主体的互动模式构建了政治认同的生成路径。通过对 18 篇样本的解读分析，可以看出话语主体的主要分布状态，具体如表 2 所示。

表 2 "一带一路"报道中相关话语主体

话语主体	中国	国际社会	新加坡	美国	中新
篇数	6	5	4	2	1

依据报道内容，话语主体主要分为 5 种，分别为中国、国际社会、新加坡、美国以及中新（即中国、新加坡），这些话语主体主要是权威话语主体。其中，以中国为话语主体的相关报道有 6 篇，分别是《中国发改委：继续与俄乌共推一带一路发展》《中国外交部：反对打着基建旗号抹黑一带一路》《雷小华：兰卡危机对一带一路的警示》《陈茂波称香港的挑战会过去　未来是"一带一路"重要角色》《戴庆成：香港"一带一路"角色》《习近平在哈媒发文：继续做共建"一带一路"先行者》；以国际社会为话语主体的相关报

道有 5 篇，分别是《中国特稿：一带一路是馅饼还是陷阱?》《意右翼政党称上台后将严审"一带一路"协议》《人权组织：中国输出监视科技　助"一带一路"沿线国监视异议分子》《"鲁班工坊"进驻一带一路沿线国家　分析：有助中国扩大地缘经济影响力》《"一带一路"项目是债务陷阱还是发展馅饼?》；以新加坡为话语主体的相关报道有 4 篇，分别是《深化两国战略伙伴关系　中国阿根廷签署备忘录推进一带一路》《建设银行新加坡分行成功发行3.5亿元"一带一路"债券》《王瑞杰赴港访问　将会见李家超等　并出席"一带一路"论坛》《王瑞杰：加强一带一路合作关系除了BRI还需要"S"》；以美国为话语主体的相关报道有 2 篇，分别是《美媒：中国计划收缩"一带一路"计划》《美媒：中国鲁班工坊接棒孔子学院进驻一带一路沿线国家》；以中新为话语主体的相关报道有 1 篇，即《中国特稿：一带一路班列　硝烟中开往寒冬》。

通过分析发现，在联合早报网栏目安排中，有关中国的报道都放在突出位置，而"一带一路"相关专题报道的话语主体也多为中国。

（二）话语环境

话语环境指的是话语使用的具体环境，对话语意义的形成有着重要影响。在话语理解过程中，必须考虑话语环境的因素，不同的话语环境会使话语附带着不同的含义。

结合话语主题，对18篇样本报道进行分析，可以看出话语环境主要呈现出两种作用：一是限制作用，二是补充作用。

1. 限制作用

话语环境对话语的理解具有限制作用，首先表现在对词语的理解和选用上。同一个词语在不同的话语环境中表达的意思就可能不同，这就需要依据话语环境作出准确的理解。

比如，《"一带一路"项目是债务陷阱还是发展馅饼?》《中国特稿：一带一路是馅饼还是陷阱?》《意右翼政党称上台后将严审"一带一路"协议》《人权组织：中国输出监视科技　助"一带一路"沿线国监视异议分子》《"鲁班工坊"进驻一带一路沿线国家　分析：有助中国扩大地缘经济影响力》，这几篇报道都反映了国际舆论对中国"一带一路"倡议的评论和争议，印度、美国、澳大利亚等国的政治学者、政府高官、智库和媒体主要持消极怀疑态度，只有把这几篇报道的标题跟话语环境结合起来，才能准确理解标题的含义。

2. 补充作用

话语环境对话语理解的补充作用主要表现在对言语的深层含义和言外之意的理解上。一个句子表达的可能只是很简单的字面意义，也可能是语境所赋予的一种深层含义，还有可能是一种言外之意。语言的深层含义和言外之意是不同于语言字面意义的，需要结合具体语境来进行理解。

比如，在《中国特稿：一带一路班列　硝烟中开往寒冬》这篇报道里，中新学者们对中国外贸及中欧班列的观点是在俄乌战事的语境下提出的，所以这里的标题既具有字面意义，又具有深层含义，暗指俄乌冲突对"一带一路"的冲击在所难免，乌克兰危机影响中欧关系。

（三）话语内容

结合话语主题，对 18 篇样本报道进行分析，可以看出话语内容主要包括经济问题、政治政策、合作交流和职业教育几个方面，具体如表 3 所示。

表 3　"一带一路"报道中相关话语内容

话语内容	经济问题	政治政策	合作交流	职业教育
篇数	6	6	4	2

依据样本报道，话语内容主要表现为四个方面。其中，涉及经济问题的有 6 篇，分别是《中国发改委：继续与俄乌共推一带一路发展》《中国特稿：一带一路班列　硝烟中开往寒冬》《中国特稿：一带一路是馅饼还是陷阱?》《建设银行新加坡分行成功发行 3.5 亿元"一带一路"债券》《雷小华：兰卡危机对一带一路的警示》《"一带一路"项目是债务陷阱还是发展馅饼?》；涉及政治政策的有 6 篇，分别是《深化两国战略伙伴关系　中国阿根廷签署备忘录推进一带一路》《中国外交部：反对打着基建旗号抹黑一带一路》《意右翼政党称上台后将严审"一带一路"协议》《习近平在哈媒发文：继续做共建"一带一路"先行者》《人权组织：中国输出监视科技　助"一带一路"

沿线国监视异议分子》《美媒：中国计划收缩"一带一路"计划》；涉及合作交流的有4篇，分别是《王瑞杰赴港访问　将会见李家超等　并出席"一带一路"论坛》《王瑞杰：加强一带一路合作关系除了BRI还需要"S"》《陈茂波称香港的挑战会过去　未来是"一带一路"重要角色》《戴庆成：香港"一带一路"角色》；涉及职业教育的有2篇，分别是《美媒：中国鲁班工坊接棒孔子学院进驻一带一路沿线国家》《"鲁班工坊"进驻一带一路沿线国家　分析：有助中国扩大地缘经济影响力》。

通过以上分析可以看出，相关报道的话语内容主要是围绕"一带一路"进行的，针对世界经济增长需要新动力、发展需要更加普惠平衡、贫富鸿沟有待弥合等问题，要以合作共赢为基础，推进"一带一路"国际合作，应对当前世界的各种问题。

（四）话语方式

秉承《联合早报》的风格，联合早报网的言论和报道在华文媒体里比较客观，对华人社会及中国的报道显得冷静客观、深刻透彻。结合话语主题，对18篇样本报道进行分析，可以看出其话语方式呈现出话语基调客观化的共性，另外一个显著特征就是话语修辞的形象化。

话语修辞是指为追求语言最佳表达效果采用各种方式对语言进行润色的一种活动。话语修辞是一种象征性实践，它能将复杂深奥的思想变成浅显易懂的东西。通过对18篇样本报道进行分析，发现其中7篇在话语方式上采用了修辞，具体如表4所示。

表4 "一带一路"报道中相关话语方式（修辞）

话语修辞	正反对比	正反对比加设问	隐喻
篇数	6	2	1

采用正反对比的有6篇。比如，《中国特稿：一带一路是馅饼还是陷阱?》《"一带一路"项目是债务陷阱还是发展馅饼?》通过从反面引用西方国家的反对意见以及消极评论，从正面进行反驳，得出所谓"一带一路"造成债务陷阱完全是一个伪命题，研究显示"一带一路"是发展馅饼；《中国外交部：

反对打着基建旗号抹黑一带一路》通过直接反驳美方观点，强调反对打着基建旗号抹黑"一带一路"；《人权组织：中国输出监视科技　助"一带一路"沿线国监视异议分子》通过人权组织的反面观点和中国要在"一带一路"沿线国家扩大数码基础设施建设、推动信息共享、促进信息技术合作的正面观点来反驳人权组织的观点；《美媒：中国计划收缩"一带一路"计划》《美媒：中国鲁班工坊接棒孔子学院进驻一带一路沿线国家》通过中国政府和美媒观点的对比，得出中国向"一带一路"沿线国家的居民提供了职业教育的广阔空间的结论。

采用正反对比加设问的有 2 篇，分别是《中国特稿：一带一路是馅饼还是陷阱?》《"一带一路"项目是债务陷阱还是发展馅饼?》，通过正反对比和设问，最后得出"一带一路"是发展馅饼的结论，有力地支持了"一带一路"倡议。

采用隐喻的有 1 篇。《中国特稿：一带一路班列　硝烟中开往寒冬》通过隐喻的方式，表明受俄乌冲突影响，中欧班列已出现步入寒冬的迹象，这一迹象暗示俄乌冲突对"一带一路"的冲击在所难免。

二、中国特色对外话语体系构建

中国作为影响全球格局的关键力量，必须更有效地应对国际话语竞争和叙事挑战。话语权不仅影响一个国家的全球形象及其软实力，也直接关系着其在世界舆论中的位置和对外话语环境。

联合早报网致力于宣传国家政策，倡导积极的社会价值观，增强国家凝聚力，尤其在推广华人文化传统方面发挥重要作用。通过分析联合早报网对"一带一路"倡议的报道，我们可以看到该平台不仅为新加坡及其他东南亚国家提供了一个独特视角来观察中国这一战略举措，还帮助全球华文读者更全面地理解"一带一路"的地区及全球影响，进一步巩固了其作为华文世界权威观点的角色和地位。

反观中国特色对外话语体系，可以从以下两个方面进行构建：

（1）维护语言安全，铸牢中华民族共同体意识。我国的国际形象经常由外界塑造，导致国际认知与我国实际状况不符，误解频发。提升语言在国家安全中的地位，尤其在信息化时代下，可以打造具有中国特色的对外话语体系，以树立中华民族共同体意识。

（2）提升中国国际话语权，推动构建人类命运共同体。西方国家有时通过媒体误导公众，将中国推向国际舆论的风口浪尖，利用话语优势，传播负面信息，如对"一带一路"提出的债务陷阱论调。这不仅消耗了中国的话语资源，也影响了中国的国际形象。随着中国实力和影响力的增长，提升国际话语权，推动构建人类命运共同体，有助于树立更加客观和全面的中国形象。

中国特色对外话语体系建设急需把握一定的策略，要重点加强话语设置能力，提高话语叙事能力，增强话语加工能力，提升话语推广能力，提高对全球话语和多元话语的感知能力等。[①]

在数字和全媒体时代，话语传播不再局限于传统媒体或政府单一行为。社交网络和个人都能在话语传播中发挥作用。以联合早报网对"一带一路"的正面报道为例，争取更多话语伙伴，更好地传播中国故事，有利于在国际舆论中塑造更加客观的中国形象。

三、结语

通过对"一带一路"相关报道中的话语主体、话语环境、话语内容和话语方式进行对比分析，我们不难发现话语体系不仅是文字的呈现，而且是文化价值观念和意识形态的反映。构建融通中外的中国特色对外话语体系，应借助海外华人华侨群体之力，利用好海外华语媒体，从维护语言安全，铸牢中华民族共同体意识以及提升中国国际话语权，推动构建人类命运共同体两方面完成当代中国价值观念的传递与分享。

---

① 王磊. 中国对外话语体系建设：意义、任务与策略 [J]. 中央社会主义学院学报，2020（2）：8.

学人哲思荟萃

手机阅读场景下出版物评介的写作技巧探析

阎怀兰

一、手机阅读成为阅读主要方式

在互联网和智能手机时代，信息传播媒介中声音、文字和图形高度融合，看与听同步，数媒超越纸媒。人们的阅读方式发生了巨大的变化，与之相关的出版生产、营销宣传都应当被重新界定。

国内数字出版产业整体收入于 2010 年超过纸媒出版，自此每年高速增长，2020 年首次突破万亿大关，达到 11 781.67 亿元；其中，移动出版（移动阅读、移动游戏等）达 2 448.36 亿元[①]，占数字出版产值的五分之一。中国互联网络信息中心 2023 年 8 月发布的第 52 次《中国互联网络发展状况统计报告》中指出，截至 2023 年 6 月，我国网民规模为 10.79 亿人，互联网普及率达 76.4%；手机网民规模达 10.76 亿人，使用手机上网的比例为 99.8%，网络视频、网络购物和网络文学的用户规模分别达到了 10.44 亿人、8.84 亿人和 5.28 亿人。[②] 毋庸置疑，手机阅读成为主要的阅读方式。依托于互联网的数字出版涵盖了电子书报刊、博客、在线音乐、网络动漫、网络游戏、在线教育和互联网广告等。文字内容可以加工转化为音频和视频，音频和视频内容需要相应的文稿底本，读者可以一边看字、看图、看视频，一边听音频。

基金项目： 广东海洋大学 2022 年创新创业教育课程"网络营销"（010402142201）。

作者简介： 阎怀兰，博士，广东海洋大学文学与新闻传播学院副教授，主要研究方向为文艺美学、出版美学。

① 章红雨，孙海悦. 逆势上扬，产业年收入达 11 781.67 亿元 [N]. 中国新闻出版广电报，2021 – 10 – 29（2）.

② 中国互联网络信息中心. 第 52 次《中国互联网络发展状况统计报告》[EB/OL]. （2023 – 08 – 28）[2023 – 09 – 30]. https：//www. cnnic. cn/n4/2023/0828/c88 – 10829. html.

因此，阅读文字、收听音频、观看视频都属于手机阅读行为。

这就引出了关于当前阅读的重要命题：当大多数读者选择了字图声融合的手机数字网络阅读，对出版物产品做营销，在手机媒体中把评介信息推送给读者，就成为出版生产和营销宣传不可忽视的任务。"为满足社会需求，数字出版产品和服务将发生改变……数字出版产业的跨行业、跨场景发展将催生多样化的消费场景和消费模式，为用户提供更加多元的产品或服务，从而产生更多的营销模式……将推动数字出版的重点服务对象由机构客户向消费用户转变。"① 在这样的背景下，提高出版物评介的写作技巧，就具有越来越重要的意义。

二、手机阅读场景下出版物评介的写作技巧

出版物产品的使命是被阅读，出版物评介的使命是引导读者阅读，促进出版物产品的市场价值和社会价值最大化。要写好出版物评介，就必须先确定读者受众，了解他们的阅读时间、地点、心理、习惯上的特点，因为读者作为受众决定了出版物产品的形态，不能满足受众需求的产品无法立足于市场。

在互联网时代的手机阅读场景下，根据对读者和媒介特征的考察，为各种形式的作品，如图书、影视剧、游戏、动漫、音乐、报刊等，写评析推介文章或制作推介视频的文案时，可以从以下几个角度注意写作技巧：

（一）先做文章定位：营销文、知识服务文、粉丝文

出版物评介的文章写来是给人看的，总是出于一定的目的、实现一定的价值功用。因此，在写作之前，首先要做的就是对文章的读者、内容和功能做产品定位和读者定位，即文章是写给谁看的，读者的年龄、性别、职业、文化水平等特征决定了其需求；读者定位决定了文章的内容定位，即文章要说什么和怎么说，具体内容是为实现文章的具体功用而服务的。

从文章的定位角度，可以把出版物评介分为三种类型：一是为出版企业写的、意在推介出版物产品的营销文；二是为读者写的、意在满足读者需求

---

① 马少华. 数字出版产业发展新趋势及高质量发展路径［J］. 出版广角，2022（14）：58 –61.

的知识服务文；三是为自己写的、意在分享自己感受的粉丝文。三者有可能混合。

第一，营销文是大多数出版物评介的定位。"全媒体营销已成为出版业开展品牌建设的重要组成部分。借助短视频、直播进行图书销售和品牌宣传推广，已经成为出版单位常态化的营销方式。"① 营销都需要文本，既然目的是鼓动读者去接受并为产品买单，文本中就一定得证明这是一个好产品，而如何有说服力地介绍这种产品就是营销文的写作要义了。一般说来，要遵循"真、善、引"的三原则。"真"是要真实不虚假，可以重点介绍其有价值的、制作好的方面，以此激发和满足读者的需求，但不能过度夸大其优点。出版物价值小甚至不好的方面，可以不提，但不能把不好的夸成是好的，甚至刻意隐瞒其致命的缺点。"善"是善待读者，营销文的主要目的固然是营销产品，但读者的时间是宝贵的、精力是有限的，要给阅读营销文的读者一些好东西，有节制地向他们发放一些福利，比如在书评中摘录书中的精彩语句、文段，或免费给读者阅读图书的某些篇章等。真诚不假和福利发放是一种抛砖引玉的行为，是一种"犹抱琵琶半遮面"的艺术，是以真诚的善意去吸引、引导读者心甘情愿、心怀喜悦地接受产品，这也就是"引"的原则。

第二，知识服务文是在当今多媒体、自媒体中迅速增多的出版物评介类型。知识服务文本身即是出版物产品，以向读者提供知识精品、信息服务为目的，目前大多是免费的，未来的趋势是知识付费。开展知识服务的同时做好产品营销，这是更为成功的出版物评介。

如果说营销文还可以适当"掺水"、夹带私货，那么知识服务文则应该是"干货"，应当遵循"特、精、深"的原则。出版物评介的功用是让读者满意，互联网时代的读者见多识广、要求颇高，有特色的内容才会获得读者的认可。自媒体时代，那些转发、转载率高的文章往往都提供了独特的内容。作者需要从选题的角度做出创新，从独特的视角撰写书评、影评等。读者在一篇多媒体文章上可能只停留几或十几分钟就会跳转到其他文章，作者要让读者在这段时间内满载而归，就要写出内容和形式都精良的精品。关于出版物的概貌、评价要确切，要能概括凝练地呈现原文原剧，布置几个文中剧中

---

① 王飚，毛文思. 2021 年中国数字出版发展态势盘点及 2022 年发展展望［J］. 科技与出版，2022（3）：13 - 23.

的亮点。原文原剧之外的东西可能也需要补充，虚话套话不能有，"灌水"是知识服务态度和水平差的表现。"深"的原则是要求作者能够以专业的姿态，把出版物中的精髓介绍给读者。

第三，粉丝文是一种常见的出版物评介，纯粹的粉丝文是作为出版物粉丝的作者为抒发情感和分享认知而写的，不为任何企业或读者所用，或踩或捧，只因自己愿意。因此，粉丝文看上去没有功利性，而有亲和力，可以让读者放下跳到广告坑里的戒心，其写作似乎也是可以率性而为的。但在市场社会的粉丝经济中，粉丝文往往是作者以粉丝的名目来推介他们喜爱的产品。粉丝文的写作，重点是把握感情与理性的结合度。粉丝文可以充分显示作者作为粉丝对出版物的热情和爱屋及乌式的赞美，但在感性释放的同时，又必须言之有物，能够理性地阐述和分析，以热情的态度推介、分享价值高的出版物。

（二）好标题是成功的一半：兼具市场性和艺术性

在容量无限、产品海海的多媒体世界中，一个有吸引力的标题是浮托文章不致沉底的力量。文章是一个产品，产品有核心层、形式层、延伸层和心理层四个层面。文章的内容是核心层，标题是形式层，是为内容服务和营销的部分。因此，标题是出版物评介的组成部分，更是其最简短有力的广告。标题的拟定可谓是戴着商业的镣铐去跳艺术的舞蹈，若只注重引人注目的吆喝效果，结果则可能惹人讨厌，还会直接吓走读者；若只注重唯美的艺术性，则也可能曲高和寡，没有读者感兴趣。最可怕的是不重视标题设计，因为如果标题没有吸引力，文章会石沉大海，读者视而不见、一划而过。概括而言，一个出彩的标题应具有这样的特征：有卖点、有亮点、有文采、有趣味、有力量，既不清高自许，也不哗众取宠。在标题的写作技巧上，有人总结出这样的"新媒体标题写法"：加入数字，博人眼球；引入名人，吸引点击；述说历程，寻求同理；直抒胸臆，引导感情；设计恐惧，吸引点击；利用稀缺，制造紧张；抓住热点，关联定位；尝试神秘，引发好奇；模拟推送，寻求另类。①

---

① 勾俊伟. 新媒体运营：产品运营＋内容运营＋用户运营＋活动运营［M］北京：人民邮电出版社，2018：113.

基于此，学生在出版物评介写作中所做的标题尝试都是值得肯定的，如"Taylor Swift 的一次伟大尝试——流行专辑《1989》面面观""穿越一片偏见的火光：一部超级网剧的翻身之路——评超级网剧《穿越火线》""这档美声综艺值得豆瓣评分 9.3——评综艺《声入人心》""没人能拒绝《请回答1988》"。

（三）重视整体框架设计：小标题、主题句、排版

多媒体中的出版物评介是为读者推介读物的，其电子阅读、休闲阅读、快速阅读的性质，要求评介文章以信息传达的高效为目标。读者可能没有足够的耐心捧着一部手机在一篇文章中体味曲径通幽、柳暗花明之感，读者的阅读行为可能是点开、下滑、浏览、跳转。根据这样的阅读场景，写多媒体中的推文时，应该设计好整体框架，务必做到思路清晰、逻辑简洁，对文章内容做版块化处理。在整体框架设计上，有三种方法：

第一，在文中设置小标题，小标题能勾勒文章结构模块，是文章结构的重要抓手。一般来说，短短数百字的文章对出版物的评介是浅尝辄止、点到而已，读者一扫而过，能够迅速把握其整体框架。精良优质的评介文章往往不止数百字，会涉及出版物的多个方面。为每个方面冠以小标题，不但能让读者边读边把握文章的整体思路和文意走向，而且能引导读者不断往下读，甚至能让读者在上拉下滑的浏览和回看中迅速进入对文章内容的阅读。小标题的设置有助于读者提高阅读效率，体现了作者非常清晰的逻辑和对文章内容的深度把控。例如，《性教育》影评的小标题设置是"性不肮脏，何必谈'性'色变？""懂'性'，但更要懂'爱'"。又如，评介微信公众号"黄一刀有毒"，在阐述"作品内容与受众需求的对接性"这一版块时的小标题分设有："分类与选题的大众对口性""笔耕不辍的力量""粉丝互动中培养感情"。

第二，用概括性的主题句来明晰文章整体框架和思路走向。概括性的主题句是对文章某部分内容做总结、总起、承上启下的句子，其实承担了划分文章区块的功能，这是论说性文章常用的写作技巧。不用小标题而用关键词进行板块管理，也很简洁明确。如这样表述："《一人之下》何以成为国漫爆款，我总结了几个关键词：国风、接地气、搞笑、感动与深刻。"文章分别就这几个关键词展开评述。

第三，在排版上做内容的分隔，用形式语言来使版块直观化。多媒体技术向作者提供了多样化的文章版式设计手段，通过运用文字、色彩、图形等视觉语言，能够让读者在形式上直观把握文章的版块结构。例如，在内容版块中间放置线条、色块、图形，在不同的内容版块用不同形态和不同字号的文字，或者是给不同的内容版块设置不同的底色，甚至搭配不同的背景声音。

（四）适合手机的段落：设计好首段和尾段、整段和散段

在出版物评介内容的具体写作中，在明确整体框架的设计思路后，就要重视段落的安排了。对一篇文章而言，除了标题，最重要的就是首段（未必是指一个自然段，可以是首个段群）。标题吸引读者点击这篇文章，读者往往阅读了文章的首段后，就会作出此文是否值得继续阅读的判断。当作者清楚自己的文章定位是要用好东西来说服读者时，就要直击读者痛点。所以，首段如何入题呢？

总体的原则是先吊吊读者胃口，给下文的评述对象做做广告。吊读者胃口通常有两种方式：一是开门见山，直接入题。例如，指明出版物的品牌、作者、制作方、获奖等信息，以实力夸说作品。二是以话题起兴，缓缓入题。这个用来开场的话题要具有煽动性、共鸣性，比如出版物对作者的重大影响，真切可信；或者从当前的热点话题说起，引入评述对象。直接或间接入题方式的实质都是先给评介对象做广告，掷地有声地告诉读者结论或观点。用来做广告的具体内容可以是确切的数据、真实的事实、意见领袖的话语、当前热点话题或自己的真实感受等。

相比较而言，尾段在出版物评介中的重要性越来越低，因为尾段的营销功能较弱。在碎片化阅读的时代，读者坚持读完一篇深度长文，收获满满，并不太在意这篇文章的结尾。但"曲终收拨当心画，四弦一声如裂帛"的文章写作手法，无疑也是一篇文章中的一记重击，完成了文章总分总的结构，给读者意犹未尽的感觉。尾段或抒情或议论，或展望或批评，或延伸或总结，大可根据行文，自由处理。如同放书上架，若不作尾段设计，开放式处理也未尝不可。

手机阅读场景中的出版物评介，特别要处理好文章的整段与散段的关系。在纸媒阅读时代，一篇书评、影评、剧评或乐评的段落都不会太短太散，一段或几段解决一个问题，段落之间逻辑紧密、段意齐整。但在电子阅读、手机阅读时代，篇幅长的、大块头形式的整段文字会给快速阅读的读者以生理上和心理上的压力；散而短的段落则以其灵活小巧的特点让读者在手机竖屏上以碎片化信息流的方式毫无压力地阅读。完全相同的内容，整段的形式不给读者留下驻足喘息的空隙，看上去严肃专业，但对读者的阅读耐心要求高；散段的形式让读者以跳跃的姿态停停看看，看上去随性活泼，更适合手机阅读，但可能流于散乱。全部的整段排版阅读压力大，全部的散段排版没有章法，手机阅读场景下散段优于整段，要合理安排。出版物评介应针对不同的受众和内容，控制整段和散段的比例与节奏，整散结合，结构合理，使读者能轻松阅读。

（五）亮点设计：一定要有干货、上"甜点"、布细节

文章既要从整体着眼，也要从局部着手。出版物评介还必须有设计好的亮点，如果说整体框架和整散段设计是方便读者把控文章信息的暖心之处，那么亮点设计则是一定要在读者大脑里刻下阅读内容的野心之谋。文章可以从以下三个方面设计多处亮点以飨读者：第一是有干货。出版物评介要能告诉读者即将介绍的出版物的部分或全部状貌，舍得和善于把出版物中的精华部分拿来分享。在评论时力证其价值，比如，引入某种理论以阐释内容，挖掘一般读者难以发现的角度，运用专业知识以做解说，或者搜寻到特别的、鲜为人知的知识点，甚至是爆料点。奉献干货，代表了出版物评介作者的态度。第二是上"甜点"。所谓"甜点"是最能打动读者心灵的点，是出版物评介的独特之处。它既可能是文章灿然卓尔的文采、高浓度的知识，也可能是作者殚精竭虑的态度、戏谑不羁的语调，还可能是独一无二的信息、独具匠心的排版设计、风格不凡的插图。作者应秉承着"人无我有，人有我特，人特我优"的写作宗旨，设置亮点。第三是布细节。手机阅读是快速阅读，但并不意味着不注重细节，从人的心理感受角度看，细节永远是读者喜欢的亮点。要心怀细节意识，坚持读者至上，形成在文章中无处不在设计细节的写作习惯。

（六）用好图提升审美：美、版权、图文节奏

多媒体时代，读者要阅读，却又一定程度上患有"文字恐惧症""文字厌

恶症"，特别是在三五英寸的手机屏幕上，读者越来越倾向于读图、读动图，手机阅读的文章中如果没有图片，简直和自绝于读者无异。出版物评介绝对不能忽视对图片、图形、动图、短视频的应用。对图的运用要注意以下几点：首先，图本身要美。插图本身具有附属性，主要是以鲜活生动、具体形象的方式，推动文章信息高效传播；插图本身又具有独立性，图片比文字更直接，更具有视觉冲击力，是吸引读者的法宝。对于出版物评介而言，插图除了要与内容相契合，还需要美观，给读者以纯粹的审美享受。其次，注意图片的版权问题。插图可以自己制作，但这样往往费时费力。从网络上很容易得到优质插图，但容易存在版权隐患。在使用非自创插图时，应该有版权意识，注明其来源，表明不侵权、会负责的态度。最后，要处理好图文关系。插图本身是美的，但其应该与文字相互协调。不能扎堆做插图轰炸，图片过于集中，则忽视了图片带动文字的节奏；也尽量不要一张图单打独斗，这会降低读者的读图期待。一般来说，图文的相互穿插更益于读者轻松高效阅读。

（七）文字的细节：观点与结论、长句与短句、引用和出处、数据、人称

在出版物评介的具体行文中，还有一些要注意的技巧：第一，观点与结论放在前面。传统的纸质阅读常常由浅入深、逐步论证，最后得出结论。但在手机阅读的场景中，读者缺少耐心，极易退出阅读，所以文章应先摆出观点与结论，接着一一说明、逐步论证。第二，多用短句，慎用长句。长句精深而绮丽，既阐释到位，又文采斐然，但适合慢阅读细品味的纸媒。短句活泼有力，易理解，节奏快，适合流媒体和现代读者。第三，注明引用和出处。出版物评介中常常会引用他人的文句、图片、观点等，引用时务必保证准确，并以负责任的态度注明出处。第四，数据使用要准确。这是一个大数据时代，人们越来越重视数据的作用，甚至出现"数据崇拜"情结。出版物评介也要学会使用数据来营销产品：一种是通过调查等方法获得的一手原始数据，另一种是通过其他平台获得的二手数据。无论哪种数据，都应该力求准确，使用确切的数字，而不用含糊的表述，比如"多""少""不少""大多数"等。数字上的含糊容易让读者对作者和文章产生不敬业、不专业的观感。第五，恰当使用人称，适时与读者互动交流。出版物评介是向读者推介产品的文章，可以在语言表达上注意与读者适当互动。比如在使用人称的问题上，使用

"我"的表述方式，是以身说法；用"我们"的表述方式，是拉近与读者的距离。使用第一人称是把文章背后的作者作为一个重要的说话者形象努力经营，但用得太多，也会让读者觉得作者太自以为是。用第二人称"你"或"你们"，用意是直接与读者对话，但也很容易让读者认为作者居高临下、颐指气使、妄自揣度，可能会心生烦躁。要合理使用第一和第二人称。还可以使用"人们"这样虚指的第三人称，或者不用任何人称，直接模糊处理。

三、结语

手机已然是各种信息的枢纽，在手机阅读场景下，出版物评介作为文化产品，其底层逻辑是吸引读者关注、点击、阅读、变现。无论是刻意还是无意，任何形式的出版物评介都会通过文本文案在服务读者的同时传递出版物及其背后的作者、生产者、企业等相关信息和形象，主观或客观地达成营销宣传的目的，写作技巧高、组织效果好的出版物评介则会吸引更多的读者阅读、转发，在成为网络爆款文章的同时，出版物也被营销成为爆款产品，出版企业则有效开拓了市场。"在数字出版各类平台上，文本、声音、图像、音视频等都以数字化格式被存储和传播，渠道和终端具有通用性，因此供给方和需求方都具有多归属性，数字内容产品的供给方和需求方从一个平台转移到另一个平台，可以即时即地获得相同的内容，且几乎不存在转换成本。多归属性的存在增加了数字出版平台留住客户的难度，加剧了市场的竞争与博弈。"①

其实，写出一篇好的、具有爆款潜质的出版物评介并不难，作者心中要秉持服务读者的宗旨，真正为读者提供方便又愉悦的阅读体验，就会留给读者深刻的印象。通俗地说就是，作者专业敬业，出版物看了长见识，买了会值得。能使出版物评介的手机读者转化为出版物产品消费者，那么在手机阅读场景下，这就是一篇好的、达成了营销目的出版物评介。

---

① 金雪涛. 党的十九大以来我国数字出版产业的转型发展研究 [J]. 编辑之友，2022（4）：28-35.

国外道德恐慌理论研究述评及其反思

陈虹虹

孤立的偶发事件为何会引发社会性恐慌？为什么恐慌在当前的中国社会极易被引爆，反复出现且传播速度极快、范围极广？媒体在恐慌传播的过程中的作用为何？当官方媒体建构与主导舆论能力被网络消解，个体及其他各色组织如何利用新媒体参与公共问题的议程设置？回答上述问题对中国社会具有极为重要的现实意义，关于道德恐慌的研究应该得到重视。

一、道德恐慌的界定及其基本特征

真正对道德恐慌进行系统研究的是科恩，他在《民间妖魔和道德恐慌：青年摩登派和摇滚族的创造》一书中系统描绘了制造道德恐慌的各个参与者。其开篇一段被认为是道德恐慌的原始定义，后来被古德、本雅胡达、霍尔等研究者不断引用和申发：

> 社会不时地受到道德恐慌周期的影响。这是一种状态、一个事件、一个由个人或个人组成的群体表现出被定义为对社会价值和利益构成威胁的性质。它的本质被传媒以一种类型化的刻板方式报道；道德正义领域被编辑、主教、政治家和其他有正确思想的人所控制；社会认可的专家们宣示他们的诊断结论和解决方案；处理问题的方式在演进过程中不断地被改变；它的条件在消逝、湮灭、退化、解体中变得更加明显。有时候，恐慌的对象如此新奇；而在其他场合，

基金项目：广东海洋大学博士科研启动费资助项目"灾难记忆的新闻媒介建构研究（R20085）"。
作者简介：陈虹虹，博士，广东海洋大学文学与新闻传播学院副教授，主要研究方向为新闻业务与媒介技术、媒介记忆。

此对象已经存在了相当长的时间，却在众人的注目中突然消失。有时候，这种恐慌过季或被遗忘，只存在于民间或公众的语汇中，而在其他时间，它有更加重要和持久的回声并且可能引起法律和社会政策方面的变化，甚至引起社会自我想象方式的变化。①

第一，基于国外语境，科恩发现了道德恐慌对立双方存在社会地位和权利的不对等现象。群体或者个人的行为被编辑、主教、政治家、社会控制机构等"道德卫士"定义为偏离了正常轨道，成为"民间妖魔"；而这种偏离行为源于个人或少数族群的道德沦丧。他们的行为被主流文化认定为"不正常"且对传统生活方式、价值观、公共安全等社会公共利益产生威胁。在科恩的时代，这些人来自工人阶级，没有能力也没有机会表达自己，只能被动接受媒体和其他强势群体强加的"污名化的标签"。

古德和本雅胡达进一步发现了定义的主体不仅是掌握社会资源的社会控制机构，还包括社会团体在道德恐慌进程中成立的各种解决问题的代理机构，它们同样有权力和渠道定义问题的性质和问题的制造者。但两人都没有解释为何无论何种社会问题所引发的恐慌最后都被归结于"道德的沦丧"。

霍尔的研究则在一定程度上弥补了这种解释力的缺陷。他认为，这是社会价值观未能达成共识的表现。随着时间的推移，道德恐慌的累积影响可以导致社会分裂、社会地位的重新分配、社会规则的重新建构、社会道德价值的重新塑造。

霍尔的研究进一步指出西方社会的选举政治使某些特殊群体被刻意挑出来成为"民间妖魔""文化替罪羊"。②"民间妖魔"的出现使道德恐慌区别于诸如全球变暖、人口老龄化等一般的社会问题。"民间妖魔"是道德恐慌不可缺少的部分，在古德和本雅胡达看来，道德恐慌是否成立的判断标准之一即是否存在"民间妖魔"的标靶。

第二，科恩的研究提示了社会是如何组成、运转的，为后人观察社会提供了广阔的视角。首先，媒体对某些少数族群的异常行为进行夸张报道，加

① COHEN S. Folk devils and moral panics：The creation of the mods and rockers [M]. New York：Routledge，2002：1.

② GARLAND D. On the concept of moral panic [J]. Crime, media, culture, 2008, 4 (1)：9-30.

之以某种污名化的标签。其次，以专家或精英为代表的群体对媒体的报道作出反应，公布其特殊担忧和因果分析，确认问题威胁到社会秩序，并给出相应"处方"。再次，警察、法院等社会控制机构以媒体的报道为线索，以组织或社会秩序遭威胁为借口，加强对少数族群偏离行为的监视和预警。媒体继续跟踪报道警察行动和"道德卫士"的建议，关于少数族群偏离行为的信息在上述三方的互动中螺旋上升，增加了公众的关注度和焦虑感。最后，政治家或出于选举动机或迫于压力接受公众"意见"，出台严格的、针对"民间妖魔"的控制措施。但对于道德恐慌从何而起，这几个阶段是否必然呈线性发展，媒介议题、公众议题、政治议题三者是否必然转化，科恩并没有给出明确答案。

古德和本雅胡达认为，科恩观照到集体行为的运动机制，如谣言、都市传说、暴乱等都一定程度上遵循了上述的模式[①]，但社会部门的反应与现实的危害"不成比例"。社会各职能部门在评价和发布威胁警示时夸大甚至伪造各种数据，包括参与人数、危害程度、犯罪数量、物质损失等；制造、传播、利用谣言与各种都市传说渲染问题的严重性；对某问题的关注胜过此问题实际产生的威胁；对某问题的报道不断增多，报道篇幅与持续时间超出常规，而现实中相应的威胁却没有任何统计数据上的变化。[②]

霍尔则从马克思主义批判的视角出发，指出几个部门之间的互动、几类议题之间的转化并不是自发完成的，而是在国家霸权文化的强势引导下、在统治精英的精心谋划之下完成的。社会危机事件所引发的道德恐慌被看作国家对文化霸权合法性危机作出的一种反应；通过危机话语的建构，国家为自身强力介入对公民社会的意识形态改造提供了合法化手段。[③]

第三，科恩最先注意到了道德恐慌周而复始的特点，但对于道德恐慌的生产和消退解释模糊不清。道斯从新闻生产周期的角度指出，公众的注意力、媒体的注意力是变化无常的，它们总是希望有新东西可供娱乐，对反复出现

---

① GOODE E, BEN-YEHUDA N. Moral panics: The social construction of deviance [M]. 2nd ed. London: Wiley-Blackwell Publishing Ltd., 2009: 130.

② GOODE E, BEN-YEHUDA N. Moral panics: The social construction of deviance [M]. 2nd ed. London: Wiley-Blackwell Publishing Ltd., 2009: 44 –46.

③ 黄典林. 道德恐慌与文化霸权：解读斯图亚特·霍尔等著《控制危机》[J]. 国际新闻界, 2014（4）：55 –67.

的东西感到厌倦。"新的社会问题被捕捉、报道，直到所有新闻潜力被完全开发，然后被丢弃，开始寻找新的目标、新的角度。"霍尔根据霸权理论范式，认为道德恐慌产生和结束与统治阶级的统治策略转向密不可分。道德恐慌是执政党为掩盖统治危机、转移公众注意力而与媒体共谋上演的政治戏码。

第四，科恩指出了道德恐慌中不可缺少的灾难心态。媒体把"民间妖魔"的偏离行为当成"灾难"，社会各部门对其下一步的行动提前预警，并且在社区内传播。在"灾难"的"影响期"，各种谣言四散，公众对信息的判断力下降，产生必须采取应对措施的需求。道德恐慌报道与自然灾害报道一样，经历严重破坏、营救幸存者、提出解决措施以及最后的社区恢复等阶段。区别在于：自然灾害的威胁主体是明确的，破坏过程和结果也比较清晰，但道德恐慌的威胁主体、破坏结果很难形成一致认同。

二、道德恐慌形成的动力来源

对于科恩来说，道德恐慌的中心是"民间妖魔"，但道德恐慌的根源在他处。他认为，社会各个部门都负有共同的责任，即反应过度。古德和本雅胡达则最为系统地总结了道德恐慌的三大起源，即社会利益团体、政治精英和"草根"。①

社会利益团体力图争取诉求合法化，策划道德恐慌。不同的社会利益团体对同一个问题有不同的认知和主张，争相运用已有资源为其主张的制度提供正当合理的依据和理由，并诋毁和压制相应的竞争对手。道德恐慌是其中一种有效的资源利用和动员模式。首先，团体成员从自身利益出发，认定某些事情出现了偏差，并坚信现有问题既是对他们的威胁也是对整个社会的威胁；其次，通过改变问题与民众生活的关联度、严重度、熟悉度、新奇度来吸引媒体和公众注意力，制造恐慌、提升影响；最后，通过制造所谓"民调"证实民意存在，吸引政治支持使自身主张进入政策议程。如果这个过程中有竞争对手提出反对意见，他们就会把对手塑造成"民间妖魔"。在古德和本雅胡达看来，如果不能理解社会利益团体及其组织的社会运动，那就不能很好地理解道德恐慌。这些社会利益团体及其组织的目的是要让其主张合法化。

---

① GOODE E, BEN-YEHUDA N. Moral panics：The social construction of deviance ［M］. 2nd ed. London：Wiley-Blackwell Publishing Ltd., 2009：54－56.

他们经常利用道德恐慌促使大众关注他们定义的"威胁"。①

统治精英为掩盖某种政治危机，自上而下导演道德恐慌。统治精英在政治、经济和知识领域都占据支配地位。他们有能力操纵媒体、控制社会权力部门、决定法律法规的颁布与执行、掌握社会运动所依赖的各种资源。当他们的利益受到质疑或挑战时，统治精英们就会策划道德恐慌转移公众注意力，隐藏真实的社会深层次矛盾。霍尔等人对英国黑人"杀人抢劫案"的研究便是精英策划论的典型代表。他们认为，对抢劫的道德恐慌，表面上是对黑人犯罪的过度反应，本质上是对共识政治面临瓦解的政治危机和对强制性政治、威权民粹主义转变的一种意识形态的反应。②

"草根"势力较弱但数量众多，他们体验和经历了各种社会问题，担忧与焦虑由来已久，但凡感觉普遍珍视的社会价值或秩序被侵犯或被打乱，他们就会产生恐慌情绪。道德恐慌的爆发，是因为某种焦虑或紧张由来已久并恰巧在合适的时间爆发。媒体随即广泛传播各种故事；社会活动家们组织各种社会团体和社会运动营造某些问题必须得到修正的氛围；政治家们为获得选民，纷纷造势并提出各种呼应这种焦虑的提案。

然而，道德恐慌的起源如此复杂，以至于没有一种来源能单独将其解释清楚。古德认为，把三者分开是危险的。"草根"提供了道德恐慌的原材料；社会利益团体的活动提供了焦点、强度以及方向。"草根"的道德标准提供了道德恐慌的内容，而社会利益团体和统治精英则提供了时机。作为单一的模式，"草根"模式自身是幼稚的；社会利益团体和统治精英模式则只剩空洞与愤世嫉俗。"草根"模式能帮我们看清何种焦虑被利用，社会利益团体和精英模式能帮我们看清公众焦虑如何被挑起和加强。实际上，更多时候，统治精英的阴谋、社会利益团体的组织和"草根"的焦虑结合起来，共同煽动了道德恐慌。

三、道德恐慌中的媒体与新闻生产

道德恐慌的形成和发展离不开媒体的参与，没有媒体的道德恐慌不可想

---

① GOODE E, BEN-YEHUDA N. Moral panics: The social construction of deviance [M]. 2nd ed. London: Blackwell Publishing Ltd., 2009: 148.

② 黄典林. 道德恐慌与文化霸权：解读斯图亚特·霍尔等著《控制危机》[J]. 国际新闻界, 2014（4）：55 – 67.

象，因为"大多数人均通过媒体接收到关于异常行为和灾难的图景"①。但除了展现异常的社会图景，相关研究还指出，媒体在道德恐慌中也扮演了其他重要的角色，发挥了不可或缺的作用。

不论起源于上述何种模式，道德恐慌的产生首先离不开媒体的夸张与扭曲报道，媒体充当"放大器"的角色。一方面，基于新闻价值的判断，媒体倾向于选择报道事件中的冲突、血腥和骚乱，而对事件中其他正常、平和的因素有意忽略；倾向于使用夸张、敏感的标题，处心积虑地对事件的破坏程度、暴力指数等进行强调；倾向于对某些似是而非的事件元素不加核实、断章取义地报道，甚至把谣言当作事实传播；倾向于大量使用情绪化和神秘化的叙述方式。另一方面，媒体"推测式"的生产模式加重了公众对灾难的想象。在科恩的研究中，灾难预警是道德恐慌进程的重要环节。事件发生后，媒体短时间内对类似的、原本不受注意的事件的敏感度急剧提升，形成公众印象中的"媒体犯罪浪潮"；媒体同时会频繁引用相关"道德卫士"的话语，预警如果问题得不到解决，类似的灾难还会发生。这就使得事件的发展进入了"自我验证的逻辑"：媒体夸大报道，警察根据报道加强警卫，发现更多的偏离行为，媒体不断提升报道的"门槛"，事件在两者的互动中螺旋上升，离真相越来越远。

其次，在科恩的研究中，媒体的编辑们是重要的、拥有"正确思想"的"道德卫士"，扮演了定义者的角色。他们通过报道内容的符号化定义"民间妖魔"。先使一个单词（如"摩德族"）成为某种身份的标志（罪犯或异常者），继而使对象（如发型、服饰）成为单词（如"摩德族"）的符号，然后使对象本身成为身份的符号（以及附着于身份上的情感）。② 当这三个步骤出现在媒体上时，累积效应就会使所用词语从之前的中性背景中分离出来，变成完全负面的意思，从而完成了对"民间妖魔"的贴标签过程。这个标签犹如框架，限定了受众理解事件及偏离群体的框架或路径，"排除了考虑这一事件的其他方式"③。

① COHEN S. Folk devils and moral panics：The creation of the mods and rockers ［M］．New York：Routledge，2002：18.

② COHEN S. Folk devils and moral panics：The creation of the mods and rockers ［M］．New York：Routledge，2002：27.

③ 巴勒特．媒介社会学 ［M］．赵伯英，孟春，译．北京：社会科学文献出版社，1989：95.

在霍尔看来，虽然媒体并不具有定义的最终权力，但他并不否认媒体是定义链条上的重要一环。他认为，媒体报道事件，但不生产"意义"。媒体只负责传递统治精英的意图，实现的是渠道功能。定义的话语权力掌握在统治精英手中。因为，在新闻生产过程中，媒体消息来源高度依赖于警察、法庭等社会控制机构，后者处于"制度性强势地位"，位于新闻生产链条的上游。媒体只不过传递了社会控制机构的声音，是"次级定义者"。在这样的新闻生产机制下，媒体实际上不但炮制了新闻，而且传递了统治精英的意识形态。媒体因其自身独立的渠道而有效地成了控制过程本身的一个机构——"意识形态的国家机器"。① 媒体的渠道角色在古德和本雅胡达的研究中得到了确认与拓展。他们认为社会利益团体通过媒体阐述自身主张并通过媒体的宣传和塑造扩大其政治影响力，确保自身定义的问题能够通过媒体议程进入政治议程。

最后，按照古德和本雅胡达理论，媒体行业本身是特殊的利益团体，他们有市场竞争的压力，也有摆脱审查、争取新闻自由的动机，因而成为道德恐慌的策源地。一方面，媒体需要主动制造各种社会和政治议题，通过不断定义和重新定义新的社会问题来赢得民众兴趣和政治支持，争取更多的新闻报道权益。另一方面，随着媒体行业竞争变得越来越激烈，新闻媒体维持民众注意力的一个办法就是充当"道德卫士"，对新的社会问题永远保持敏感和关心。道德恐慌变成了新闻报道的程式。② 正如格拉斯那在《恐慌文化：美国人何以会因错误信息害怕》中所言，大众媒体充当了十分不光彩的角色，他们为了吸引公众的眼球夜以继日、连续不断地报道暴力和恐怖现象，从而不断营造新的恐怖。③

道德恐慌的进程已经变得尽人皆知，以至于参与者们比之前更有自觉意识和深思熟虑。游戏规则尽人皆知，媒体对道德恐慌的操作已经常规化和可预测。媒体与道德恐慌彼此依存，在属性上两者之间存在一定的匹配耦合可能性，在特定的个案下还有可能较为深入。

---

① HALL S, CRITCHER C, JEFFERSON T, et al. Policing the crisis: Mugging, the state, and law and order [M]. London: Macmillan, 1978: 63.

② 默克罗比. 后现代主义与大众文化 [M]. 田晓菲，译. 北京：中央编译出版社，2001: 255.

③ GLASSNER B. The culture of fear: Why Americans are afraid of the wrong things: Crime, drugs, minorities, teen moms, killer kids, muta [M]. New York: Basic Books, 2000.

从新闻价值的判断标准上看，道德恐慌中的偏离行为——犯罪和违规符合新闻价值的所有标准，因而媒体喜欢追逐道德恐慌便不足为奇了。而新闻价值的相对分量不是固定的，什么事情被定义为新闻既有时间边界又有道德边界。生产时间的压力决定了媒体倾向于引用权威，沦为权力的传声筒；道德边界影响了以文化精英自居的媒体人员对亚文化和弱势群体的理解和体谅。

从新闻生产常规上看，媒体遵循了"推论式结构"（inferential structure），即把事实套入一个熟悉的、包含某种解释性的故事框架内。框架既是人们认识事物的基础，也是媒体应付快速生产的规则。然而，框架也限制了人们观察问题的视角。"讨论的道德框架一旦确定，那些在各种传媒工作中的人们就很少会掉过头来按一套不同的行动原则重新来过。"① 在此结构下，道德恐慌作为一种过程常被媒体放置在正常与偏离、好与坏、勇敢与胆怯等包含道德判断的二元对立中来叙述；这种简约化叙述不是为受众作出阐释而是力图使读者产生情绪共鸣。其代价是，事件中所含的多元含义将受到限制和裁剪，社会、政治、经济等复杂问题被简化成个人利益之间的冲突。因此，"媒体渲染的恐慌故事正持续地变得以被害人为中心，想象的易受伤害性相对于实际的受害可能被如此过分强调，以至于对犯罪的恐慌或许被精确地设想成一种对个人安全的担心"②。由于社会问题被视为个人不断行动的结果，对"民间妖魔"实施更加严格的规制措施就变得理所当然。

从议程设置上看，道德恐慌形成需要从媒体议程经过公众议程最终进入政策议程方能最终完成。作为起点，媒体议程设置的主体则不局限于媒体自身。鉴于媒体对广告的依赖和对某些新闻事件的偏好，各种社会利益团体可以采取相应的新闻策略将自身问题纳入媒体议程。而作为媒体主要消息来源的政府部门自然也可将政策议程变为媒体议程。如葛瑞波所言："如果媒介能够成功地锁定对某个问题的关注，它们就可以借此设置议程。媒介提供语境，决定人们如何思考某个议题并评价其价值，并以此建构公众议程。"公众作为道德恐慌传播的中间一环，其形式大于本质。原因在于他们数量众多，但意见分散，容易受媒介影响，最重要的是，没有掌握传播话语的权力。即使新媒体给每个人都赋予了对外言说的权力，但个人诉求常淹没于网络的信息洪

---

① 朱克斯. 传媒与犯罪［M］. 赵星，译. 北京：北京大学出版社，2006：51.
② 朱克斯. 传媒与犯罪［M］. 赵星，译. 北京：北京大学出版社，2006：57.

流中不得凸显，其名义容易被他者裹挟、利用甚至伪造。作为道德恐慌传播的终点，政策制定者往往把媒体对问题的报道数量当作公众对此问题的民意表达。因此，媒体、掌握政策制定权力的统治精英和各种社会利益团体代表之间形成了互动闭环。如果他们之间存在足够默契，决定对一个新发现的社会问题采取行动，一场道德恐慌就有可能发生。① 如果媒体议程和政策议程没有达成一致，纵使有公众支持，道德恐慌也会流产，只能成为普通的社会运动。

总而言之，媒体在道德恐慌中有可能扮演放大器、定义者、渠道和策划者的角色，具体是哪一种或哪几种的组合，取决于问题的性质和各方参与者的意见均衡。

四、道德恐慌研究的反思

道德恐慌本质上是由孤立事件引发的社会系统综合反应。在风险社会的背景之下，其地位和作用应受到人们重视。回顾国外的相关理论，对照当下的社会新貌，过往研究至少可以在以下几个方面有新的考虑：

首先，在传统的道德恐慌研究中，大众媒体轻易对大众造成一致影响，但随着媒体发展多样化和碎片化，出现了替代性的新型媒体；也有些媒体愿意为"民间恶魔"代言，反对权威或社会利益团体发布的警示和给出的建议。如今，道德恐慌运动的对象已经有能力反对强加于他们头上的偏离者身份，并提出他们自己的社会价值和规则。只要"道德卫士"们对特定个人或集团的危险行为发出警示，必然就有反对声音提出专业、针锋相对的诉求。要制造统一的意见是越来越难了。② 因此，"道德卫士"们对"民间妖魔"的定义策略是否能继续奏效、其定义的权力是否能稳固，恐怕需要重新衡量。

其次，在道德恐慌的传统研究中，特别是在科恩的研究中，社会各部门的运行是铁板一块，牵一发而动全身。道德恐慌的传播路径基本呈线性发展。但如今与以媒体、"民间妖魔"、社会控制机构、社会利益团体四角为中心的模式不同，社会各部门之间围绕各种议题有多重无休止的争论，恐慌在争论

---

① 克里彻. 道德恐慌与媒介［M］. 影印本. 北京：北京大学出版社，2006：138.

② MCROBBIE A, THORNTON S L. Rethinking "moral panic" for a multi-mediated social world［J］. British journal of sociology, 1995, 46（4）：559 – 574.

中间被消解，同时辩论却造就了社会声音的多样性，使公众认识到现实政治的复杂性，不再轻易上当。道德恐慌传播中的社会各个主体是否会继续不约而同地一致过度反应？在新的社会生态环境下，对道德恐慌形成的条件、传播的路径应该有新的描绘。

再次，媒体机构在道德恐慌中的作用、角色和功能在新媒体生态下是否有新的变化，后续研究应该对此有所回应。特别是在新媒体已然成为社会信息传播的主流渠道的大背景下，新媒体平台是否能完全替代传统媒体在道德恐慌中的地位，这值得进一步观察。

最后，梳理国外关于道德恐慌的理论研究，可以发现研究遵循了三大趋向，分别是以科恩为代表的发展进程趋向、以霍尔为代表的文化研究趋向和以古德为代表的建构主义趋向。但综合来看，道德恐慌的研究还可以有更多的想象空间。譬如，"民间妖魔"的命名可以从符号学、叙事学的角度进行深入的分析；三大流派的研究都提到了媒体，但是新闻传播学并未在道德恐慌研究中得到系统整理。

梳理国外理论是为了更好地观照中国现实。在中国语境下理解和运用道德恐慌的相关理论和现实批判意识，必须对其理论概念、分析框架和价值立场的跨语境解读保持敏感；同时，必须注意到中西媒体制度与文化、媒体角色在其中所发挥的不同作用。这决定了道德恐慌在中国的形成原因、机制都有可能迥异于西方，这需要我们为此作出努力。

论电影《关云长》中关羽的人物形象
及其现实意义

陶　雨

　　关羽是三国时期重要的英雄将领，关于其投降曹操的故事在《三国志》中记载翔实。随着三国故事在民间的广泛流传，百姓心中关羽投降曹操的事实也发生了变形。民间《三国志平话》和元杂剧"三国戏"中的情节已从关羽投降曹操向他投降汉朝不降曹操转变；到了小说《三国演义》，关羽不仅降汉不降曹，罗贯中还虚构出"过五关斩六将"的故事凸显关羽对刘备的忠心，丰富了关羽忠肝义胆的"关公"形象。电影《关云长》亦是围绕小说"过五关斩六将"的故事展开，在影片中处处展现关羽的大丈夫形象。

一、大丈夫关羽

　　刘备兵败，关羽投降曹操一事是于史有载的。《三国志·蜀书·先主传》记载，"五年，曹公东征先主，先主败绩。曹公尽收其众，虏先主妻子，并擒关羽以归"[①]。《三国志·蜀书·关羽传》中这样描述关羽："建安五年，曹公东征，先主奔袁绍。曹公禽羽以归，拜为偏将军，礼之甚厚。"[②]《三国志·魏书·武帝纪一》中也有记载："五年春正月，董承等谋泄，皆伏诛。公将自东征备……郭嘉亦劝公，遂东击备……备走奔绍，获其妻子。备将关羽屯下

　　基金项目：广东海洋大学博士科研启动费资助项目"中国古代小说与戏曲文体互渗研究"（060302142303）。
　　作者简介：陶雨，博士，广东海洋大学文学与新闻传播学院讲师。主要研究方向为中国古代小说与戏曲、应用文写作等。

①　陈寿．三国志［M］．裴松之，注．北京：中华书局，2021：522.
②　陈寿．三国志［M］．裴松之，注．北京：中华书局，2021：560.
③　陈寿．三国志［M］．裴松之，注．北京：中华书局，2021：11.

邳，复进攻之，羽降。昌豨叛为备，又攻破之。"③从史书记载来看，关羽是被曹操擒拿走的，并且投降了曹操。由"一字寓褒贬"的春秋笔法可见，在史官看来关羽确实没有坚守对刘备的忠义。

《三国演义》凝聚经典文化与大众文化的精华，改关羽投降曹操为不降曹操只降汉朝。小说中关羽为投奔刘备，离开曹营后一路过五个关口斩曹操六员大将，可谓历尽千难万险。在罗贯中的笔下，关羽成为忠义的楷模。由麦兆辉、庄文强导演，甄子丹、孙俪主演，于2011年上映的电影《关云长》在小说《三国演义》的基础上进行改编，对关羽"大丈夫"的阳刚形象作了最高程度的赞美和歌颂。

儒家代表人孟子强调大丈夫行为，那么何为大丈夫呢？《孟子》原文是："居天下之广居，立天下之正位，行天下之大道；得志，与民由之；不得志，独行其道。富贵不能淫，贫贱不能移，威武不能屈，此之谓大丈夫。"影片中关羽光明磊落、忠肝义胆。电影开场不久便交代历史背景。三国时期战乱连连，袁绍与曹操展开争战。袁绍将领颜良，凭着兵强马壮，想要攻破曹操的白马城。为稳住军心，曹操请已经在曹营的关羽出战。电影对白中，曹操请关羽帮忙去杀一个人。关羽反问："杀一个人就可以结束战争吗？"曹操回答："是的。"电影中，关羽看到军营中到处是受伤的士兵，主动帮助伤员处理伤口。听到战士们哀嚎遍野，关羽于心不忍，想要尽快结束战争。这突出了关羽的慈悲心肠，也体现出其道义精神。这个道义是人道主义精神，也是儒家提倡的仁爱精神。关羽心中的义是不分阶级地位、不分血缘关系的。在他看来，四海之内皆兄弟，其为心中的仁和义选择替曹操去杀人从而结束更多不必要的杀戮。

在宗法制社会中，血缘关系往往是彼此的纽带。关羽却倡导异姓结盟，异姓兄弟之间互帮互助，突出义薄云天之气概。影片中关羽说道："大家都是各为其主，从来没有兄弟情谊。但是今日一战，各位不计前嫌，为小弟助阵，你我就有兄弟之实，如果大家不嫌弃的话，关某就斗胆跟大家兄弟相称。各位大哥，请受小弟一拜。"影片中关羽骑马与大家围成一圈，互相作揖，兄弟们万众一心、齐心协力喊出厮杀的口号。这一画面展现了大家的平等与互助，这也是关羽追求的大丈夫的磊落胸怀。

影片通过关羽多次与他人的对打表现其武勇万人难敌，导演还通过升格镜头的拍摄手法更好地向观众展示了关羽斩颜良的打斗场面。关羽整个人从战马上一跃而起，高高地跃在颜良之上，通过画面给观众一定的视觉冲击，产生压迫之感。关羽手起刀落、干净利索，眼神坚定有力，充分展现出英勇之威和雄表之美。

电影中关羽得知刘备的下落后义无反顾地离开曹操投奔刘备。小说《三国演义》中有关羽挂印封金之说，电影与小说相似，关羽在侯府门前把曹操赏赐的金银珠宝都悉数分给百姓。这个行为一方面体现了他不贪财、体恤百姓的大丈夫形象，另一方面突出了关羽不是见利忘义的小人而是重兄弟情义之人。

影片通过一系列过关斩将的情节，向观众展现关羽不惧死亡的胆识和将生死完全置之度外的气魄。最具代表性的是关羽与韩福交手的对打戏。在电影中韩福似乎曾经被关羽救过，关羽对韩福有恩。关羽明知韩福要置其于死地仍然不躲不闪，接住韩福发出的暗器。在关羽看来，这一举动还了之前的兄弟情谊，两不相欠也即是恩断义绝。没有了义气，自然不是兄弟，就是对抗的仇人，所以关羽之后毫不犹豫地与韩福决一死战。韩福自知不是关羽的对手，便又叫来同伴孟坦与关羽打斗，关羽在身中毒箭的情况下仍然坚持抵抗。影片中饰演关羽的甄子丹眼神戏十分出彩，他一人抵挡多个扑面而来的盾牌本已十分艰险，还身中毒箭，更是雪上加霜。当观众为关羽捏一把汗时，关羽突然圆睁双眼，加上强有力的背景音乐的烘托，更显关羽威武之英气，让敌人不寒而栗。

导演麦兆辉与庄文强将沂水县打斗的画面处理得十分巧妙，采用留白方式，给电影观众更多想象的空间。电影画面呈现出一座紧闭的城门，观众只听到喊杀的声音以及兵器撞击的声音。接着，画面一转，门被撞破，裂开一个洞，出现一个血肉模糊的人头。画面又一转，城门打开，关羽举着大刀威风十足地立在那里。电影画面中没有过多呈现具体的打斗经过，但通过音响效果和留白方式，给了观众更多的想象空间，最大程度地呈现了关羽的勇武善战。

影片中关羽忠义双存。从结义的角度看，他与刘备是兄弟，自然不能背信弃义投降曹操。从君臣关系的角度看，他与刘备是既君臣又兄弟的兄友型君臣。因此，关羽不仅讲义气，也对刘备有绝对的忠诚。电影并没有明确交代关羽到曹操阵营的具体过程。对于关羽投降曹操这一史实，电影处理得非常模糊。但关羽过关斩将、一心想要投奔刘备的行为充分表现出关羽的忠诚和义气。

由以上的论述可见，影片中塑造的关羽形象完全符合儒家传统文化对大丈夫的要求。

二、铁汉柔情的关羽

电影虚构了一个由孙俪饰演的女子角色——绮兰。绮兰是刘备未过门的小妾。电影用倒叙的手法叙述早年绮兰与关羽是同乡。那时，关羽还是一个牛车夫，他喜欢上了绮兰。后来关羽与刘备结义并且从牛车夫变成了大将军，再回家乡后他仍对绮兰念念不忘。但是绮兰成了大哥刘备未过门的小妾，关羽与绮兰有了叔嫂之别。从礼教出发，关羽没有向绮兰表达爱意，只是把这份情愫藏在心底，暗中保护他心爱的女子。

影片中曹操设宴请关羽吃家乡菜，实则给关羽下了迷药，意图让关羽乱了叔嫂之礼。电影中曹操说道："关羽你没有家，我便送一个家给你。"曹操提前让人给绮兰点了穴使之躺在床上不能动。面对自己心爱的女子，关羽有些意乱情迷，在叔嫂之礼和真情流露之间异常挣扎，但是最终儒家的纲常礼教胜过了情欲，他用常人无法想象的毅力控制自己没有逾越雷池半步。在被下了迷药的情况下关羽仍然能够把持住自己，相较一些人的借酒行凶，影片体现出关羽意志品质的坚定，他的形象异常高大。

影片中曹操允诺关羽，若他帮忙杀掉袁绍就可以免两万人的死。关羽一方面想要结束战乱，另一方面不想为曹操所用而是想要投奔刘备，面对两难处境他有所动摇。其实这也是情与理的矛盾。从情感角度出发，关羽心怀慈悲，不忍见百姓生活在水深火热之中，所以想要结束战争。从纲常礼教的角度出发，关羽若帮助曹操杀掉袁绍就相当于背信弃义，不能再与刘备续兄弟情缘。电影中关羽最终选择去杀袁绍，这是影片第一次体现出情战胜了理。

电影中绮兰以为关羽想要投奔曹操，所以以色相诱，想让关羽回到刘备阵营。按照关羽一直坚持的儒家礼仪要求，他应该严词拒绝绮兰的示好。但是影片中关羽竟然动了心，还主动用手擦拭着绮兰的眼泪。在古代，男女授受不亲，更何况是叔嫂之间，关羽这一行为显然已经超越了叔嫂之礼。这是影片中第二次表现情胜过理。另外，影片中绮兰一直称关羽为"二哥"，按照礼仪规范应该称为"二叔"，这也表明电影创作者想要隐约暗示情与理的矛盾。"情"是真情流露；"理"可以是纲常礼教，也可以是行为准则。电影创作者意图通过关羽的挣扎表达对"存天理灭人欲"的痛斥。

电影意在突出英雄关羽亦有人性中柔软的一面，虽然是铮铮铁骨的九尺男儿，但也有儿女情长。电影通过关羽为救美人而置自己性命于不顾的描写，突出英雄难过美人关，从而使关羽形象更接近具有七情六欲的真实人物。关羽不再是以往百姓认知的"武圣人"形象。

电影对百姓熟知的英雄形象进行解构，意在突出情与理的矛盾冲突。但与小说《三国演义》和史传《三国志》相比，电影中关羽的抗争性有所减弱。小说《三国演义》中关羽出逃家乡是因为其见家乡的乡官迫害百姓，为民手刃乡官，这一行为突出表现关羽具有民族大义和英雄气概。电影改关羽为一女子手刃官兵，怕惹上官司从而逃亡，形象的光辉较小说似乎有所减弱。

小说中关羽视富贵、女色如浮云，作为将军不仅武力超凡，还有智慧胆略。小说《三国演义》中曹操夜晚让关羽与嫂夫人共处一室，欲让关羽乱叔嫂之礼。关羽的表现是秉烛达旦，做到了有义有节。小说中的关羽是理胜于情，完全是一个高尚圣人的形象，没有真实人物的缺点。小说这样的处理虽然突出了关羽的忠义形象，但略欠真实。鲁迅对罗贯中笔下的诸葛亮和刘备的评价"状诸葛亮多智而近妖，欲显刘备之长厚而近伪"用在评价类型化人物关羽上亦有异曲同工之妙。相较小说，电影的处理使关羽成为"圆形人物"，关羽走下神坛，更具有人情味，人物更真实贴切。电影中关羽给绮兰小刀用于防身等细节的处理、道具的巧妙运用、针脚绵密的穿插，均体现出英雄关羽亦有铁骨柔情。

三、狼性精神与羊性精神的现实意义

影片中曹操一再挽留关羽，他问关羽其与刘备的差距在哪里、关羽为何执意要投奔刘备。关羽说因为曹操阵营没有情，而大哥刘备待关羽有情。一个"情"字含义颇丰：在君臣关系中，刘备以兄弟情谊平等对待臣子；在君民关系中，刘备是爱民护民的贤德君主。曹操阵营中没有真情实感，只有利益算计。影片里在与袁绍的作战过程中，曹操对身边的人说关羽是他的棋。曹操与袁绍作战连连败北，但是曹操并不惧怕，而是说道："我很清楚，有关

羽当我的棋子，我就能走好眼前这步棋。"曹操并没有像刘备那样待关羽如兄弟而是拿关羽当棋子，凸显曹操阵营中不讲情义只讲利益。

影片采用倒叙的艺术手法，以关羽之死开篇，又以关羽之死收束。史实和小说中关羽之死的主要原因均是关羽与东吴作战，受小人算计，进退无路最终战死。东吴用了一招祸水东引，把关羽的人头献给曹操，想要让刘备把仇恨的矛头指向曹操。关羽之死带有很强的悲壮意味，一世英雄毁于小人算计，死后还成了三国争雄的棋子。电影针对关羽之死，体现出对狼性精神和羊性精神的探讨。

电影开篇曹操说道："关云长，义薄云天，却落得这般下场，以后还有谁再讲道义。"一个道士接着说道："义字上羊下我，一个羊一样善良的我，关将军的义不只是道义，更是慈悲呀。"曹操接着说道："那是可悲，他本是一匹狼，却天生一副羊的心肠，而这个天下是狼的天下。"电影中曹操是狼性精神的拥护者，但从曹操下跪祭奠关羽的行为可见其从心底也是佩服忠义双全的关羽的。只是曹操认为在乱世之中，毫无原则的善良只会带来更大的伤痛，反而是杀伐决断的狼性才能带来最后的安宁。这也是电影要探讨的主题，以曹操为代表的狼性精神和以刘备、关羽为代表的羊性精神到底哪个更重要呢？

影片中关羽一再拒绝曹操，不认可"汉寿亭侯"的封号，实则就是羊性精神对狼性精神的排斥。关羽从羊性精神和仁义角度出发，不想看到更多的杀戮。但是关羽所忠的刘备没有办法尽快平定天下，反而是具有狼性精神的曹操似乎带给了百姓安宁。电影中关羽坐在马车上看见百姓一边劳作一边唱歌。在一片金黄的田地，百姓愉快地唱着："一直这样好不好，你养鸭子我种稻，一把禾锄一个希望，已经很满足了。"关羽不禁走下马车，这时曹操出场，介绍关羽眼前稻田的由来。曹操说这稻田原来是一片没有人的荒地，曹操的部队来了，开了荒才有了稻田。曹操说他从洛阳带到许昌的几十万人，六年当中，没有一个人被饿死。从曹操的话中可见，似乎利己主义的曹操反而带给了百姓所需要的安居乐业。曹操营造出一片虚假的岁月静好，为自己的谋反开脱，把自己塑造成一个匡扶汉室的功臣。通过曹操的语言，观众显然能够感受到曹操是一头披着羊皮的狼，他的行事准则是外儒内法之道。曹操只注重眼前的利益，不是长期主义者。而羊性精神是长期主义，虽然眼前可能暂时看不到光明，但是追求的是真正的长治久安。

　　因为曹操是披着羊皮的狼，所以百姓也被曹操所蒙蔽。影片中于细微处体现了羊性精神的举步维艰。在电影中每一个守门的将领都要置关羽于死地，他们拥护曹操，认为只有曹操能给他们带来安宁。影片中关羽进入洛阳城，找到曾经被其救过的韩福借船队，想让韩福帮忙送其与绮兰回到刘备处。韩福问关羽："为何还要打下去呢？这国家死的人还不够多吗？"韩福替曹操说话，说道："以前我们打是为了能过上好日子，曹大人掌权以来，百废复兴。日子虽苦，但还算得上是好日子。"影片通过韩福从刘备集团转投曹操集团这一情节表现狼性精神似乎战胜了羊性精神。

　　电影里还有关羽与王植对打的场景。由王学兵饰演的王植是杀了贪官的新荥阳太守。王植听闻关羽北上，怕引起更多的杀戮，提前让百姓撤走。从羊性精神来看，王植的举动符合仁义精神。他杀掉贪官是为民除害，他提前让百姓撤离也是心系百姓。关羽明知王植的仁义情怀却也不得不与王植交战。关羽不想杀害王植，但是王植还是一心求死，最终死在关羽的刀下。面对王植的死亡，百姓不理解关羽，纷纷向他扔掷东西，大喊着要杀了关羽。想来这时的关羽一定异常痛苦。

　　影片通过对韩福、王植的描写体现百姓对羊性精神的误会和不理解，展现羊性精神艰难的处境，但是越是艰难，越要坚守，也越需要彰显。电影中喊着要杀死关羽的百姓却被曹操派来的张辽杀死，这一细节表明王植的手下拥护曹操、替曹操卖命，但是秉持狼性精神的曹操是不讲情义的，他为了向关羽示好就可以转而把一心拥护自己的百姓杀掉。反观关羽，他对刚刚要杀自己的王植手下却心存仁义，不忍让曹操把他们杀掉，制止了张辽。关羽与曹操的行为两相对比，高下立判。显然狼性精神的结盟是利益中心，随时都可以叛变；而羊性精神是抱团取暖，是真诚相待。

　　电影中关羽不忍让百姓流离失所，所以答应替曹操杀掉袁绍。关羽提出一个条件，他让曹操保证以后不再杀戮，但曹操说他不能够保证。曹操认为人不能依靠，唯有法纪才能依靠。关羽说道："可人与人之间，没有道义哪会有法纪？"曹说："人间仇恨太多，哪来的道义。"这段对话中法纪和道义也是暗指狼性精神和羊性精神。以曹操为代表的狼性精神不讲人情道义，只有严格的纲常法纪；羊性精神却提倡法纪应该建立在人情道义之上。一部古装电影传递的主旨意蕴应该能够穿过历史达到时代的共通性，现代社会中狼性文化与羊性文化仍然有其存在的土壤。

　　现实中的团队合作应该是狼性文化与羊性文化兼具。在坚守底线时要有狼性文化的不服输精神和杀伐决断的手腕，但在与人为善和传承中华优秀传统文化时要有羊性文化的利他主义。只有坚守利他主义才能走得更长远。羊性文化不能缺失，是中国传统文化中的精髓，需要大力弘扬和传承。

教育教学研究

现代汉语智慧教学模式探讨

张 伟

在互联网高速发展的今天，传统教学模式的不足日益显现。比如，受传统教学思想和教学方法的影响，教学过程依然以教师讲授、学生听课为主，没有真正体现以"学"为主的观念，师生互动严重缺乏，教学效果堪忧。教学手段过于保守，仅以黑板加 PPT 的形式进行教学。与此同时，学生作为教学活动中的另一主角，对自主化、个性化学习方式表现出强烈的需求。一方面，学生希望不受传统上课时间、地点的制约，能利用碎片化的时间根据自身进度进行学习；另一方面，学生参与课堂的积极性日渐高涨，需要有一个师生互动、生生互动、展示自我的平台。当前，教育信息化为高校教学模式改革提供了外因与助力，教师和学生的实际需求为高校教学模式改革提供了内因与动力。在内因与外因的相互作用下，智慧教学模式应运而生。

一、智慧教学模式的特点

智慧课堂是通过大数据、云计算等互联网技术构建的高效智能课堂。智慧教学模式是一种基于信息技术的教学模式，其特点主要包括以下几个方面：首先，个性化定制。智慧教学模式充分利用了大数据、人工智能等先进技术，能够根据学生的学习特点、兴趣爱好和学习进度，对教学内容进行个性化定制。教师可以根据学生的不同需求设定学习目标和提供学习资源，提供个性化的学习建议和指导，从而更好地满足学生的学习需求。其次，互动性强。

基金项目：2022 年教育部产学合作协同育人项目"基于大数据的现代汉语智慧课堂模式的建立与运用"（220806627180233）。

作者简介：张伟，博士，广东海洋大学文学与新闻传播学院副教授，主要研究方向为汉语语法学、汉语修辞学、汉语国际教育。

智慧教学模式强调师生间的互动和学生间的互动，通过各种工具和平台，实现师生之间、学生之间的信息交流和资源共享。教师可以通过在线课堂、讨论区等方式，与学生进行实时互动，解答疑惑，激发学生的学习兴趣和积极性。同时，学生也可以通过在线学习平台与同学们进行互动，相互学习和帮助，形成良好的学习氛围。再次，灵活性强。智慧教学模式具有较强的灵活性，能够适应不同学生的学习习惯和学习节奏。学生可以根据自己的时间安排，自主选择学习内容和学习方式，在线完成学习任务。教师也可以灵活调整教学计划和教学资源，并根据学生的学习情况进行调整和优化。这种灵活性使得教学更贴近学生，提高了学习效率。最后，资源丰富。智慧教学模式借助网络和信息技术，可以让学生获得丰富的学习资源。学生可以通过在线学习平台，获取多媒体教学资源、网络课件、电子图书等丰富而全面的学习资料。教师也可以通过网络获取国内外各种教学资源和研究成果，从而提高教学质量和水平。智慧教学模式的应用和推广不仅能够提高教学质量和效果，而且能够激发学生的学习热情，为教育领域带来更大的发展机遇。

二、现代汉语智慧教学模式的构建

超星学习通平台是面向移动终端的移动学习专业平台。它随着信息化时代的发展应运而生，在"互联网＋教育"中发挥着重要作用。超星学习通平台拥有丰富的学习资源，可以帮助学生更好地完成课程任务。平台支持教师自定义建立课程，可以建设完整的教学资源库，包括教案、章节、资料、作业、考试、讨论、统计等，实现个性化教学。同时，平台可以根据学生的兴趣和需求，推荐相关的学习资源，满足学生的个性化需求。超星学习通平台还支持多种互动方式，包括实时视频聊天、即时消息等，可以帮助教师和学生更好地沟通交流。此外，它还支持多种文件格式，如 Word 文档、Excel 表格等，可以让师生在平台上轻松上传、分享文件，提高效率。超星学习通平台拥有完善的自动评估系统，可以根据学生的答题情况自动评估成绩，帮助学生更加有效地完成学习任务。同时，它还提供了一系列智能提醒功能，如定期提醒学生完成作业、参与讨论等，以确保学生能够按照计划完成学习。利用超星学习通平台开展智慧教学主要从课前、课中和课后三个环节来进行。

1. 课前环节

教学的课前环节是智慧教学模式中非常重要的一环，它涵盖了教学准备、教学内容设计、预习和任务布置等内容。在课前的教学准备中，教师需要充分了解学生的学习情况和需求，以便有针对性地进行教学设计。超星学习通平台提供了学生信息管理和学习数据分析功能，教师可以通过查看学生的学习记录和成绩等信息，快速了解学生的学习状态，通过数据的对比和分析，总结学生存在的共性和个性问题，设计出更符合教学实际情况的教学内容，从而更好地为学生提供个性化的教学方案。

教师根据学生的学习情况和不同的需求，搜集整理、自主开发各种教学素材进行学习资源推送，以发布任务清单的方式为学生预习指明方向。学生在具体学习任务的驱动下，主动查阅各种学习资料，全面了解本次教学内容的基础知识，并可以通过题库中的相关测试题和思考题来检验自己的掌握情况①，梳理学习中存在的疑难问题，带着疑惑来听课，做到有的放矢，从而大大提升学习效率。

在现代汉语词汇教学中，语素和词的定义及区别是重难点，教师可根据学生的学习情况推送任务清单，具体内容包括阅读材料、基本概念、思考题、练习题等。首先，阅读材料有《现代汉语》（增订6版）、《现代汉语通论》和《新编现代汉语》中对语素和词的解释，还有期刊论文以及慕课、微课视频。其次，基本概念有语素、词、词根、词缀。再次，思考题清单有：语素的定义是什么？如何确定语素？如何区别成词语素和不成词语素？词的定义是什么？如何区别语素和词？成词语素和词是什么关系？最后，发布几道相关的习题。学生接到任务清单后可以根据自身的特点来选择阅读材料，比如基础较好的同学通读教材后就基本掌握了语素和词的概念和用法，基础较为薄弱的同学通读教材后还需要观看微课、慕课视频才能掌握这些基础知识。经过充分预习后，每位同学对课程重难点以及自己的疑难问题都有了清晰的认识，上课时就能做到有目的地听课。通过超星学习通平台的学习管理功能，教师可对学生的预习情况进行监控和评估，从而调整上课内容和方式，制订合理的教学设计方案，做到灵活性和针对性相统一。

教师在课前环节的合理安排和精心设计将对整个教学过程产生积极的影响。运用超星学习通平台，教师可布置任务清单，为学生提供个性化的教育

① 任远芳. 大数据背景下智慧课堂教学效果评价体系研究［J］. 高教学刊，2023，9（25）：91-94.

资源和学习引导，促进学生自主学习和主动参与，提高教学效果和学习质量。

2. 课中环节

在学生进行有效的预习之后，教师在课堂上可以针对课程的重难点和学生的疑难问题来创设教学情境，利用超星学习通平台上海量的视频、音频、图文等多媒体资源，创设丰富的沉浸场景，充分运用沉浸式、讲解式、案例式、讨论式教学方法，组织和引导学生积极参与课堂活动。学生在教师的引导和启发下，通过自主探究、小组讨论、协同合作等方式，对问题进行深入思考，提升求知探索的欲望、团队协作的精神和高阶思维的能力，深化对知识的理解和运用能力。[①]

在课中环节，教师还可以利用超星学习通平台提供的在线互动功能，鼓励学生积极参与课堂讨论，自由地发表观点和看法，促进同学之间的交流，提升语言表达能力，拓展个人视野。教师也可以设计一些随堂小测验，考查学生对课堂知识的掌握程度，以便及时了解学生的学习情况，帮助学生解决学习中的问题，提高教学效果。

在现代汉语词汇教学环节，学生已根据任务清单对知识点进行了充分的预习，教师在课堂上可先采用案例式教学法讲解确定语素和词的方法，再列举一些常见的语言单位来分析语素和词的差别。讲解完知识点后，教师可利用超星学习通平台的分组和讨论的功能将学生分为若干组，每组讨论一个例句中有多少个语素、多少个词、多少个成词语素、多少个不成词语素、多少个词缀，讨论完成后每组派一个代表陈述结论，由其他同学进行评论。学生在讨论的过程中就能掌握基础知识并学会运用知识来解决语言问题，其他同学的评论也离不开理性思考，同样能反映其知识的掌握情况。教师根据讨论的情况便可知晓学生的薄弱环节，再进行有针对性的辅导就能提高上课的效率。在弄清楚语素和词的关系后，教师可以出一些比较难的问题来引导学生思考，如"牛肉""葡萄酒""鸡蛋"是一个词吗？"荒唐""荒原"是几个词几个语素？"牛肉"和"白菜"有哪些相同和不同之处？在比较中增强学生对语言现象的感悟能力，帮助学生掌握语言分析的方法。

总之，课中环节的实践是智慧课堂教学模式的重要组成部分，通过借助

---

① 杜云明，颜兵兵，田思庆，等. 基于智慧教学平台的混合式教学模式构建研究［J］. 中国现代教育装备，2023（19）：18－20，27.

超星学习通平台的多种教学资源和工具，教师在课堂上进行多样化的教学活动和互动，不仅能够提高学生的学习效果和兴趣，还能够促进学生的思维能力和创新能力的发展，对于推动"让学生成为教学活动的主体"具有重要意义。

3. 课后环节

课后环节对于保证教学环节的完整性和有效性尤为重要，其主要目的是巩固学生在课堂上所学的知识，帮助学生进行自主学习和反思，加强学生的学习效果。在课后环节中，教师不仅要通过课后作业和课后辅导答疑的形式来解决学生在知识掌握和理解层面的问题，而且应将重心放在知识的巩固和迁移应用上。[①] 课后任务的设计要有梯度，既要体现知识运用的综合性，又要体现解决问题的高阶性。

在学习语素和词的相关内容后，教师在超星学习通平台布置了两项任务，一项是完成习题，另一项是用思维导图的形式梳理语素和词的关系并附上例子。习题多为课堂内容的延伸，主要用于检验学生对基础知识的理解和掌握程度，帮助学生复习和巩固所学内容。教师可查看学生的习题完成情况，及时了解学生的学习状况并给予指导和反馈，通过答疑来解决一些共性的问题，通过私聊来解决一些个性问题。思维导图作业考查学生的逻辑思维能力和抽象概括能力，既能让学生对这两个概念的内涵和外延有清晰的认识，又能让学生深入思考语言现象背后的规律，还能让学生掌握多样化的语言研究方法，可谓一举多得。在超星学习通平台上开通学生互评功能，每个学生都可以看到其他同学的作业并进行评价，激发学生的学习热情和动力。

通过设计合理的课后作业、课后答疑和辅导等内容，教师可以帮助学生巩固所学的知识，培养学生自主学习的能力和相互合作的精神，提升学生的创新能力和科研能力。

三、教学效果评价

现代汉语课堂利用超星学习通平台进行智慧教学后，学生的学习积极性和主动性都得到了极大提升，学习成绩也有了明显进步。下面从三个方面来

---

① 李京蓉. 智慧教育在混合式教学模式中的应用［J］. 中国标准化，2023（18）：186－188.

对教学效果进行总结。

1. 通过问卷调查来评价教学效果

采用自行设计的问卷对 100 名中文系的学生进行调查，主要内容是对超星学习通平台的使用满意度、学习效果等方面进行评价，同时对部分学生进行了访谈，进一步了解使用感受。调查结果显示，98% 的学生对超星学习通平台感到满意或非常满意。其中，超过 80% 的学生认为超星学习通平台丰富的课程资源扩展了学习范围、视频讲授生动形象、小组讨论轻松自由、师生互动频繁、教师指导及时等，有助于提升学习的主动性和学习效果。超过75% 的学生认为，运用超星学习通平台可以根据自己的学习需求来选择内容，更能满足自身的个性化需求。访谈中，部分学生反映平台上的自主学习课程设计新颖，可以进行自测自学。

2. 通过学生的参与度和学习动力来衡量教学效果

基于超星学习通平台的智慧教学模式注重学生的主动学习和互动学习，平台上的拓展学习材料的使用情况以及发布话题、参与话题讨论等都能反映学生的学习参与度和主动程度。通过统计学生的讨论和互动情况、收集学生的反馈意见，教师可以评估学生学习动力的强弱。同时，通过学生的讨论和互动，教师可以及时发现和解决学生的问题，做到学习反馈及时有效。运用超星学习通平台实施现代汉语智慧教学的一个学期内，发表话题的学生 35 人次，参与话题讨论的学生 162 人次，获得点赞和回复的学生 78 人次。由此可见，学生学习的积极性和主动性都很高，学习效果良好。

3. 通过学生的学习成绩来评价教学效果

超星学习通平台对学生的学习轨迹进行了详细记录，可分为课堂报告、学情统计、成绩统计、在线考试四个模块。课堂报告模块记录了课堂活动中签到、随堂练习、选人、抢答等方面的情况，学生每完成一个任务就会获得相应的分数。学情统计模块记录了学生的章节学习次数、任务点学习次数、课程积分、作业积分等。成绩统计模块根据各类教学活动的比例为学生统计成绩。在线考试模块能够自动计算学生参加考试的分数。通过以上成绩的计算，班级最高分达到了 96 分，最低分也达到了 73 分，平均分为 84.3 分，跟实施传统教学模式时的成绩相比，最低分高出了将近 10 分，平均分提高了将近 5 分。

总的来说，在现代汉语课堂上使用超星学习通平台后，学生对该门课程的学习兴趣有了较大的提升，学习的自觉性和主动性变强。学生能够积极参与线上讨论，大胆表达观点，理性思考能力和语言分析能力都得到了很大的提高。

四、结语

本文通过对基于超星学习通平台的智慧教学模式的探讨，阐释了智慧教学模式在教育领域的意义。通过对现代汉语课堂上智慧教学模式构建过程的分析以及评价结果的阐述，可以看出智慧教学模式能充分利用互联网提供的各种资源，将线上教学和线下教学有机结合起来，将课堂还给学生，实现个性化教学，为教学改革提供了新的思路。

新文科背景下高校本科中文专业辞书教育改良刍议

裴梦苏

辞书是字典、词典、百科全书的总称，被誉为"无言的老师"，是人们查疑解惑、增长见闻、学习阅读的重要工具。有人将辞书的功用总结为四点：一是提供研究的线索；二是指引读书的门径；三是解决相关疑难问题；四是汇集某些同类的专题资料。① 由于专业特点，高校中文专业的学生使用辞书更频繁。信息化时代大背景下，传统辞书正逐渐被网络电子辞书、电子辞书取代，有人断言传统辞书终将式微。中文专业学生的辞书使用习惯、态度也悄然发生改变。本文将对辞书素养展开探讨，在此基础上就当下高校中文专业本科学生辞书素养及其态度展开调查与研究，旨在在新文科背景下高效开展有效、切实的辞书普及教育，提升学生综合人文素质。

一、辞书素养

辞书素养为人文综合素养的重要组成部分，关系到学习、认知与研究诸多方面，指通过长期的学习与实践所掌握的辞书学知识、查检能力以及对辞书正文内容的分析、阅读能力。我们将其总结为择选力、检索力、分析力三种能力。

基金项目：2023 年度广东省教育科学规划课题（高等教育专项）"新文科背景下广东省高校辞书通识教育实施路径研究"（2023GXJK306）。

作者简介：裴梦苏，博士，广东海洋大学文学与新闻传播学院副教授，主要研究方向为汉语史、域外汉学、辞书学。

① 吴小如，庄铭权．中国文史工具资料书举要［M］．台北：天工书局，1993：1.

（一）择选力

择选力指的是遇到疑惑时选择合适的辞书资源的能力。辞书的门类众多，各有分工。想要快速、准确地找到答案，必须积累一定的辞书常识，对辞书的历史、特点也要有所了解，同时应当对辞书的质量与优劣进行判别，这样才能在已建构的辞书知识图景中进行适宜的选择。若查考生僻、疑难字，当翻阅《汉语大字典》或《康熙字典》；查词语在诗词曲中的特殊用法当参考《诗词曲语辞汇释》或《诗词曲语辞例释》；查考汉字的本义，当查找《说文解字》……只有对学科内基本辞书的时代、功用、特点有所了解，才能按图索骥、有的放矢地从辞书中寻求答案。随着越来越多的网络电子辞书涌入大众视野，其质量良莠不齐，这些新型辞书资源的性质、内容、优劣同样值得重视。我们将"择选"看作一种能力，旨在赋能读者，使其能精准判断辞书信息的正误优劣，选出适配自身的内容。

（二）检索力

马克思在《资本论》中指出："研究必须充分地占有材料。"[1] 如何占有资料？傅斯年用"上穷碧落下黄泉，动手动脚找东西"[2] 概括。查考、检索资料就是"找东西"的重要一环。这种能力对人文学科至关重要。本文的"检索力"强调的是从辞书中查检信息的能力。

当下主流的查检方法都围绕文字的形音义三方面信息展开，各有优劣。掌握愈多的查检方法，便获取愈多的信息渠道。辞书性质、内容与查检方式密切相关。一些特殊的查检方式仍需专门学习：收录古文字字形的辞书，需要借助四角号码查检；一些古典辞书的查检，仍离不开平水韵、五音、七音等音韵知识。

同时，网络电子辞书的丰富与普及使得查检辞书看似愈发便捷，但是数字资源的开放性与丰富性又对检索力提出新的要求，人们或因检索方法、技巧的不同导致不同的结果。王国强指出检索能力与个人对于网络资源的认识、

---

① 马克思.《资本论》选读和简论［M］. 刘炳瑛，选论. 北京：华夏出版社，2016：74.
② 傅斯年. 历史语言研究所工作之旨趣［M］//梁启超，等. 国学的盛宴. 北京：新世界出版社，2016：325.

阅读能力、外语能力、专业基础等息息相关。①

（三）分析力

分析力是对辞书信息的阅读与判断能力。辞书不会直接告诉读者答案，读者往往要通过查检，在纷繁、复杂的词条中筛选并择取有效信息。不同辞书也会因为编纂所依方法、原则、参考资料的不同而说法不一。此时当参照哪部辞书也成为必须思考的问题。如《烛之武退秦师》中"以其无礼于晋"的"以"的词性存在争议：《王力古汉语字典》②《古代汉语词典》③ 认为是介词；《古代汉语虚词词典》④ 则认为是连词。足以说明，即便是同一出版机构出版的辞书，对于同一问题的说法、观点也可能存在不同。在面对不一致的说法时，应就事论事，回归问题本身，破除对权威的迷信。训练学生阅读、判断、择取辞书内容实际也是在培养学生分析问题、解决问题的能力。

以上三种能力决定学生的辞书素养，辞书素养的高低关系到学生能否独立分析问题、解决问题。因此，学生辞书素养的提升是其知识与能力的提升，也是其思维能力的提升。

二、高校中文专业本科生辞书素养、对辞书的态度调查

上网获取知识、浏览信息已成为当代人的日常活动。然而，我们无奈地发现，很多学生似乎患上"网络依赖症"：不去图书馆，不翻书，不思考，严重依赖现成的网络资源完成作业、应付论文。大学里"只求结果，不问过程"的浮躁学风由来已久，中文这类强调日常积淀的传统学科所受冲击无疑最大。当代中文专业学生是否还有查考辞书的习惯、是否具备一定的辞书素养、是否应当加强辞书教育，是我们作为高校教育工作者应当了解的。本次调查旨在了解高校中文专业本科生的辞书素养现状，主要围绕辞书使用习惯、辞书知识素养、辞书查检习惯、大学辞书教育四方面展开，通过问卷调查法，我们在广东、福建、河南三地四所高校展开调查，共收集有效问卷 425 份。

① 王国强. 网洋撷英：数字资源与汉学研究 [M]. 南昌：江西高校出版社，2020：5.
② 王力. 王力古汉语字典 [M]. 北京：中华书局，2000.
③ 《古代汉语词典》编写组. 古代汉语词典 [M]. 北京：商务印书馆，1998.
④ 中国社会科学院语言研究所古代汉语研究室. 古代汉语虚词词典 [M]. 北京：商务印书馆，1999.

（一）调查对象

本课题调查对象主要是广东、福建、河南三地四所高校的中文专业本科生。汉语言文学专业占54.6%，汉语国际教育专业占31.6%，秘书学专业占12.9%，其他占0.9%；本科一、二年级约占50.1%，本科三、四年级约占49.9%；男生约占13.8%，女生约占86.2%。调查对象占比基本符合中文专业本科生构成。

（二）调查方法

本课题的调查方法以问卷调查法为主、访谈个案法为辅。通过三种渠道发放问卷：一是通过中文系教师；二是通过学生干部；三是通过问卷星网络平台。以课后访谈、座谈为补充，对学生辞书素养、对辞书的态度展开调查。

（三）调查内容

本课题围绕22个问题展开，分为5部分：一是调查对象的自然情况；二是调查对象辞书使用习惯情况；三是调查对象辞书知识掌握情况；四是调查对象对传统辞书、网络电子辞书及电子辞书的态度；五是对现有辞书教育情况进行调查。

三、调查结果与分析讨论

（一）学生更重视查检结果，更青睐网络电子辞书

调查结果显示，遇到疑难时，上网寻求答案成为当下大多数学生的优先选择。较之购置传统辞书、正版辞书App，学生更倾向通过网络获取免费辞书资源；当发现有网络电子辞书可用时，更多学生倾向使用网络版本。中文专业学生网络电子辞书使用倾向的具体调查结果如表1所示。

表1　中文专业学生网络电子辞书使用倾向调查

问题	选项			
如果在阅读、学习、生活中有疑惑，你更倾向于用何种方式答疑解惑	查考辞书（8.5%）	询问老师或他人（7.8%）	上网搜索答案（82.7%）	忽略疑惑，不予理睬（1%）
你更倾向于何种方式获取辞书	去图书馆借阅（23.7%）	自行购置（23%）	购买正版辞书App（10.5%）	上网寻求免费资源（42.8%）
对于辞书的纸质版本和网络版本，你更倾向于何种	纸质版本（30.5%）		网络版本（69.5%）	

　　中文专业学生的辞书查检习惯、倾向获得方式及对传统纸质辞书与网络电子辞书的择选态度等情况可说明网络电子辞书日趋普及，有取代传统辞书的倾向。我们还调查学生近半年翻阅传统辞书与网络电子辞书的情况，列举了15类传统辞书：①《新华字典》；②《新华词典》；③《现代汉语词典》；④《说文解字》；⑤《汉语大词典》；⑥《汉语大字典》；⑦《现代汉语八百词》；⑧《诗词曲语辞汇释》/《诗词曲语辞例释》；⑨《古代汉语词典》；⑩《古代汉语虚词词典》；⑪《中华成语词典》/《成语大辞典》/《新华成语词典》；⑫《辞海》；⑬《辞源》；⑭《唐诗鉴赏辞典》/《宋词鉴赏辞典》/《元曲鉴赏辞典》；⑮其他。我们还列举了8类网络电子辞书或辞书网站：①汉典；②《现代汉语词典》App；③异体字字典；④韵典；⑤百度百科/维基百科/360百科；⑥象形字典；⑦涵芬App；⑧其他。13.9%的学生近半年未翻阅过上述传统辞书，但仅有5.46%的学生半年内未使用过上述网络电子辞书。调查学生近半年使用过的辞书网站及网络电子辞书，排前五位的是"百度百科/维基百科/360百科"（74%）、"汉典"（46.4%）、《现代汉语词典》App（42.9%）、"韵典"（13.66%）、"异体字字典"（9.84%）。被调

查者认为网络电子辞书的优势是"使用上的便捷,不受时空所限"(87.4%)、"查检上的快捷,减少查检过程时耗"(81.4%)、"内容更新上的迅捷,与时俱进(75.7%)"、"具有联想功能,方便查检相关信息"(62%)。同时他们也认识到,传统辞书的优势在于"来源清晰,引注方便"(72.7%)、"内容更可靠、准确、权威"(66.4%)、"体例更完整、系统"(60.11%)、"序跋、附录信息更具备可读性"(45.6%)。这说明学生对网络电子辞书的态度趋于理性客观,但是结果导向明显,学生只专注目标答案,对答案外的信息缺乏关注,致使辞书原有的教育属性被削弱。

(二)学生辞书素养有待提高,大学课堂迫切需要开展辞书教育

大多数的学生在中小学阶段已经掌握辞书的查检方法,对当下主流、权威、通行的辞书有一定了解。但是很多学生的辞书素养似乎并未通过专业的学习而增长,对本学科辞书经典知之甚少。过分依赖网络资源,使得他们并不熟悉辞书查检模式及宏观、微观结构。学生一周查阅辞书频次在5次以上的仅占5%。查考、翻阅辞书本该是中文专业学生的日常,如今看来并非如此。

辞书在专业学习中的"隐身",恰为当下学生辞书素养的不足提供解释。就中文专业学生辞书知识掌握情况展开调查,结果并不乐观。我们列举《说文解字》《尔雅》《康熙字典》《佩文韵府》《经传释词》《广韵》《集韵》《玉篇》《正字通》《字汇》10部语言文字学经典辞书,调查学生是否了解这些辞书的时代、功用及查检方式,有33.3%的学生选择"完全不了解",其中本科三、四年级的学生竟达30.1%,辞书知识的匮乏致使辞书择选力不足。学生的辞书查考力也非常有限,学生熟悉的查检方式排前几位的分别是"部首查检法""音序查检法"及"笔画查检法",了解"四角号码检字法"的仅占24.6%,而了解"义序查检法"的仅占14.2%。

对辞书查询结果满意度进行调查,结果显示"满意,通过查阅总是可以获得想要的答案"仅占8%;"基本满意,通过查阅大多数情况下可以获得想要的答案"占74.1%;"不满意,通过查阅大多数情况下不能获得想要的答案"占13.4%;"非常不满意,费时费力,大多数情况下不能获得想要的答案"占4.5%。对辞书查询结果的满意度与前文讨论的三种能力不无关系,找

不到合适辞书、不懂查检途径、不善分析内容都会导致查检辞书的低效、无效。

据调查，中文专业本科鲜少开设辞书学相关课程，缺乏专门且系统的辞书教育。仅有20.8%的人在大学阶段系统学习过辞书相关课程；48.7%的人认为所接受的辞书相关课程的内容并不系统；30.5%的人表示从未学习过相关课程。学生对于本专业经典辞书的认识多来自教师的推荐，但也有人表示"仅少数老师推荐"（19.6%）或"从未有过"（1.7%）。大部分人认为"有必要增设系统的辞书课程，掌握本专业的工具书及使用方法"（61.9%）；一些人认为"可通过其他方式了解相关信息，没必要占用课堂时间学习"（33.1%）；少数学生认为"没必要，现在上网检索信息很方便，工具书落伍了"（2.8%）或"非常没必要，我会使用工具书，浪费时间"（2.1%）。以古代汉语课程为例，通过查考辞书学习了解汉字古今形音义的异同当为学习的重要组成部分，也是学生提升古文阅读能力的必由之路。很多教材都把课程相关辞书基础知识介绍选入通论，如王力版、张玉金版的《古代汉语》；一些教材虽然未设置辞书专题，但是对经典辞书进行系统的介绍，如洪波版《立体化古代汉语教程》中设置古代训诂学著作的讲授，详尽地介绍了《方言》《尔雅》《说文》《释名》等材料。我们也发现，一些古代汉语教材并未设置辞书相关章节。我们选取当下6部古代汉语经典教材，对其辞书章节设置情况进行调查，具体如表2所示。

表2　古代汉语教材辞书章节设置

教材名称	主编	是否设置辞书相关章节
《古代汉语》	王力	是/怎样查字典辞书
《古代汉语》	郭锡良等	是/怎样查字典辞书
《立体化古代汉语教程》	洪波	是/古代训诂学著作
《古代汉语》	张玉金	是/字典辞书的查阅和相关工具书
《古代汉语》	许嘉璐	否
《古代汉语教程》	王彦坤等	否

如果专业课程缺乏对相关辞书文献的专门介绍，那么学生的辞书素养自

然无法通过课堂学习来获得提升，这无疑会影响学生未来的研究能力。随着信息化发展，人们获得知识、信息的渠道增加，但是网络信息来源不明、质量无法保证、内容陈陈相因，这些问题是必须正视的。网络资源仍无法替代当下已有的、丰富的辞书成果。辞书教育的缺失无法通过丰富、便捷的网络信息弥补，当下中文专业当开设与辞书理论、实践相关的独立的、专门的课程。

四、新文科背景下的辞书教育发展的途径

2020 年 11 月 3 日，由教育部新文科建设工作组主办的新文科建设工作会议在山东大学召开，会议研究了新时代中国高等文科教育创新发展举措，发布《新文科建设宣言》，对新文科建设作出了全面部署。会议要求新文科建设的专业优化必须紧扣国家软实力建设和文化繁荣发展新需求，引领带动文科专业建设整体水平提升。[①] 新文科背景下的中文学科发展当重视与其他人文学科的融合，把中文同哲学、历史、法学等学科有机结合，培养学生跨学科的思维意识；同时，当注意吸取当下新技术、新手段，促进中文学科的发展。

想要打破学科壁垒，自然离不开对陌生领域的自主学习与钻研，而辞书素养在自主学习过程中所起到的重要作用让人无法忽视。熟悉文史类工具书的种类、性质、查检方法，产生疑惑时能够有目的性、方向性地使用、查考，是跨学科的前提基础。辞书教育当作为专业基础课程尽早开展。只有这样，学生才能在之后的学习中，熟悉、掌握专业学科工具书的使用方法，开展自主专业学习。

（一）新文科背景下，辞书教育当注重内容的丰富性

传统的辞书教育多围绕语文辞书的编检体例、查检方法、功用及经典辞书文本等方面展开。新文科背景下的辞书教育在延续原有课程内容的基础上，还应补入其他文史专业的辞书成果，唯有这样才能打破学科之间的壁垒，做到真正的跨学科。可考虑补入介绍人名、地名、年表、历表、政书、类书、书目索引的工具书等，了解这些常用文史辞书资料的性质、功用、编纂历史、

---

① 童昕，张积林. 地方应用型本科高校新文科建设研究与实践［J］. 国家教育行政学院学报，2021（3）：42－47.

查检方法及体例，在开阔学生学术视野的同时切实地提升他们的研究能力。中文专业辞书教育所涉辞书类别、内容举隅，具体如表3所示。

表3　中文专业辞书教育所涉辞书类别、内容举隅

辞书类别	名称
一般综合性的字典、辞典	《康熙字典》《中华大字典》《新华字典》《新华词典》《辞源》《辞海》《汉语词典》《现代汉语词典》《四角号码新词典》《汉语大字典》《汉语大词典》等
查人名的辞书	《世本》《古今人表》《元和姓纂》《尚友录》《中国人名大辞典》《古今同姓名录》《古今同姓名大辞典》《中国文学家大辞典》《史姓韵编》《二十五史人名索引》《宋元方志传记索引》《室名别号索引》《古今人物别名索引》《现代中国作家笔名录》《唐人行第录》《历代讳字谱》《史讳举例》等
查地名的辞书	《元和郡县图志》《太平寰宇记》《元丰九域志》《大明一统志》《读史方舆纪要》《大清一统志》《历代舆地图》《中国历史地图集》《中国地方志综录》《历代地理志韵编今释》《中国古今地名大辞典》《中国地名大辞典》《最新中外地名辞典》《三辅黄图》《水经注》《西域地名》等
年表和历表	《历代纪事年表》《中外历史年表》《中国近代史事记》《历代纪元编》《中国历史纪年表》《中国历史纪年》《中国历史年代简表》《中西回史日历》《二十史朔闰表》《五十世纪中国历年表》《两千年中西历对照表》《中国近代史历表》《公元干支推算表》《疑年录》《汉晋学术编年》《中国文学史年表》等

（续上表）

辞书类别	名称
文字、声韵、训诂、方言、俗谚类辞书	《说文解字》《说文解字诂林》《殷墟文字类编》《甲骨文编》《卜辞通纂》《金文编》《金石大字典》《切韵》《唐韵》《广韵》《集韵》《十韵汇编》《礼部韵略》《韵府群玉》《中原音韵》《洪武正韵》《音韵阐微》《中华新韵》《诗韵新编》《北平音系十三辙》《尔雅》《释名》《广雅》《经典释文》《一切经音义》《经籍纂诂》《助字辨略》《经传释词》《词诠》《古书虚字集释》《文言虚字》《方言》《通俗编》《恒言录》《吴下方言考》《方言词例释》《北京话语汇》《北京话单音词词汇》《北京话轻声词汇》《汉语成语小词典》《现代汉语成语词典》《古今谚》《古谣谚》《俗语典》《中华谚海》《中国谚语资料》等
查古典文献学作品词语的辞书	《佩文韵府》《骈字类编》《辞通》《联绵字典》《诗词曲语辞汇释》《诗词曲语辞例释》《金元戏曲方言考》《元剧俗语方言例释》《敦煌文献字义通释》《小说词语汇释》等
类书、政书	《北堂书钞》《艺文类聚》《初学记》《白孔六帖》《太平御览》《册府元龟》《玉海》《永乐大典》《古今图书集成》《渊鉴类函》《通典》《通志》《文献通考》《续文献通考》《唐会要》《五代会要》《唐会要》《春秋会要》《秦会要订补》《三国会要》《明会要》等
书目索引	《八史经籍志》《四库全书总目提要》《四库全书简明目录》《增订四库简明目录标注》《贩书偶记》《汇刻书目》《丛书举要》《丛书书目汇编》《中国丛书综录》《书目答问》《经义考》《小学考》《甲骨书录解题》《中国通俗小说书目》《日本东京所见中国小说书目》《曲海总目提要》《今乐考证》《元代杂剧》《敦煌遗书总目索引》《清代禁毁书目》《清代禁书知见录》《中国历代名人年谱目录》《十三经索引》《艺文志二十种综合引得》《水经注等八种古籍引用书目汇编》《全上古三代秦汉三国六朝文篇名目录及作者索引》等

（二）新文科背景下，辞书教育当注意添加新的时代要素

李宇明、庞洋指出："在印刷业告别'铅与火'进入'光与电'的时代，

只有用现代化手段才能圆辞书强国之梦。"① 新文科强调新技术与学科的融合，新文科背景下的辞书教育当强调对于新技术的吸收。虽然网络电子辞书仍无法完全替代纸质辞书，但是网络化、数字化、信息化是辞书发展的趋势，我们的辞书教育也当符合时代趋势，注意向学生介绍优秀的网络电子辞书资源。目前国内一些辞书网站、辞书 App 建设日臻完善，汉典（https：//www.zdic.net/）、韵典（https：//ytenx.org/）、象形字典（https：//www.vividict.com）等优秀的国内网络电子辞书渐渐成为广大师生所熟悉的工具。此外，一些国内外大学、科研机构、图书馆研发的在线辞书也逐渐引起人们的重视，如北京师范大学"汉字全息资源应用系统"（https：//qxk.bnu.edu.cn），香港中文大学在线版"儒学词典"（http：//humanum.arts.cuhk.edu.hk/ConfLex/）、"汉语多功能字库"（http：//humanum.arts.cuhk.edu.hk/Lexis/lexi – mf/），中国台湾"中研院史语所""中国历史地名查询系统"（https：//newarchive.ihp.sinica.edu.tw/hplname/）、"'人名权威'人物传记资料库"（http：//newarchive.ihp.sinica.edu.tw/sncaccgi/sncacFtp），以及哈佛大学"中国历代人物传记资料库"（https：//projects.iq.harvard.edu/chinesecbdb）等。了解数字资源，还当熟悉检索方法与门径。面对海量的网络信息，如何找到需要的资源并进行有效的查考，前文提及的择选力及检索力此处当有更丰富的内涵：不仅涉及对各类网络数字资源的了解，还涉及对必要的、关键信息的择取与搜索能力，这样才能高效地于网络的汪洋中撷取有效信息，为己所用。

（三）新文科背景下，辞书教育当注重互动与实践

辞书教育的宗旨是让学生具备一定的辞书素养，"素养"强调的是通过训练和实践获得的技巧或能力。具备辞书素养的前提是掌握一定的辞书知识，在此基础上进行实践与训练才能将知识内化为技能，面对问题时才能迅速寻找答案。辞书教育若脱离查考实践，便沦为"纸上谈兵"，无法将技能内化，脱离教育宗旨。基于此，辞书教育中当有辞书理论、辞书史，也当包括辞书查检的实践、训练。辞书教育过程中当设置系列互动实践环节，让学生真正着手搜、检、查、考，在实践的过程中积累经验，增加感性认识。

---

① 李宇明，庞洋. 关于辞书现代化的思考 [J]. 语文研究，2006（3）：6 – 11.

学生当下掌握的辞书资源大体分三种：一是个人藏书；二是可及的纸质图书、电子图书、数据库资源；三是公开的网络电子辞书资源。教师当注意到各地、各校图书资源、数据库购置情况的实际差异。开展辞书教育实践活动时，可要求学生对本校所有的及网络可用的各类辞书资源进行综合调查，发现一些学科必需而学校尚缺的辞书、数据库时，可申请荐购。只有清楚地明白什么是为己所有，才能真正地做到为己所用。

（四）新文科背景下，辞书教育同信息教育当有所区分

1974 年，美国信息产业协会主席保罗·泽考斯提出"信息素养"这一概念，这指的是全球信息化需要人们具备的一种基本能力，包括文化素养、信息意识和信息技能三个层面。人们要能够判断什么时候需要信息，并且懂得如何去获取信息、如何去评价和有效利用所需的信息[①]。由此看来，辞书素养当属信息素养的一部分，但指称范围更具体、明确。正因如此，辞书教育独特的理论属性与人文属性使其区别于一般的信息教育。上网查考一般信息与上网查考辞书的途径、方法存在重合，但不能等同。辞书编纂需要专业的人员，每部辞书的编纂宗旨、理念、原则、方法都有其独特性。忽视辞书本身的特性，辞书信息的系统性、规范性、时代性、人文性便无法凸显。新文科强调文科与其他非文科融合，以解决文科发展过程中所产生的问题，而非在融合的过程中丧失本有的人文底色。

五、结语

我国是辞书古国、大国，但并非辞书强国。辞书强国的构建需要的不仅是前期辞书的编纂出版，还包括后期读者的使用与反馈，唯有这种互动才能真正推进中国辞书事业的整体发展。辞书素养、辞书教育正是促成这种互动的重要环节，学生只有了解、熟悉辞书，才会增加辞书使用频次，真正做到互动。中文专业学生本应以辞书为挚友，但如今整体辞书素养并不尽如人意，这为当下的辞书教育敲响警钟。新文科背景下，当如何开展有质量、有效果的辞书教育，让其与时代发展趋势融合，真正成为提高素质、培养能力的教育，还有待我们进一步探索与发掘。

---

① 刘哲，孙囡妮，杨扬. 信息资源检索与毕业论文写作［M］. 北京：中国商业出版社，2020：18.